O Posto do Homem no Cosmos

HELIO JAGUARIBE

O Posto do Homem no Cosmos

PAZ E TERRA

© by Helio Jaguaribe

CIP-Brasil. Catalogação-na-fonte
Sindicato Nacional dos Editores de Livros, RJ.

J24p

Jaguaribe, Helio, 1923-
O posto do homem no cosmos / Helio Jaguaribe.
– São Paulo: Paz e Terra, 2006.

Inclui bibliografia
ISBN 85-7753-006-X

1. Cosmologia. 2. Evolução. 3. Metabolismo. I. Título.

06-2643

CDD 113
CDU 113
015467

EDITORA PAZ E TERRA S.A.
Rua do Triunfo, 177
Santa Ifigênia, São Paulo, SP – CEP: 01212-010
Tel.: (11) 3337-8399
E-mail: vendas@pazeterra.com.br
Homepage: www.pazeterra.com.br

2006
Impresso no Brasil / *Printed in Brazil*

À memória de meu pai, General Francisco Jaguaribe de Mattos (1881-1974), eminente Geógrafo e Cartógrafo, membro da Comissão Rondon.

SUMÁRIO

PREFÁCIO 13

INTRODUÇÃO 15

SEÇÃO I – O COSMOS

1 BREVE DESCRIÇÃO 23

2 ORIGEM DO UNIVERSO 35
- Hipótese do Big Bang 35
- Teoria da Inflação 40
- Outras Hipóteses 43
- Tunelagem do "Nada" 44
- Inflação Contínua 47
- Questionando a Teoria Padrão 48
- O Universo Inflacionário 50
- Hipótese Cíclica 55

3 DESTINO DO UNIVERSO 57
- Alternativas 57
- Destino da Terra 58
- Fim do Universo 62

4 REFLEXÕES CRÍTICAS 63
- Disciplina-Ponte 63
- Espaço e Tempo 64
- Ocupabilidade e Sucessiveidade 67
- Origem do Universo 68

SEÇÃO II – A VIDA

5 CARACTERÍSTICAS DA VIDA 73
- Descrição 73
- Metabolismo 76
- Hereditariedade 78

6 ORIGEM DA VIDA 81
- Hipóteses Antigas 81
- Fases Formativas da Vida 83
- Transição para a Vida 86
- Código Genético 86

7 A EVOLUÇÃO 89
- A Idéia de Evolução 89
- Genética e Neodarwinismo 90
- Teoria Sintética da Evolução 91
- O Processo da Evolução 92
- Meio Externo 93
- Etapas da Evolução 94
- Evolução da Espécie 95
- Hominização 97
- Paleolítico 101
- Futuro da Evolução 101

8   MENTE E CONSCIÊNCIA 105
- Sistema Nervoso 106
- Corpo e Alma 109
- Identidade 114
- Da Identidade à Consciência 116

SEÇÃO III – COSMOLOGIAS

9   INTRODUÇÃO 121

10 COSMOLOGIAS ORIENTAIS ANTIGAS 123
- Cosmologia Mesopotâmica 124
- Cosmologia Egípcia 125
- Cosmologia Persa 126
- Cosmologia Bíblica 127
- Cosmologia Hindu 128
- Cosmologia Chinesa 129

11 COSMOLOGIAS CLÁSSICAS 131
- Introdução 131
- Jônios 133
- Eleatas 136
- Dialética 139
- Atomistas 140
- Sofistas 144
- Sócrates 146
- Platão 158
- Aristóteles 168

12 PENSAMENTO HELENÍSTICO 179

- Introdução 179
- Astronomia Grega 180
- Estoicismo 182
- Epicurismo 184

13 PENSAMENTO MEDIEVAL 187

- Introdução 187
- Santo Agostinho 189
- Escolástica 191
- Escolástica Inicial 192
- Alta Escolástica 193
- Baixa Escolástica 196
- Fé e Razão 200

14 RENASCIMENTO 203

- Características Gerais 203
- Descobrimentos e Reforma 205
- Novas Idéias 206
- Os Cientistas 207
- Os Filósofos 210

15 SÉCULO XVII 213

- Introdução 213
- Religião 214
- Artes 216
- Filosofia 217
- Pensamento Científico 228
- Epílogo 230

16 A ILUSTRAÇÃO 231
- Introdução 231
- Constitucionalismo 234
- Os *Philosophes* 235
- Cientistas 236
- Filósofos 237
- História 246
- Política 249

17 PENSAMENTO DO SÉCULO XIX 251
- Introdução 251
- Astronomia 253
- Física e Química 253
- Biologia 254
- Filosofia 256

18 PENSAMENTO DO SÉCULO XX 275
- Introdução 275
- Ciência 277
- Biologia Molecular 283
- Psicanálise 284
- Tecnologia 285
- Artes 287
- Filosofia 290
- Neokantismo 292
- Escola de Marburgo 292
- Escola de Baden 294
- Fenomenologia 295
- Raciovitalismo 297

- Existencialismo 297
- Escola de Frankfurt 300
- Realismo Crítico 301
- Ontologia do Evento 302
- Positivismo Lógico 304
- Historicismo 305
- Breves Considerações Finais 306

SEÇÃO IV – TRANSIMANÊNCIA

19 QUESTÕES PRELIMINARES 311

20 TRANSIMANÊNCIA E COSMOS 317

21 O ANIMAL TRANSCENDENTE 321
- Esfera antrópica 321
- Longo e Curto Prazos 323
- Irrelevância e Relevância 330

22 O HOMEM NA TERRA 335
- A Problemática 335
- Subsistência do Homem 337
- Racionalidade Mundial e Nacional 340
- Egoísmo Transcendente 342

BIBLIOGRAFIA 345

PREFÁCIO

Duas leituras de juventude, em excelentes traduções para o espanhol, desses grandes mestres da cultura de Weimar dos anos de 1920, que foram Alfred Weber, com sua "História da Cultura como Sociologia da Cultura", e Max Scheler, com "A Posição do Homem no Cosmos", me motivaram a retomar os respectivos temas, se e quando para tal julgasse haver alcançado satisfatória habilitação.

Cerca de meio século mais tarde animei-me, inspirado por Alfred Weber, a empreender "um estudo crítico da história", que me tomou seis anos de árduo trabalho e que logrei concluir em 1999.[1] Em 2003, decidi discutir a problemática de Max Scheler, que agora tenho a grande satisfação de concluir.

Dedicado ao estudo das Ciências Sociais a abordagem da temática de Scheler, na forma como a concebi, com uma primeira seção voltada para o estudo do cosmos e uma seguinte, ao da vida, implicava, por mais que para tal me preparasse, o risco de incorrer em impropriedades, senão em enganos grosseiros. Foi assim que apelei para a valiosa contribuição de dois eminentes cientistas, o renomado físico Luiz Bevilacqua e o destacado biólogo Paes de Carvalho. Os comentários críticos de ambos, em suas respectivas especialidades, além de expurgarem meu texto de

---

1. JAGUARIBE, H. *Um Estudo Crítico da História*. 2 vols. São Paulo: Paz e Terra, 2001.

impropriedades, enriqueceram-no onde convinha. Aqui lhes deixo o registro de minha penhorada gratidão.

Ademais da indispensável contribuição desses cientistas, tive o benefício de receber, sobre o conjunto deste estudo e antes de lhe dar o remate final, os competentes comentários críticos de mais dois ilustres amigos, Francisco Weffort e Oscar Lorenzo Fernandez, que muito contribuíram para melhorar este texto e aos quais também destaco aqui meus calorosos agradecimentos.

Não poderia, ao concluir este breve prefácio, deixar de registrar meus agradecimentos, primeiramente, a minha mulher Maria Lucia e meus filhos, Anna Maria, Roberto, Claudia, Beatriz e Izabel, pela amorosa tolerância com que suportaram, por três anos, minha obsessiva concentração na preparação deste estudo. Tampouco poderia deixar de agradecer os estímulos e as facilidades de trabalho que recebi do decano de meu Instituto, Francisco Weffort, das secretárias Maria de Guadalupe Affonso Martinez e Regina Lucia Cortes Lima, que se dedicaram à mecanografia de um texto com muitas intervenções manuscritas, e do arquivista Joaquim de Oliveira Brígido, que auxiliou no levantamento de muitos dados.

Petrópolis, 15 de março de 2006.
O autor

INTRODUÇÃO

O presente estudo é um intento de retomar, a partir do nível de conhecimentos de nossos dias, a temática abordada por Max Scheler (1874-1928) em fins dos anos de 1920, sob o mesmo título. Curiosamente Max Scheler, em seu trabalho, apesar do título *Stellung des Menschen in Kosmos*, não tratou, propriamente, do cosmos e sim, na parte inicial de seu estudo, das conexões existentes entre os mundos mineral, vegetal e animal e, a partir deste, o mundo humano. Scheler pretendia elaborar uma grande antropologia filosófica como peça culminante de sua obra. Para tal efeito escreveu, preparatoriamente, esse estudo sobre o posto do homem no cosmos, que deveria ser seguido pela prevista *Antropologia Filosófica*, que não a pôde redigir por causa de sua prematura morte.

Este livro compreende quatro seções. A primeira, "O Cosmos", busca identificar em que este consiste e indicar suas principais características, discutindo a problemática de sua origem e de seu provável destino final.

Como se indica no Capítulo 1, o universo alcançável pela cosmologia constitui a parte visível do universo total, quer haja um único universo ou vários, como propõe Andrei Linde. Esse universo observável tem um horizonte de mais de 30 bilhões de anos-luz. Compreende cerca de dez bilhões de galáxias, cada qual com cerca de cem bilhões de estrelas. O universo é extremamente vazio, com uma densidade de 10^{-31} g/cm³.

Com extensão de cerca de 10^{26} m, sua massa compreende aproximadamente 10^{53} kg.

Medidas recentes indicam que o universo é praticamente plano, com densidade quase igual a 1, mas constatou-se que sua matéria visível constitui apenas uma ínfima parte, da ordem de 4%. A maior parte do universo é composta por "energia escura" (74%) e matéria escura (22%).

A atual hipótese predominante a respeito da origem do universo é a do Big Bang, de Gamow, ocorrido a cerca de 13,7 bilhões de anos. A expansão decorrente do Big Bang foi acelerada, segundo Alan Guth, por um forte processo inflacionário. Dez bilhões de anos depois dessa explosão, entrou em cena uma "energia escura" que acelera a expansão do universo.

Diversas hipóteses procuram explicar como se deu o Big Bang e o que existia antes dele. A mais consistente dessas hipóteses é a cíclica, de John A. Wheeler e Andrei Linde. Segundo essa hipótese, o universo consiste em um eterno processo de Big Bang, expansão, reconcentração, Big Crunch e novo Big Bang. Cada Big Crunch elimina os efeitos entrópicos do ciclo que encerra, permitindo que novo Big Bang inaugure um ciclo integralmente novo.

A segunda seção deste estudo, "A Vida", intenta compreender em que consiste esse fenômeno, como ele veio a ocorrer no planeta Terra e que destino tenderá a ter. Com base nas concepções da moderna biologia molecular busca-se reconstituir os processos mediante os quais, há cerca de 3,5 bilhões de anos, a partir da capacidade de autoduplicação de determinadas macromoléculas e de outras macromoléculas comporem os elementos do que viria a ser um código genético, formaram-se protobactérias das quais evoluíram as múltiplas formas de vida e se desenvolveram, em determinados primatas, formas crescentemente complexas de um sistema racional-volitivo.

É importante assinalar, a respeito das duas primeiras seções desta obra, o fato de que os conhecimentos científicos atualmente disponíveis, embora procedentes no atual nível do saber, não podem ser entendidos como definitivos, dado o contínuo progresso do saber científico.

A Seção III, "Cosmologias", descreve, sumariamente, a evolução do pensamento humano a respeito do mundo e do homem, desde as cosmologias orientais antigas às extraordinárias concepções dos jônios, passando pelo pensamento do mundo clássico e pelas várias etapas do pensamento ocidental, até nossos dias.

A quarta e última seção, "Transimanência", levando em conta dados e constatações precedentes, apresenta minhas próprias idéias a esse respeito. A linha central dessa última seção é uma reflexão a respeito de como, a partir de um cosmos destituído de qualquer sentido, surgiu esse ser transcendente, dotado de liberdade racional, que é o homem. Entre as várias considerações tecidas, salientam-se, por um lado, a teoria da "transimanência" e, por outro, a da "esfera antrópica". Por transimanência se sustenta a tese de que a evolução do cosmos e, em nosso planeta da vida indicam, entre as constantes cósmicas, no presente ciclo de sua evolução – a partir de uma concepção cíclica do cosmos – a existência de uma transcendência imanente ao cosmos, que explica seu processo evolutivo e, de forma mais inequívoca, o processo da evolução da vida. Por "esfera antrópica" se entende a condição de o homem estar inserido, a partir do princípio antrópico, dentro de um conjunto de condicionantes que configuram as características e os limites da "natureza humana", entendida como o substrato constante, geneticamente transmissível, a partir do qual, em distintas condições ambientais e históricas, se diferenciam múltiplas formas da "condição humana".

Este estudo constitui, no que se refere às suas três primeiras seções, um intento de seletiva síntese dos conhecimentos disponíveis nos dias de hoje. A Seção IV é fruto de um esforço criativo próprio, a partir dos dados e das conclusões constantes das precedentes seções.

No Capítulo 21, "O Animal Transcendente", são discutidas minhas idéias fundamentais a respeito do tema desta obra. No Capítulo 22, são abordados os principais problemas com que o homem se defronta e de cujas soluções satisfatórias depende a subsistência do planeta e da espécie humana.

O tópico "Esfera antrópica", no Capítulo 21, mostra como o homem, a despeito de sua imensa capacidade de inovação e de adaptação, se encontra geneticamente inserido em um determinado âmbito de possibilidades. Só poderá sair dele se, por evolução ou por engenharia genética (essa perigosíssima inovação científico-tecnológica de nossos dias), experimentar significativa alteração de sua estrutura somática.

Uma das conseqüências da esfera antrópica é o fato de cada civilização se encontrar vinculada à cosmovisão básica a partir da qual se configurou, diferenciando-se, no âmbito dessa cosmovisão, no curso do tempo, distintos períodos históricos, cada qual com características próprias. Entre os efeitos decorrentes dessa condição sobressai o fenômeno da possibilidade de esgotamento da validade ou vigência do paradigma cultural a que está submetida uma civilização. A cultura clássica manifestou progressivo esgotamento a partir do século III a.D., sendo superada com o triunfo do cristianismo e a emergência, com Santo Agostinho, de uma nova visão do mundo. A cultura ocidental manifesta crescentes sinais de esgotamento desde a segunda metade do século XIX. O esgotamento de um paradigma cultural conduz, como se pode observar no curso da História, à tentativa de se continuar imitando os padrões clássicos, como no maneirismo, ou a um desconstrutivismo, que consiste em violar deliberadamente o modelo paradigmático, como o cubismo de Picasso e o atonalismo de Schöenberg, ou em denegar validade a todas as obras precedentes, como Derrida e os pós-modernos.

O tópico "Longo e curto prazos", também no Capítulo 21, mostra como, observavelmente, embora o homem seja capaz de satisfatória compreensão de problemas futuros – desde os que se refiram ao envelhecimento de um indivíduo aos que apresentam alcance geral, como os relacionados com a deterioração da biosfera – tende a predominar a atitude de se postergar a adoção das medidas corretivas que o caso imponha sempre que, no curto prazo, tais medidas importem em sacrifícios que se busca evitar. Com isso, tendem a se formar situações irreversíveis, tornando impossível, futuramente, a prevenção dos riscos que não foram oportunamente enfrentados.

Cinco dos principais riscos de longo prazo que o mundo está defrontando serão sucintamente discutidos no livro: (1) inviabilização da vida no planeta em razão de irreversíveis danos na biosfera; (2) excessivo crescimento da população humana, que de 2,5 bilhões em 1950, tenderá em 2050 a ser de mais de 9 bilhões, com risco de superar a capacidade de sua sustentação física; (3) não instituição, no curso deste século, de um sistema internacional satisfatoriamente racional e eqüitativo, o que gerará formas inaceitáveis de dominação imperial ou perigosíssimos riscos de confrontações nucleares suicidas; (4) agravamento do desequilíbrio Norte-Sul e, no âmbito de numerosos países, de intoleráveis níveis de desigualdade, inviabilizando padrões civilizados de vida e condições satisfatórias de segurança; (5) grave deterioração do nível da racionalidade governativa nas sociedades de massa, impossibilitando padrões civilizados de vida.

Na medida em que riscos como os acima referidos, como se discute no Capítulo 22, não sejam oportunamente enfrentados, mediante a adoção das convenientes medidas corretivas – o que não está ocorrendo no presente –, não se pode deixar de ter uma visão extremamente pessimista sobre o futuro do homem e do mundo. Tais considerações, entretanto, comportam uma formulação alternativa quando se leve em conta a transcendência do homem, como discutido no último tópico deste estudo.

Com efeito, constata-se por um lado que, a longo prazo, tudo é irrelevante. O sistema solar desaparecerá em 10 a 15 bilhões de anos e, muito antes disso, desaparecerá a vida humana. O próprio universo em que existimos ou, como prevê a hipótese cíclica, desaparecerá em um Big Crunch, a que se seguirá a formação de um novo universo, totalmente distinto deste, ou se dispersará no espaço, com a extinção de todos os vestígios de energia.

Isso não obstante, a relativamente curto prazo o que é irrelevante é a irrelevância última das coisas. Como animal transcendente, o homem necessita dar um sentido a sua curta vida que ultrapasse o mero atendimento de suas demandas psicofísicas. As religiões proporcionaram esse sentido. Esgotadas as possibilidades de validade de crenças religiosas, outras alternativas de sentido se apresentam ao homem. Dentre estas mantêm-se plenamente procedentes, se formuladas em termos apropriados às presentes condições do homem, as grandes propostas éticas do estoicismo e do epicurismo. A relevância da vida depende da medida em que cada homem encontre adequadas modalidades de compatibilizar seus interesses com os interesses dos demais homens. Nisso reside o que nesta obra se denomina "egoísmo transcendente". De seu exercício depende a possibilidade de orientar o mundo no sentido de que ele se torne tolerável para todos os homens e, eventualmente, excelente, para muitos.

SEÇÃO I
O COSMOS

1

BREVE DESCRIÇÃO

"A cosmologia é o estudo do universo como um todo."[1] Trata-se de uma ciência agregadora, que envolve elementos de todas as ciências da natureza, das ciências humanas, da matemática e da lógica, complementadas, corretiva ou inferencialmente, por critérios de validez e de plausibilidade de caráter filosófico. Seu objetivo geral é o estudo do conjunto de objetos – matéria e energia, em suas múltiplas formas e manifestações – que integram o universo, investigando a natureza, a origem, a evolução e o possível futuro desse universo, bem como a análise do que possam ser o espaço e o tempo.

O universo alcançável pela cosmologia constitui a parte visível do universo total, quer exista um único universo, quer existam, concomitantemente, vários universos, independentes ou, de alguma forma, inter-relacionados. Seja uno ou múltiplo o universo total, o visível é aquela sua parte cuja luz, em função da velocidade desta e da distância percorrida, pode chegar até nós.

Observações por meio dos instrumentos disponíveis nos proporcionam informações sobre o universo de até mais que 12 bilhões de anos-luz. O universo atualmente observável tem um horizonte de mais de 30 bilhões de anos-luz. Compreende cerca de dez bilhões de galáxias,[2]

---

1. HAWKING, S. *Uma Breve História do Tempo*. Rio de Janeiro: Rocco, 1988, p. 250.
2. SILK, J. *The Big Bang*. Nova York: W. H. Freeman, 1989 [1980].

cada qual com cerca de cem bilhões de estrelas, organizadas sob a forma de conjuntos (*clusters*) e superconjuntos de galáxias. A Via Láctea, galáxia a que pertence o sol, contém, como a média das demais, cerca de cem bilhões de estrelas.[3] Outros autores avaliam em 200 bilhões o número de estrelas na Via Láctea (Robin Kerrod, "Hubble, the Mirror of the Universe").

Esse universo visível tem densidade de 10^{-31} g/cm³. É extremamente vazio. Tem extensão de cerca de 10^{26} m e sua massa corresponde a aproximadamente 10^{53} kg.[4]

O universo compreende, sob diversas modalidades e em conformidade com as fases pelas quais passou, o conjunto de unidades atômicas e subatômicas que compõem o complexo matéria-energia. Esse conjunto é comandado por quatro forças fundamentais, apresentadas, no Quadro 1.1, com a indicação de por quem e de quando essas forças foram descobertas.

QUADRO 1.1 – FORÇAS FUNDAMENTAIS[5]

GRAVITACIONAL	NEWTON, C. 1686
ELETROMAGNÉTICA	MAXWELL, C. 1860
FORÇA NUCLEAR FRACA	RUTHERFORD/BOHR, C. 911-1913
FORÇA NUCLEAR FORTE	CHADWICK, C. 1922

---

3. DAVIES, P. *The Accidental Universe*. Cambridge: Cambridge University Press, 1993 [1982], p. 2.
4. Ibidem, p. 45.
5. DAVIES, 1993 [1982], p. 10.

> **Observação:**
> Enquanto no caso da gravitação e do eletromagnetismo as datas e os autores ficam bem determinados, no caso das forças nucleares forte e fraca isso fica mais difícil porque as contribuições para o conhecimento não são individualizadas como nos casos anteriores e ocorrem ao longo de mais tempo. A teoria da grande unificação foi elaborada entre 1960 e 1980. Dentre os contribuidores destacam-se A. Salam, E. Weinberg e S. Glashow.

A essas forças fundamentais importa agregar três das principais constantes que condicionam o conjunto do universo: (1) a velocidade da luz no vácuo, de 300.000 km/s, (2) a constante de Hubble e (3) a constante de Einstein em sua forma modificada.[6] É importante acrescentar a essas contantes, como exposto neste estudo, a transimanência, tratada na Seção IV.

A invariabilidade da velocidade da luz, emitida por uma determinada fonte, exige que ela se mantenha em relação a um dado referencial independentemente da velocidade da fonte emissora em relação a esse mesmo referencial. Essa velocidade constitui, portanto, segundo a teoria atualmente aceita, o limite absoluto de qualquer velocidade possível no cosmos.

A constante de Hubble – designada pela letra H – é a razão entre a velocidade V com a qual duas galáxias aumentam a distância D entre elas.

$$H = \frac{V}{D}$$

Ela dá uma medida da expansão do universo. Seu valor encontra-se na faixa compreendida entre 50 km/s e 100 km/s. A melhor estimativa

---

6. São também constantes particularmente relevantes a constante de Plank, a constante de gravitação universal, a carga do elétron e as massas das partículas elementares.

atual é de cerca de 73 km/s/Mpc (Mpc é abreviatura de megaparsec; 1 Mpc corresponde a aproximadamente 3 milhões de anos-luz). A Figura 1.1 ilustra a variação da velocidade de acordo com a distância.

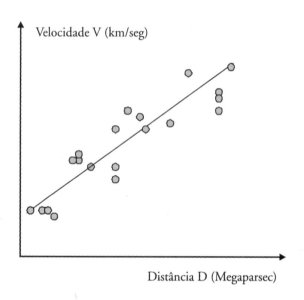

Figura 1.1 – Os pontos representam esquematicamente as galáxias.

Assim, conforme exemplo apresentado por Paul Davies,[7] se duas galáxias forem distantes uma da outra cerca de 30 milhões de anos-luz, elas se afastarão reciprocamente na velocidade de 500 km/s, admitindo-se a constante de Hubble igual a 50 km/s/Mpc.

A descoberta de Hubble, em 1929, a respeito da expansão do universo, que se supunha estático – hipótese adotada por Einstein na

---

7. DAVIES, P. *The Accidental Universe*. Cambridge: Cambridge University Press, 1993 [1982], p. 4.

sua *Teoria da Relatividade Geral* (1915) –, foi obtida pela constatação do desvio para o vermelho no espectro da radiação visível emitida pelas galáxias. Isso ocorre quando a fonte emissora afasta-se do observador. A medida desse desvio para o vermelho permite determinar a velocidade do afastamento da galáxia.

A constante cosmológica sofreu várias interpretações desde que foi introduzida por Einstein para compensar a ação da gravidade na sua teoria da relatividade geral e, assim, manter o universo estático. Ele julgava, então, como os demais cientistas, que o universo era estático. Sendo assim, alguma força teria de operar no sentido de neutralizar a gravidade, sem o que os astros se precipitassem uns sobre os outros na direção do centro de gravidade do sistema. Essa força repulsiva e neutralizadora da gravidade constituía a constante cosmológica. A partir, entretanto, da constatação – iniciada por Hubble – de que o universo encontra-se em expansão, com as galáxias mais afastadas movendo-se com velocidades maiores, Einstein concluiu que sua constante era uma falácia e deplorou tê-la concebido.

Entretanto, foi constatado que a expansão do universo, tal como hoje pode ser observada, dificilmente pode ser explicada como decorrência de sua expansão originária (Big Bang + inflação). Observações recentes, que serão comentadas adiante, requerem, dentro das hipóteses da teoria geral da relatividade, a presença no universo de uma força repulsiva, que cosmólogos como Robert R. Caldwell, Rahul Dave e Paul J. Steinhardt denominaram "quintessência", reabrindo a discussão sobre a possível natureza da constante cosmológica. Supõe-se que essa energia repulsiva, também chamada de "energia escura", deva ter características muito especiais. Presume-se que ela exista desde os primórdios do Big Bang, mas com baixíssima capacidade de interação.

Se essa forma de energia realmente existe, sua participação na composição do universo é muito alta, mas está diluída de tal forma que sua densidade é muito reduzida. O seu efeito fez-se sentir em tempos relativamente recentes e hoje é dominante. Dentro dessas hipóteses, o seu decaimento é muito mais lento que o das outras formas de energia. A constatação de que o universo está em expansão acelerada, conforme observações recentes, é um argumento a favor da existência dessa energia escura. Sem ela, a gravidade tenderia a reduzir a velocidade de expansão do universo, como se presumia anteriormente. O contrário ocorre por causa da quinta-essência.[8]

Outras duas outras importantes características do universo devem ser consideradas: sua densidade e sua isotropia. Esta última será abordada no Capítulo 2, "Origem do Universo". No que se refere à densidade, os fatores visíveis da mesma, a matéria e a energia observáveis, conduzem a uma densidade cerca de cem vezes inferior à densidade crítica. A relação entre a densidade atual do universo e a densidade crítica denomina-se densidade relativa, parâmetro de massa ou parâmetro de densidade:

$$\Omega = \frac{\text{densidade atual}}{\text{densidade crítica}}$$

Considerando apenas a matéria visível, esse valor é de $\Omega = 0,01$. O valor de Ω determina a geometria do universo. Se $\Omega > 1$, o universo é fechado; se $\Omega < 1$, o universo é aberto; e se $\Omega = 1$, o universo é plano, conforme sugerem a Figura 1.2.

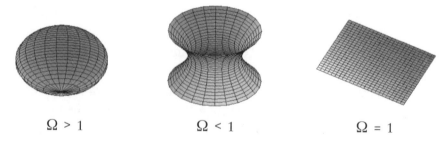

$\Omega > 1$ $\Omega < 1$ $\Omega = 1$

Figura 1.2

---

8. KRAUSS, L. M. "Cosmological antigravity". In: FRITZ, S. (org.) *Understanding Cosmology*. Nova York: Warner Books, 2002, p. 88-98.

Medidas recentes bastante precisas mostraram que o universo atual é praticamente plano, o que indica que Ω deve ser próximo de 1. Porém, só a matéria visível não é suficiente para explicar esse valor. Daí a busca por outras formas de matéria – matéria escura e energia (energia escura) para justificar $\Omega \sim 1$.

Diversas inferências conduziram à conclusão de que há uma substancial ausência de matéria normal no universo, o que levou à conjectura de que existe uma outra forma de matéria contribuindo para aumentar a densidade dele, a qual denominou-se "matéria escura". Assim, analisando a velocidade de rotação de objetos luminosos localizados nas regiões mais externas de uma galáxia (halos), bem como as suas respectivas distâncias ao centro, verificou-se que essa velocidade é maior do que se deveria esperar, considerando apenas a presença da matéria ordinária existente na galáxia. Supõe-se, portanto, que essa anomalia seja provocada pela presença de uma forma exótica de matéria, a matéria escura.

No entanto, a distribuição da matéria escura para a densidade do universo é insuficiente para levá-lo ao valor crítico previsto pelas teorias cosmológicas modernas. A parte que falta tem sido atribuída à energia escura, que, na realidade, seria a principal parcela na composição da densidade do universo.

A partir dos dados levantados pela sonda Wilkinson Microwave Anisotropy Probe (WMAP), lançada pela NASA em 2001, e dos resultados analisados por David Spergel e Gary F. Hinshaw constatou-se, por um lado, que a idade do universo, que se estimava em torno de 15 bilhões de anos, deveria ser da ordem de 13,7 bilhões de anos. Por outro lado, pôde se verificar que a densidade do universo é predominantemente decorrente da energia escura e da matéria escura (Quadro 1.2).

Não se chegou a uma conclusão sobre o que seja a matéria escura, ora reconhecida como muito mais abundante que a matéria normal. Entre as hipóteses mais contempladas destaca-se a de essa matéria ser constituída, em sua designação em inglês, por *massive compact halo objects*, abreviadamente MACHOs. Esses objetos não identificados seriam constituídos pelas partículas que formam a matéria normal (baryons) e ficariam situados nos halos das galáxias. Outra hipótese considera que

QUADRO 1.2 – COMPONENTES DO UNIVERSO

ENERGIA ESCURA	73%
MATÉRIA ESCURA	23%
MATÉRIA NORMAL NÃO LUMINOSA	3%
MATÉRIA NORMAL LUMINOSA	0,995%
RADIAÇÃO	0,005%
TOTAL	100,00%

a matéria escura seja constituída por partículas exóticas designadas em inglês como *weakly interacting massive particles* (WIMPs). Essas partículas, se existirem, devem ter massa muito grande – dez a cem vezes a massa de um próton – e baixa interação com outras formas de matéria. Por fim, uma terceira hipótese é a de que as partículas da matéria escura, que não são nem prótons nem nêutrons, sejam neutrinos. Tratam-se de partículas geradas no decaimento radioativo beta, observado por Fermi, que ocorre quando um nêutron decai para formar um próton mais um elétron mais um neutrino. Reines e Cowen, em 1956, puderam observar que essas partículas com massa zero ou muito próxima de zero (assim como as antipartículas correspondentes) e carga zero atravessam toda a matéria com probabilidade ínfima de colidirem com um próton, relativamente a um nêutron. Como já foi dito, um neutrino e um elétron são emitidos quando um nêutron se converte em um próton. Um processo inverso ocorre no interior das estrelas em fase de contração e densificação do núcleo central quando prótons capturam elétrons, convertendo-se em nêutrons e emitindo neutrinos como resultado da fusão do hidrogênio em hélio. Bilhões de neutrinos estão assim, continuamente, atravessando todos os corpos, sem deixar nenhum vestígio.

A matéria escura, seja qual for a sua forma de existência possível – matéria normal, neutrinos ou partículas massivas de baixa interação – não responde pela parcela necessária para se chegar ao nível próximo à densidade crítica. Contabiliza apenas 20 a 30 % do necessário. O primeiro passo nessa direção foi a constatação, a partir de um censo geral de toda matéria, nas galáxias e agrupamento de galáxias, de que a massa total de elementos químicos e de matéria escura responde, apenas, a cerca de um terço da quantidade total requerida para se chegar ao nível de densidade crítica. Para que se chegue a compatibilizar as previsões da relatividade geral com relação à forma do universo tanto com as observações recentes como com a previsão da teoria do universo inflacionário, ambas indicando que o nosso universo atual é plano (Ω = 1), torna-se necessário introduzir uma forma de energia "antigravitacional" ou negativa. Essa "energia negativa" age no sentido oposto ao da gravitação, exercendo uma força de repulsão. Essa força repulsiva é compatível com a idade do universo e com a homogeneidade observada na larga escala. A existência de uma força universal antigravitacional encontra forte evidência nos resultados obtidos por dois grupos independentes (The Supernovae Cosmology Project e Hidh-Z Supernovae Search) que examinaram o movimento de supernovas distantes, o qual comprova uma aceleração no processo de expansão do universo.

Essa energia escura está uniformemente espalhada no universo, apresentando densidade muito baixa – cerca 4 eV/mm^2. O falso vácuo e a chamada quintessência são duas explicações possíveis para a energia escura. Possuem natureza diferentes: a densidade de energia do falso-vácuo é constante no tempo, ao passo que a densidade de energia da quintêssencia é dinâmica, varia no tempo.

Sendo um fenômeno quântico, a quintêssencia é um conjugado "partícula-onda". Se essa hipótese for correta, a massa da partícula associada à quintêssencia é baixíssima e sua dimensão é muito grande, portanto a ação dessa forma de energia pode ser descrita apenas pela atuação do campo a ela associado.

Ainda não há explicação física convincente para esse campo de energia negativa. Grande parte da comunidade científica dedicada à cosmologia tem trabalhado arduamente na busca de uma teoria que unifique a relatividade geral (gravitação) e a física quântica (força eletromagnética e forças nucleares forte e fraca). As teorias das cordas e supercordas abrem novas perspectivas para essa unificação. As teorias dessa classe mais bem estudadas admitem 26 ou 10 dimensões. Uma teoria alternativa recente admite 11 dimensões. A matéria ordinária estaria confinada em membranas – objetos bidimensionais, como uma fita ou uma bolha – imersas em um espaço tridimensional. Poderiam existir mais de uma classe de membrana, cada uma com um universo distinto do nosso. Essas membranas não poderiam ser vistas porque a luz, segundo prevê a teoria, levaria bilhões de anos para chegar até nós. Entretanto, poderíamos detectar esse universo paralelo por meio do efeito de campo que ele exerce sobre o nosso universo e cuja intensidade depende do intervalo existente entre esses dois universos. A interação entre os dois universos poderia ser percebida por efeitos de natureza gravitacional, como o provocado pela energia escura. A quintessência, se for uma explicação comprovada, tem uma densidade de energia variável, que vem decrescendo desde o instante da formação do universo. Essa variação poderia ser explicada pela variação do intervalo de separação dessa pequena fresta entre o nosso universo e o universo paralelo.

Uma pergunta relevante: por que a aceleração cósmica só começou presentemente? A energia escura, criada quando o universo tinha 10^{-35} segundo de idade, deve ter permanecido inerte por cerca de 10 bilhões de anos. Somente a partir dessa data essa energia passou a se sobrepor à gravidade e conduziu ao aceleramento da expansão do universo. Como explicar a coincidência de que somente quando surgiram seres pensantes a expansão do universo começou a se acelerar? Cosmólogos como Martin Rees, da Universidade de Cambridge, e Steven Weinberg, da Universidade do Texas, propuseram uma explicação antrópica.

A explicação mais satisfatória envolve a forma da quintessência conhecida como "campo rastreador" (*tracker field*). Assim, por que a quintessência passou a atuar como ocorreu? Um grupo de cientistas, Paul J. Steinhardt, Christian Armendariz Picon e Viatcheslev Mukhanov, da Universidade Ludwig Maximilian, em Munique, propuseram uma resposta. Um campo "rastreador" (*tracker field*) mimetiza a evolução de um campo "atrator". Essa suposta propriedade da quintêssencia fez, desde os primórdios, sua densidade decair com a mesma velocidade que a da radiação até a transição para a era da matéria. A partir desse momento, a quintessência, em vez de seguir a radiação ou mesmo a matéria, assumiu pressão negativa. Sua densidade se manteve quase fixa e finalmente se sobrepôs à decrescente densidade da matéria. Nesse quadro, a emergência de seres pensantes e a aceleração da expansão cósmica correspondem ao mesmo período. Tanto a formação de estrelas e planetas, necessária à sustentação da vida, como a transformação da quintessência em pressão negativa foram desencadeadas pela emergência do domínio da matéria.[9]

Importaria ainda, nessa breve descrição do universo, mencionar a hipótese de múltiplos universos. A hipótese de uma pluralidade de mundos foi inicialmente formulada por Demócrito (470-380 a.c.) como parte de sua teoria atomista. Essa posição foi retomada por Lucrécio (cerca de 96-53 a.c.) em seu extraordinário poema cosmológico, "De Rerum Natura". No canto II, estrofes 1.050 a 1.080, Lucrécio mostra como – dada a infinidade do universo e do número de átomos, que compõem tudo e todos – outros mundos devem existir, além do sistema em que a Terra está inserida. Essa tese foi retomada por uma admirável figura do renascimento tardio, Giordano Bruno (1548-1600), cujas idéias o levaram a ser queimado vivo pela Inquisição em Roma.

Novamente essa teoria de multiplicidade de universos foi resgatada, dessa vez pela cosmologia contemporânea. Em suas formulações atuais, a pluralidade de mundos é entendida em função da hipótese inflacionária de Alan Guth e J. Richard Gott. Como será exposto no tópico seguinte, a hipótese inflacionária busca resolver alguns dos problemas suscitados pela teoria do Big Bang de George Gamow. Essa hipótese prevê a formação de uma multiplicidade de universos-bolhas, em um dos quais se encontra o sistema em que a Terra está inserida. Essa teoria encontra sua formulação mais completa com o cosmólogo russo Andrei Linde.[10]

---

9. As considerações acima relativas à quintessência foram extraídas do estudo de Jeremiah P. Ostriker e Paul J. Steinhardt, já mencionados.
10. LINDE, A. "The self reproducing inflationary universe". In: FRITZ, S. (org.) *Understanding Cosmology*. Nova York: Warner Books, 2002, p. 32-44.

2

ORIGEM DO UNIVERSO

Hipótese do Big Bang

Notando o desvio para o vermelho no espectro da luz emitida pelas galáxias, Edwin Hubble (1889-1953) descobriu em 1929 a expansão do universo. Suas observações mostraram que as galáxias mais distantes afastam-se com velocidades proporcionalmente maiores. A primeira avaliação de Hubble resultou em um fator de proporcionalidade (constante de Hubble) igual a 500 km/s/Mpc. Medidas recentes indicam que a constante de Hubble está a 50 km/s/Mpc e 100 km/s/Mpc.

A velocidade da expansão do universo está relacionada com a constante de Hubble (H_0), com a constante de gravitação universal (ρ_0) e com a constante de energia (k).

$$H_0^2 = \frac{8\pi}{3} G\rho_0 = k$$

Se a constante de energia k for positiva, o universo se expandirá para sempre. Se k for negativa, o universo deverá se contrair após um período de expansão. Se $k = 0$, o universo encontra-se em expansão assintótica. Quando $k = 0$, obtém-se uma relação simples entre a constante de Hubble e a densidade do universo, que nesse caso é chamada de densidade crítica.

$$\rho_{crit} = \frac{3H_0^2}{8\pi G}$$

Com H_0 = 100 km/s/Mpc, obtém-se ρ_{crit} ~ 10^{-29} g/cm³. Define-se como parâmetro de densidade a relação entre a densidade atual e a densidade crítica.

$$\Omega = \frac{\rho_{atual}}{\rho_{crítico}}$$

Se Ω < 1, a teoria da relatividade geral prevê um universo com geometria em forma de sela. É um universo que se expandiria para sempre e, assim, tenderia a se diluir totalmente.

Se Ω > 1, a geometria do universo seria esférica. É um universo que, após um período de expansão, iniciaria uma fase de contração até o colapso total (*Big* Crunch). Nesse caso, essa catástrofe já teria ocorrido.

Somente em um universo com Ω = 1 pode haver uma expansão que tende até o repouso, sem, porém, nunca alcançá-lo, permitindo além disso uma uniformidade em grande escala. Nesse caso o universo é plano.

Medidas bastante precisas da curvatura do universo levam a crer com bastante confiança que o nosso universo é plano e, portanto, Ω é próximo de 1. Conseqüentemente, a densidade atual deve ser próxima de 10^{-29} g/cm³.

Se o universo se expandisse mais rapidamente que a linha crítica, ele não poderia ter gerado as estrelas, das quais derivam os elementos constitutivos da vida. No caso de que, contrariamente, a expansão do universo fosse em velocidade subcrítica, a reconcentração dele já teria ocorrido. Somente um universo que se expande em velocidade quase igual à crítica poderia produzir o material a partir do qual estruturas complexas, depois de bilhões de anos, poderiam ser formadas.

Como surgiu esse universo? Em 1930, o belga Georges Lemaître, abade e físico, formulou a teoria do "átomo primordial", precursora do Big Bang. Em fins dos anos de 1940 George Gamow, cientista russo emigrado para os Estados Unidos, com seus jovens assistentes Ralph Alpher e Robert Herman, formulou a teoria do Big Bang primordial, que se tornou a explicação mais aceitada da origem do universo. Alpher e Herman previram, em 1948, a existência de uma radiação remanescente da explosão, que deveria ter temperatura aproximadamente 5 K (-268º C) acima de zero absoluto (-273º C).

Em 1965, Arno Penzias e Robert Wilson, da Bell Labs, em Nova Jersey, calibrando um sensível rádio antena para seguir o primeiro satélite Echo, descobriam acidentalmente essa radiação cósmica primordial, com temperatura de 2,7 K, próxima à prevista por Alpher e Herman. Tal descoberta confirmou empiricamente a hipótese do Big Bang. Essa radiação corresponde com extraordinária precisão àquela emitida por um corpo negro. Medidas de intensidade de radiação – correspondentes a comprimentos de onda que cobrem uma faixa de 1:1.000 – coincidem com o espectro do universo do corpo negro com precisão de 1%. Foi obtida em 1989 pelo satélite COBE (Cosmic Background Explorer) a confirmação do caráter primordial dessa radiação.

Medições dessa radiação permitem determinar que a expansão do universo se faz no mesmo ritmo, em todas as direções, com diferença de menos de 1/1.000, ou seja, a expansão é isotrópica. Por que essa isotropia? Há duas hipóteses: (1) processo de origem ou (2) independentemente de origem, como resultado de processos físicos ainda ocorrentes.

Podem ter acontecido processos, durante os primeiros tempos do universo que, 13,7 bilhões de anos mais tarde, conduziram à presente isotropia. Porém, nesse caso a observação de sua estrutura não elucidará as condições iniciais. Se as atuais características do universo – expansão isotrópica e aglomeração (cluster) das galáxias – refletem de maneira parcial a forma pela qual o universo começou, algo sobre o estado inicial deste pode ser determinado.

De acordo com a teoria do Big Bang, o universo constituiu uma singularidade, antes da qual nada existia e a partir da qual emergiram o espaço, o tempo e tudo o que existe no universo. O instante inicial de sua criação é atualmente estimado como tendo durado menos do que 10^{-43} segundo.[1] O entendimento desse processo inicial só se pode dar pela física quântica. Em homenagem a seu precursor, Max Planck (1858-1947), denomina-se era de Planck o momento imediatamente subseqüente ao Big Bang. Nesse momento, a densidade da matéria atingiu a incrível medida de 10^{100} t/km³. (considere, comparativamente, que 1 km³ de chumbo pesa cerca de 10^{10} t.) A temperatura do universo aos 10^{-43} segundo de sua criação era de 10^{33} K.

Na era de Planck, todo o universo hoje observável ocupava um espaço de 1/100 cm de diâmetro. Hoje, esse mesmo universo, formando nosso horizonte cósmico, se estende por mais de 30 bilhões de anos-luz.

O universo era uniformemente preenchido por radiação e neutrinos. No curso de sua expansão, essa radiação se arrefeceu e, 13,7 bilhões de anos mais tarde, chegou à temperatura presentemente observável da ordem de 3 K.

A densidade do universo, na era de Planck, era de 10^{91} kg/cm³. Um segundo depois, caiu para 10 kg/cm³.[2] Comparativamente, se todos os átomos das atuais galáxias e estrelas fossem uniformemente espalhados pelo espaço, teríamos 1 átomo de hidrogênio/m³ de espaço.

A evolução do universo da era de Planck a nossos dias é apresentada no Quadro 2.1.

---

1. SILK, J. *The Big Bang*. Nova York: W. H. Freeman, 1989 [1980], p. 118.
2. Ibidem, p. 113.

QUADRO 2.1 – EVOLUÇÃO DO UNIVERSO[3]

Idade cósmica	Temperatura	Eventos marcantes
< 10^{-44} s	10^{32} K	Big Bang Unificação das quatro forças Era de Planck
10^{-44} s	10^{32} K	Gravidade se separa das outras forças Era das GUTs (teorias da grande unificação das forças e da força eletromagnética)
10^{-35} s	10^{28} K	Força nuclear forte se separa da força eletrofraca
10^{-32} s	10^{27} K	Fim da Era da inflação Universo se expande rapidamente Super-resfriamento
10^{-10} s	10^{15} K	Era da radiação Forças eletromagnéticas e fracas se separam
10^{-7} s	10^{14} K	Era das partículas pesadas (era hadrônica) Fótons colidem para construírem prótons, antiprótons, quarks, e antiquarks
10^{-1} s	10^{12} K	Era das partículas leves (era leptônica) Fótons retêm energia suficiente apenas para construírem partículas leves, como elétrons e pósitrons
3 min	10^{10} K	Era da nucleossíntese Prótons e elétrons interagem para formar nêutrons Prótons e nêutrons formam núcleos de deutério, hélio e pequena quantidade de lítio e berílio
380.000 anos	10^{3} K	Era da recombinação Universo fica transparente Radiação pode fluir livremente pelo espaço
1 X 10^{9} anos	20 K	Formação de protoaglomerados de galáxias e de galáxias Formação das primeiras estrelas
10 X 10^{9} anos	3 K	Era atual Formação do sistema solar Desenvolvimento da vida

3. OLIVEIRA FILHO, K. S. *Astronomia – Astrofísica*. Disponível em: http://astro.if.ufrgs.br/univ/univ.htm#quimica.

Teoria da Inflação

Embora a teoria do Big Bang proporcione uma explicação empiricamente confirmável da origem do universo, ela deixa sem resposta um certo número de questões, dentre as quais avultam as quatro seguintes hipóteses intrínsecas à tal teoria:

(1) As leis da física são perpétuas e a teoria da relatividade geral aplica-se para explicar a teoria da gravitação e seus efeitos.
(2) O universo primordial era preenchido por uma "sopa primordial", em equilíbrio térmico a temperaturas altíssimas.
(3) O universo é homogêneo em grandes escalas, isto é, a média das principais variáveis físicas do universo é a mesma para todos os pontos.
(4) Ao longo de sua evolução, as modificações sofridas pela matéria e pela energia foram tão suaves que não perturbaram a evolução térmica do universo.

Essas hipóteses podem ser parcialmente verificadas a partir de observações cada vez mais precisas. Entretanto, essa teoria tem um pressuposto básico difícil de ser aceito, qual seja uma grande precisão das condições iniciais. A partir desses argumentos são levantados os seguintes problemas que não são bem respondidos pela teoria padrão do Big Bang:

(1) Homogeneidade do universo na grande escala. Segundo a previsão da teoria do Big Bang, o raio do universo era maior que o raio do horizonte, isto é, a distância limite para a existência de qualquer interação. Essa distância corresponde àquela percorrida pela luz. Portanto, como se pode explicar a extraordinária homogeneidade da distribuição de temperatura no universo observada atualmente? Esse problema é denominado "problema do horizonte".
(2) Homogeneidade na pequena escala. A teoria padrão tem que admitir uma extraordinária homogeneidade na pequena escala, quando o universo tinha apenas 10^{-43} s de existência. Tal homogeneidade não se verifica nos modelos físicos conhecidos em equilíbrio térmico.

Esse problema é conhecido como o "problema da 'suavidade' (*smoothness*) das condições iniciais".

(3) Problema da geometria plana do universo. Conforme visto, a densidade de energia do universo, de acordo com a teoria da relatividade geral, determina a curvatura do universo. Observações atuais levam a crer que o universo é muito próximo a um plano. A teoria padrão não explica por que a densidade inicial era tão próxima da densidade crítica correspondente a um universo plano.

(4) Problema do monopolo. Admitindo que a teoria da grande unificação esteja correta – a qual propõe que temperaturas muito altas ($\sim 10^{32}$ K), como as existentes cerca de 10^{-43} seg após o Big Bang –, as três forças fundamentais (eletromagnéticas, nuclear fraca e nuclear forte) são indistinguíveis, a teoria padrão prevê a existência de monopolos magnéticos, partículas muito pesadas em grande quantidade. Essas partículas não foram detectadas até agora.

Para essas e outras questões o jovem físicoAlan Guth, estudioso de partículas, trabalhando em 1979 no Stanford Linear Accelerator Center, formulou respostas que se tornaram amplamente aceitas na complementação da teoria do Big Bang, sendo denominadas hipótese inflacionária. Segundo essa hipótese, o universo experimentou, 10^{-36} seg depois do Big Bang, um intenso processo de expansão, no curtíssimo período de 10^{-33} seg. Nessa fração de segundo o universo se expandiu até atingir um crescimento de seu volume da ordem de 10^{75}, passando do tamanho de um próton para o de uma grapefruit.[4,5,6]

A teoria de Alan Guth apresentava, em sua formulação inicial, algumas falhas técnicas, que foram posteriormente corrigidas por Andrei Linde. O elemento básico da teoria inflacionária é a admissão de uma fase de transcrição na história inicial do universo. Como expõe o próprio Guth,[7]

---

4. BARROW, J. D. *The Origin of the Universe*. Nova York: Basic Books, 1994, p. 61-5.
5. SILK, J. *The Big Bang*. Nova York: W. H. Freeman, 1989 [1980], p. 119-24.
6. GRIBBIN, J. *In Search of the Big Bang*. Nova York: Bantam Books, 1986, p. 353.
7. GUTH, A. "The inflationary universe". In: HETHERINGTON, N. S. (ed.) *Cosmology*. Nova York: Garland, 1993, p. 411-45.

as teorias da grande unificação implicam que tal fase ocorreu quando a temperatura estava por volta de 10^{27} K. Essa fase de transição está ligada à ruptura espontânea da simetria: em temperaturas superiores a 10^{27} K ocorre um tipo unificado de interação, enquanto em temperaturas abaixo de 10^{27} K a grande simetria unificada se rompe e a interação das forças eletromagnéticas, fraca e forte adquire identidade separada.

Quando a temperatura esfria desse modo, uma dessas duas coisas podem ocorrer: a fase de transcrição pode se dar imediatamente ou pode ser retardada, somente ocorrendo depois de elevado superarrefecimento. Assim, por exemplo, a água pode ser superarrefecida para mais de 20 K abaixo de seu ponto de congelamento, formando gelos de temperatura muito inferior à do congelamento. Na ausência de conhecimento dos valores e seus parâmetros da grande teoria unificada, cabe presumir, por cálculo, que o mais provável em quase todos os casos é que a fase de transição tenha sido muito retardada.

A teoria inflacionária está baseada na possibilidade de que o universo tenha passado por um superarrefecimento. Conforme o gás que preenchia o universo se superarrefeceu com temperaturas muito inferiores às da fase de transição, esse gás se aproximaria do estado denominado *falso vácuo*. Esse estado da matéria nunca foi observado e requereria para tal energias incomensuráveis. Por isso, também não será observável no futuro. O falso vácuo tem uma propriedade particular que o torna muito diferente da matéria comum: nele, a densidade da energia é dominada pela energia de repouso das partículas componentes. (Recorde a equação de Einstein, $E = mc^2$.) Se o volume da matéria comum aumentar, a densidade das partículas decrescerá, assim como a densidade da energia. O falso-vácuo, por outro lado, é o estado da densidade da energia mais baixa possível que possa ser atingido enquanto se permaneça na fase para que a grande simetria unificada não seja rompida. Essa densidade da energia não é atribuída a partículas, mas antes a um campo chamado *campo de Higgs*, incluído na teoria para produzir o rompimento espontâneo da simetria. Tais campos são análogos de certa forma aos campos elétricos e magnéticos, com a diferença de que eles não especificam uma direção no espaço. Cabe recordar que assumimos que a fase de transição ocorre muito lentamente; assim, por bastante tempo (em termos do universo inicial) o falso vácuo é o estado com a menor densidade de energia possível que se possa atingir. Destarte, mesmo que o universo se expanda, a densidade da energia do falso vácuo permanece constante.

Quando se combina essa peculiar propriedade do falso vácuo com as equações da relatividade geral de Einstein, encontra-se um resultado dramático: o falso vácuo conduz a uma repulsão gravitacional. Ao longo do restante da história do universo, a gravidade atua para reduzir a expansão cósmica.[8] Quando, todavia, o universo se encontra em estado de falso vácuo, a gravidade causa aceleração da expansão. A forma dessa repulsão é idêntica aos efeitos da constante cosmológica de Einstein, exceto no que diz respeito ao fato de que a repulsão causada pelo falso vácuo opera apenas por um limitado período de tempo.

A repulsão gravitacional teria produzido uma expansão muito rápida, excedendo muito a ampliação do modelo do Big Bang. O universo duplicaria de tamanho em cerca de cada 10^{-34} seg e continuaria essa duplicação enquanto perdurasse o falso vácuo. Houve inflação entre 10^{-35} e 10^{-33} seg com expansão da ordem de 3×10^{43}.

Encerrada a fase do falso vácuo, sua energia, que era o calor latente da fase de transição, é liberada, produzindo vasto número de partículas e voltando a aquecer o universo a uma temperatura comparável à da fase de transição, cerca de 10^{27} K. Ao término da fase de transição, o universo estaria uniformemente preenchido por um quente gás de partículas, da exata maneira como postulado nas condições iniciais da teoria padrão do Big Bang. A partir daí, os dois modelos convergem.

Outras Hipóteses

A hipótese inflacionária complementa o modelo do Big Bang, dando resposta a muitas das questões que a versão original desse modelo deixava em branco. Uma importante questão, todavia, subsiste: a que se refere à própria singularidade? Como se pode supor que nada

---

8. Essa afirmativa é matizada, na história recente do universo, pela intervenção repulsiva de energia escura.

existisse antes do Big Bang e que este emergisse a partir do momento zero do tempo e do espaço, gerando o universo?

A tentativa de responder a essa questão apresenta três principais variantes: (1) a da "tunelagem do nada", mediante a conversão de partículas virtuais em partículas reais; (2) a hipótese de Andrei Linde relativa à contínua geração inflacionária de novos universos; e (3) a que postula um contínuo processo cósmico cíclico de explosão, expansão, reconcentração e nova explosão.

Tunelagem do "Nada"

A hipótese de o universo ter resultado da conversão de partículas virtuais, em um preexistente *quantum* de matéria volátil (*quantum fuzz*), tem uma de suas melhores exposições no estudo de Jonathan J. Halliwell, "Quantum Cosmology and the Creation of the Universe".[9,10] D. Atptaz tem contribuído recentemente para o avanço dessa teoria.

Halliwell observa, inicialmente, que a cosmologia quântica, como a mecânica quântica, busca descrever um sistema em termos de sua função onda. Pode-se achar a função onda do universo resolvendo uma equação denominada equação de Wheeler-DeWitt, que é um análogo cosmológico da equação de Schrödinger. O resultado mais importante da cosmologia quântica, ou um dos mais importantes, a partir da equação de Wheeler-DeWitt, é que só os universos fechados podem surgir via tunelamento quântico. Universos abertos colapsariam imediatamente. Também para o universo plano o potencial não é definido, e tunelagem quântica não pode dar origem a esse tipo de universo.

Esse intento se defronta com muitas dificuldades. Entre outras, figura a questão do "colapso" da função onda, em mecânica quântica, quando

---

9. HALLIWELL, em FRITZ, S. (org.) *Understanding Cosmology*. Nova York: Warner Books, 2002, p. 100-15.

10. Veja também TRYON, E. P. "Is the universe a vacuum fluctuation?", p. 216-9; DAVIES, P. "What caused the Big Bang", p. 220-38; ambos em LESLIE, J. (ed.) *Physical Cosmology and Philosophy*. Nova York: Macmillan, 1990.

se a observa. Enfrentando essas dificuldades, Hugh Everett III, de Princeton, propôs para tal uma solução que consiste em reconhecer que, em cosmologia, o observador faz parte do universo. As leis da mecânica quântica se aplicam a tudo que faz parte dele, e assim não ocorre o colapso da função onda para cada observação. Conforme Everett desenvolvia a sua teoria, comparando-a com resultados conhecidos, descobriu que ela conduzia ao aparecimento de universos múltiplos, todos cópias de si mesmos. Teóricos – notadamente Murray Gell-Man da Caltec e Hartle – debateram a realidade das múltiplas cópias de Everett. Substituíram essas cópias por histórias, para as quais devem ser atribuídas certas probabilidades. Insistiram no sentido de que as únicas probabilidades dotadas de sentido em cosmologia quântica devem ser estabelecidas *a priori*. Estas são próximas a um ou a zero. Distintamente da mecânica quântica, a cosmologia quântica busca determinar observações para as quais a teoria atribua probabilidades próximas a zero ou a um.

Essa aproximação conduz ao seguinte entendimento: em certos pontos de espaço e de tempo (tipicamente, mas nem sempre) quando o universo é grande, a função onda do universo indica que este se conduz de forma clássica, em alto nível de precisão. Por outro lado, em certas regiões como as próximas às singularidades clássicas, tal afirmação não confere. Aí, as noções de espaço e de tempo simplesmente não existem. O que existe é um *quantum fuzz*, um *quantum* de matéria volátil descritível por conhecidas leis da física quântica, mas não por leis clássicas. Destarte, em cosmologia quântica não tem sentido tentar impor condições iniciais clássicas a regiões próximas da singularidade, onde a física clássica não é aplicável.

Depois do aparecimento do *quantum*, a função onda coloca probabilidades para as diferentes trajetórias de evolução. A teoria do universo inflacionário é uma delas.

A questão das condições iniciais clássicas se converte em condições iniciais quânticas. Pura consistência matemática, diferente da sugerida por DeWitt, não parece poder conduzir a uma única solução a equação Wheeler-DeWitt. Assim, cabe ao cosmólogo quântico propor condições de contorno e condições iniciais para as equações que regem a formação do universo. Hartle, Hawking, Linde e Vilenkin, em particular, formularam tais propostas.

Hartle e Hawking propuseram definir a função onda particular do universo usando a formulação de mecânica quântica originariamente desenvolvida nos anos de 1940 pelo falecido Richard P. Feynman, de Caltec. Essa formulação é denominada via integral ou método de histórias somadas. A soma de histórias é matematicamente equivalente a solução da equação de Schrödinger. Porém, proporciona uma visão muito diferente de mecânica quântica, que provou ser extremamente útil, tanto técnica como conceitualmente. A função onda do universo pode ser calculada somando algumas classes de histórias para o universo. A técnica é equivalente a se solucionar a equação Wheeler-DeWitt, como o demonstrou um ensaio de Hartle e Halliwell.

Uma forma de entender a escolha de Hartle e Hawking consiste em interpretar geometricamente as condições de contorno. No início, o espaço estava comprimido de tal forma que tempo e espaço eram "indistinguíveis", formando uma hiperesfera em um espaço de quatro dimensões. O universo estaria fechado sobre si mesmo, autocontido, e a condição de contorno era "não ter condição de contorno" (*no-boundary proposal*). Essa geometria não pode ser resolvida pela teoria clássica. A hipótese da singularidade implica que as histórias clássicas do universo devem se encolher até zero, da mesma forma que o final de um cone é um ponto. No entanto, em teoria quântica a soma de histórias admite várias histórias possíveis, não apenas a clássica. Assim, talvez o universo tenha emergido pelo efeito túnel (*tunneling*), a partir do "nada". A evolução descrita pela inflação e pelo Big Bang teria ocorrido subseqüentemente ao processo de "tunelagem".

Linde e Vilenkin, parcialmente por essa razão, propuseram independentemente o efeito túnel. A conjectura sobre a tunelagem do nada pode ser testada pela solução da equação de Wheeler-DeWitt. Da solução dessa equação pode-se mostrar que, se existir, a tunelagem do nada só é possível para um universo fechado. O quadro que resulta é o de um universo com uma dimensão não-zero e de uma finita densidade de energia, emergindo de uma matéria volátil quântica (*quantum fuzz*).

Inflação Contínua

A hipótese de geração inflacionária contínua de novos universos, desenvolvida por George Gale,[11] dá uma sucinta exposição das idéias do cosmólogo russo Andrei Linde, que, por sua vez, apresenta os aspectos centrais de sua teoria em "The universe: inflation out of chaos".[12]

Gale menciona, inicialmente, os precursores da idéia de universos múltiplos.Entre eles, estão Anaximander (± 610-545), que concebeu o universo como um sistema cíclico, cada universo emergindo dos escombros do ciclo precedente, e Anaximenes de Mileto (século VI a.C.), que sustentava a concomitante pluralidade do universo, em um espaço infinito. Essa idéia foi retomada, no Renascimento, por Giordano Bruno (1548-1600).

Contemporaneamente, Alan Guth e J. Richard Gott sustentaram que o processo inflacionário conduz a uma multiplicidade de universos-bolhas. Andrei Linde formulou a versão mais elaborada da hipótese inflacionária formadora de universos-bolhas.[13]

Segundo Linde, as flutuações quânticas da expansão inflacionária do universo ocorrem em forma de ondas. Essas ondas podem se "congelar" e se superporem, ampliando o seu efeito e causando grandes perturbações nos campos escalares responsáveis pelo surgimento das partículas elementares. Tais perturbações podem causar bifurcação na evolução, dando origem a novos domínios inflacionários. Esse processo de formação de universos múltiplos supõe que eles sejam similares e cresçam como um fractal. Consistiria de bolhas infláveis que se reproduziriam em bolhas similares.

---

11. GALE, G. "Multiple universes". In: HETHERINGTON, N. S. (ed.) *Cosmology*. Nova York: Garland, 1993, p. 547-68.
12. LINDE, em LESLIE, J. (ed.) *Physical Cosmology and Philosophy*. Nova York: Macmillan, 1990, p. 239-47.
13. LINDE, "The self reproducing inflationary universe". In: HETHERINGTON, N. S. (ed.) *Cosmology*. Nova York: Garland, 1993, p. 32-44.

Os cosmólogos não inventaram arbitrariamente essa visão bastante peculiar do universo. Diversos pesquisadores, primeiro na Rússia e depois nos Estados Unidos, propuseram a hipótese inflacionária, para resolver algumas das complicações deixadas pela velha idéia do Big Bang. Em sua formulação padrão, a teoria do Big Bang sustenta que o universo nasceu há cerca de 15 bilhões de anos a partir de uma singularidade cósmica – um estado no qual temperatura e densidade eram infinitamente altas. Não se pode, na verdade, falar realmente em termos físicos que essas quantidades fossem infinitas. Assume-se, geralmente, que as correntes leis da física não eram então aplicáveis. Elas se tornaram aplicáveis somente depois que a densidade caiu abaixo da assim dita densidade de Planck, que é aproximadamente 1,094 g/cm³.

Conforme se desenvolveu a teoria, descobriram-se problemas complicados. Por exemplo a teoria padrão do Big Bang, acoplada à moderna teoria das partículas elementares, prevê a existência de muitas partículas superpesadas carregando carga magnética, monopolos – objetos que têm apenas um pólo magnético. Esses mesmos pólos magnéticos teriam uma massa típica 1.016 vezes maior que a do próton, ou seja, cerca de 0,00001 mg. De acordo com a teoria padrão do Big Bang, os monopolos deveriam ter emergido muito cedo na evolução do universo e ser tão abundantes quanto os prótons. Nesse caso, a densidade média do universo seria 15 vezes maior que seu presente valor, que é de aproximadamente 10^{-29} g/10 m/cm³.

Questionando a Teoria Padrão

Segundo Linde, esse e outros enigmas compeliram os físicos a olhar mais atentamente para as suposições básicas que se encontram por baixo da teoria cósmica padrão, e o que se encontrou é muito suspeitável. O primeiro e mais importante problema é a própria existência do Big Bang. Cabe perguntar: o que veio antes? Se o espaço-tempo não existisse, como algo poderia aparecer do nada? O que apareceu primeiro, o universo ou as leis determinando sua evolução? Explicar essa singularidade inicial – onde e quando tudo isso começou – ainda permanece o problema mais intratável da cosmologia moderna.

Um segundo ponto questionável é o achatamento do espaço. A teoria da relatividade geral sugere que o espaço seja muito curvo, com um raio típico da ordem do comprimento de Planck, isto é, 10^{-33} cm. Observa-se, todavia, que nosso universo é plano em uma escala de 1.028 cm, o raio da parte observável do universo. Esse resultado de nossa observação difere da expectativa teórica por uma magnitude maior que 60 vezes.

A teoria do Big Bang sem o auxílio da teoria da grande unificação não é capaz de explicar por que o universo se desenvolveu, de modo a fazer que a matéria prevalecesse sobre a antimatéria. Se no início o universo fosse perfeitamente simétrico, matéria e antimatéria se aniquilariam e praticamente não haveria partículas no universo. A alegação de que possam existir formações de antimatéria a distâncias muito grandes de nós não parece ser razoável, uma vez que não existem mecanismos que expliquem essa separação. Portanto, atualmente é consenso que o nosso universo é composto de matéria e que o número de partículas é da ordem de 10^{78}. A teoria da grande unificação explica a formação do universo com matéria (e não antimatéria) pela pequena assimetria no comportamento da matéria em comparação com a antimatéria. Assim, a evolução do universo com a predominância de matéria aparece naturalmente sem que seja necessário impor excesso de matéria como condição inicial. Já na teoria padrão do Big Bang, essa última hipótese necessariamente faz parte das condições iniciais.

O quarto problema diz respeito ao tempo de expansão. Em sua forma padrão, a teoria do Big Bang assume que todas as partes do universo começaram a se expandir simultaneamente. Como poderiam todas as diferentes partes do universo sincronizar o início de sua expansão?

Há também a questão da distribuição da matéria no universo. Ela se desenvolveu com marcante uniformidade. No âmbito de mais de 10 bilhões de anos-luz, sua distribuição se afasta da homogeneidade perfeita por menos de 1 sobre 10.000. Por muito tempo ninguém soube por que o universo é tão homogêneo. Uma das pedras angulares da teoria padrão do universo era o "princípio cosmológico" que afirma que o universo deve ser homogêneo. Essa afirmativa, entretanto, não é muito perspicaz, porque o universo incorpora importantes desvios de homogeneidade, como galáxias e outras aglomerações da matéria. Destarte, importa explicar por que o universo é tão uniforme em larga escala e, ao mesmo tempo, sugerir algum mecanismo que produza galáxias. Finalmente, há o que se denomina problema de unicidade. Albert Einstein capturou sua essência quando disse: "o que realmente me interessa é saber se Deus tinha alguma escolha na criação do mundo". Na verdade, mínimas mudanças nas constantes físicas da natureza teriam conduzido o universo a se desenrolar de maneira completamente diferente. Por exemplo, muitas teorias conhecidas – como a teoria das supercordas, por exemplo – a respeito das partículas elementares assumem que o espaço-tempo originariamente tinha consideravelmente mais que quatro dimensões (três espaciais e uma temporal). A fim de ajustar cálculos teóricos com o mundo físico em que vivemos, esses modelos afirmam que as dimensões extras foram "compactadas" ou encolhidas a uma pequena dimensão e então eliminadas. É questionável por que a compactação parou nas quatro dimensões, não em duas ou cinco. Ademais, a maneira pela qual as outras dimensões foram compactadas é significativa, porque determina o valor das constantes da natureza e a massa das partículas. Segundo algumas teorias, a compactação pode se dar em bilhões de formas diferentes.

Todos esses problemas (e outros não mencionados) são extremamente perplexificantes. Essa é a razão pela qual é encorajador o fato de que muitos desses enigmas possam ser resolvidos no contexto da teoria do universo inflacionário auto-reproduzível.[14]

O Universo Inflacionário[15]

A teoria do universo inflacionário, originalmente proposta por A. Guth, fundamenta-se na hipótese de uma mudança de estado da energia

---

14. LINDE, A. "The self reproducing inflationary universe". In: HETHERINGTON, N. S. (ed.) *Cosmology.* Nova York: Garland, 1993, p. 35.
15. O presente tópico é de autoria do Prof. Luiz Bevilacqua.

existente nos primórdios da criação do universo. Esse fenômeno ocorreu aproximadamente nos primeiros 10^{-32} seg desde a criação do universo. Inicialmente, a temperaturas da ordem de 10^{32} K, a força da gravidade se separa das outras três forças fundamentais (eletromagnética, nuclear fraca e nuclear forte). Essas três forças fundamentais permanecem, porém unificadas em uma única força. Não havia distinção entre as partículas elementares correspondentes, isto é, o elétron, o neutrino e o quark. Diz-se que havia simetria no universo com relação a essas três forças. Esse estado de energia passa para outro estado quando ocorre a quebra de simetria, ou, em outras palavras, as três forças fundamentais, eletromagnética, nuclear fraca e nuclear forte, separam-se. Esse fenômeno de mudança de estado é chamado de transição de fase ou quebra de simetria. A quebra espontânea da simetria ou transição espontânea de fase é o ponto essencial que sustenta a teoria inflacionária.

A transição de fase pode seguir duas trajetórias distintas. Na primeira, a transição é muito mais rápida que a velocidade do resfriamento. Esse é o caso mais comum observado nos fenômenos físicos que envolvem perda de calor. É um processo estável e contínuo. Na segunda, acontece o oposto: o resfriamento é mais rápido que a transição de fase. Esse caso é mais raro, porém possível. É chamado de super-resfriamento. A temperatura cai sem alteração de fase até um determinado limite, quando a mudança ocorre de maneira brusca. O processo é instável e as mudanças são bruscas. Esse processo pode ser observado, por exemplo, no resfriamento da água abaixo de 0° C. A água pode permanecer no estado líquido até cerca de -20° C, quando bruscamente transforma-se em sólido (gelo).

A hipótese do universo inflacionário pertence a essa última categoria de transição. A temperatura do universo caiu abaixo de 10^{27} K, em um processo de super-resfriamento.

No decorrer desse processo, a matéria encontrava-se em um estado muito peculiar, denominado "falso vácuo". Esse estado não foi observado e é praticamente impossível de ser gerado artificialmente nos aceleradores de partículas disponíveis com a tecnologia atual, em virtude das altíssimas energias necessárias para a sua geração. Entretanto, esse fenômeno é previsto sem dificuldade pela teoria da mecânica quântica. Além disso, um efeito semelhante pode ser observado e medido em laboratório (efeito Casimir). Portanto, a eclosão do falso vácuo nesse instante inicial é perfeitamente plausível.

Convém introduzir um breve comentário sobre campos de energia, antes de falar sobre a ação do falso vácuo. O campo de energia mais acessível é o campo gravitacional, ao qual todos nós estamos sujeitos. É um fato da experiência cotidiana que qualquer corpo pesado, quando solto a uma certa altura do solo, cai. A velocidade com que chega ao solo é tanto maior conforme mais elevada for a altura. Esse efeito é resultado da ação do campo gravitacional. A energia potencial correspondente à altura do corpo em relação ao solo, que é maior quanto mais afastado o corpo estiver do solo, é transformada em energia cinética correspondente à velocidade com que o corpo chega ao solo.

Agora, coloque uma pequena esfera em uma concha, conforme mostra a Figura 2.1a no ponto de mais baixa energia. Nessa posição, ela se encontra em equilíbrio. Suponha que, por algum motivo, a esfera sofra um pequeno deslocamento dessa posição – vamos chamar essa perturbação de flutuação. É evidente que ela passará a oscilar em torno da posição de equilíbrio. O equilíbrio é estável. Considere agora a

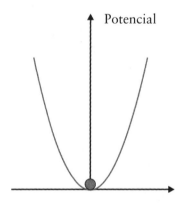
Figura 2.1-a – Equilíbrio Estável

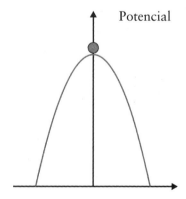
Figura 2.1-b – Equilíbrio Instável

Figura 2.1b. A esfera está colocada no ponto de mais alta energia potencial. Encontra-se também em equilíbrio. Porém, qualquer flutuação fará que ela caia afastando-se continuamente do ponto inicial, aproximando-se de pontos de mais baixa energia. O equilíbrio é instável.

O movimento da esfera é determinado pela ação do campo gravitacional conjugado com as restrições impostas pela geometria da superfície sobre a qual ela rola.

Embora de um modo imperfeito, podemos considerar, para compreender a evolução do estado da matéria no processo inflacionário, que a densidade de energia do falso vácuo, com as restrições impostas por uma "geometria peculiar" – campo de Higgs – varia, como mostra a Figura 2.2a. O potencial de Higgs se anula sobre todos os pontos do eixo vertical; portanto, no ponto A, no fundo da cavidade central, o valor do campo de Higgs é nulo.

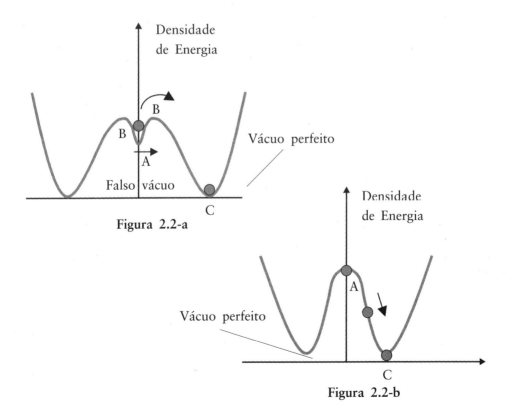

Figura 2.2-a

Figura 2.2-b

No início do processo do super-resfriamento (Figura 2.2a), a densidade de energia do falso vácuo apresenta uma cavidade e em princípio impede qualquer transformação segundo as previsões da mecânica clássica, pois as barreiras de energia – pontos B – nas bordas da cavidade impedem qualquer evolução para além dessa cavidade. O equilíbrio é estável e em princípio tudo o que está na cavidade permanece assim para sempre. Entretanto, em mecânica quântica são previstas flutuações que permitem, eventualmente, a superação dessas barreiras, um tunelamento que permite que o estado da matéria passe para regiões não nulas do campo de Higgs, seguindo trajetórias do tipo BC. O estado de falso vácuo é rompido, formam-se bolhas de "vácuo perfeito" povoando o falso vácuo que se expandem muito rapidamente. O falso vácuo tem a estranha propriedade de gerar um campo repulsivo – o oposto ao da gravitação. Como resultado desse campo repulsivo, a expansão do universo recém-transformado faz-se em ritmo muito acelerado. Mais precisamente, a energia negativa do falso vácuo potencializa a ação do campo gravitacional. Em um período de cerca de 10^{-32} seg, o universo passou de um diâmetro de aproximadamente 10^{-26} m para cerca de 10^{24} m. Há quebra de simetria com as três forças fundamentais então individualizadas. A energia armazenada no falso vácuo é liberada – pode-se comparar essa energia armazenada ao calor latente de uma transformação termodinâmica clássica –, provocando então a formação de uma extraordinária quantidade de partículas elementares. Houve um reaquecimento próximo a até 10^{26} K, e daí por diante a evolução seguiu a trajetória prevista pelo Big Bang.

Essa hipótese para a teoria inflacionária tem, entretanto, algumas falhas. Talvez a principal seja a impossibilidade de explicar a grande uniformidade do universo. Isso porque, segundo essa teoria inflacionária, o universo atual seria o resultado da formação de um conglomerado de bolhas onde haveria uma maior que capta as bolhas menores – como se vê quando a água ferve em uma panela – ficando a energia concentrada na superfície da bolha dominante e com pouca chance de haver uma grande homogeneização sobre essa superfície.

Outra proposta para o modelo inflacionário foi elaborada por Linde. Essencialmente, a diferença reside na distribuição da energia configurada pelo campo de Higgs. A Figura 2.2b mostra essa nova hipótese. A presença da cavidade foi suprimida. Inicialmente, a curva de densidade de energia apresenta um pequeno patamar. Não há necessidade de se supor tunelamento nesse processo. O falso vácuo está neste patamar. O afastamento da região nula do campo de Higgs, ponto A na Figura 2.2b, supõe-se ter ocorrido lentamente. Uma ilustração pode ser obtida ao considerar uma esfera rolando sobre uma superfície pegajosa até chegar à borda da parte descendente da curva.

Essa forma de evolução permitiu que houvesse tempo para uma maior homogeneização na distribuição de energia. Em seguida começa a ocorrer uma oscilação em torno do vácuo perfeito com a formação de partículas elementares e aumento de temperatura, formando um gás em equilíbrio térmico como postulado pela teoria padrão do Big Bang. Daí em diante a trajetória das duas teorias coincide.

Hipótese Cíclica

Em seu já mencionado trabalho "Multiple universes",[16] George Gale descreve brevemente a hipótese de um processo cósmico cíclico, ao qual o universo estaria submetido indefinidamente. Segundo essa hipótese, o universo está sujeito a um ciclo contínuo de explosão, expansão, reconcentração e nova explosão.

Como já indicado, a concepção cíclica do universo tem predecessores no mundo clássico, como Anaximander (± 610-545), Anaximenes (século VI a.C.) e Demócrito (± 470-380). Essa concepção foi extraordinariamente bem formulada por Lucrécio, em seu *De Rerum Natura* (Livro II, estrofes 1.040 a 1.060), que também adotou um entendimento evolutivo de vida. Giordano Bruno (1558-1600) sustentou, igualmente, a multiplicidade do universo.

Contemporaneamente, a visão cíclica do universo encontrou em Richard C. Tolman seu primeiro proponente. Os estudos de Tolman foram prosseguidos por P. T. Landsberg e D. Park. Para esses cosmólogos,

---

16. GALE, G. "Multiple universes". In: HETHERINGTON, N. S. (ed.) *Cosmology*. Nova York: Garland, 1993, p. 533-45.

entretanto, os sucessivos ciclos do universo transferem, para cada novo ciclo, a carga entrópica do precedente, o que resultaria em (inviável) contínuo crescimento de entropia e correspondente alargamento de cada ciclo.

Esse tema foi retomado por John Archibald Wheeler, da Universidade de Princeton, que se dedicou, a partir de 1953, a estudos cosmológicos. Wheeler introduziu na teoria cíclica do universo o conceito do Big Crunch. De acordo com ele, cada Big Crunch sucessivo destrói completamente o universo correspondente, e o Big Bang posterior cria um novo universo, totalmente distinto.

Mais recentemente Andrei Linde adotou a teoria cíclica, conjuntamente com a inflacionária, também excluindo, como Wheeler, a continuidade entrópica de um ciclo para o seguinte. Segundo Linde, cada reconcentração do universo elimina a entropia e todas as inomogeneidades anteriores, gerando um universo completamente novo.[17]

A hipótese da completa destruição do universo, em cada fase do Big Crunch, com anulação da correspondente entropia, implica, para cada novo ciclo, um arranjo distinto e próprio dos componentes. Tudo é reprocessado, desde as partículas elementares até as constantes cosmológicas, cada ciclo gerando suas próprias constantes e seus componentes básicos.

As constantes cósmicas e demais aspectos do universo referidos no Capítulo 1 representariam, assim, a modalidade específica do ciclo cósmico em que ora nos encontramos, não importando que os ciclos precedente e posterior apresentem os mesmos dados.

---

17. Ibidem, p. 541.

3

DESTINO DO UNIVERSO

Alternativas

Conforme já mencionado, as hipóteses a respeito da origem do universo se dividem em dois grandes grupos: (1) aquelas que postulam um específico início para o universo, ora estimado como tendo ocorrido há cerca de 13,7 bilhões de anos, e (2) aquelas que adotam uma concepção cíclica pela qual o universo – único ou múltiplo – sempre existiu e sempre existirá, sucedendo-se, interminavelmente, um ciclo a outro, cada ciclo representando um universo distinto, que se inicia em entropia muito próxima de zero, e com reprocessamento total de seus componentes.

Na primeira hipótese, o universo teve um momento criativo. No tocante ao seu destino, todavia, duas diferentes possibilidades se apresentam conforme o universo seja entendido como um processo aberto ou fechado. Entende-se, no caso, que o universo é aberto à medida que sua densidade seja insuficiente para a gravidade terminar reduzindo sua expansão. Nessa hipótese, a expansão do universo continuará indefinidamente, em regime de crescente entropia. As estrelas irão consumindo, uma após outra, seu respectivo combustível nuclear. Novas estrelas deixarão de se formar. E um universo frio se espalhará pelo espaço e se decomporá.

Se, diversamente, a densidade do universo for superior à crítica, a gravidade, a longo prazo, sustará sua expansão e suscitará a reconcentração da massa cósmica, levando a um Big Crunch. Essa hipótese supõe que a energia escura, que passou a exercer uma força repulsiva, depois de 10 bilhões de anos de atividades voltará a ser inativa, no período de reconcentração cósmica.

A hipótese cíclica – implicando um universo fechado – só é possível na medida em que, como sustentaram John Archibald Wheeler e Andrei Linde, cada ciclo do universo reprocessar integralmente os elementos do precedente. Nessa hipótese, cada ciclo do universo representaria um universo completamente novo, que seguiria, entretanto, a mesma seqüência de um novo Big Bang, seguido por longa expansão até praticamente se diluir, esvaziando o universo de toda a matéria – inclusive buracos negros – e entropia existentes, deflagrando, então, a fase de contração e colapso (Big Crunch) e uma nova transição para o Big Bang.

Importa, a respeito do universo, diferenciar seu destino de conjunto do destino de partes específicas do mesmo, como o Sol e a Terra. Seja qual for o destino global do universo, o do Sol e da Terra são previsíveis e se cumprem em prazos cosmologicamente muito mais curtos.

Destino da Terra

O destino da Terra comporta, em última análise, duas alternativas, uma de caráter aleatório, outra de caráter necessário. Independentemente do seu destino necessário, vinculado ao destino do Sol – algo que se projeta para um provável futuro da ordem de dez bilhões de anos – a Terra pode experimentar – e, na verdade, estatisticamente tende a experimentar – vicissitudes de prazo muito mais curto.

Caberia, desde logo, a curtíssimo prazo cosmológico, considerar a possibilidade de autodestruição da vida humana. Tal ocorrência poderia se dar na hipótese de uma guerra nuclear de grandes proporções. Essa hipótese é presentemente concebível à medida que venha a se constituir, a partir de meados deste século XXI, um novo cenário internacional multipolar. É muito possível que a presente incontrastável supremacia militar norte-americana seja parcialmente contida, até a segunda metade deste século, pela emergência de novas superpotências, como uma China superdesenvolvida e/ou uma Rússia que recupere sua antiga condição. Em tal caso, a possibilidade de que ocorra um confronto nuclear de grandes proporções não pode ser descartada, por muito que volte a se fazer sentir, como na precedente confrontação estadunidense-soviética, o bom senso de se evitar uma catástrofe nuclear suicida, que não poderia ter vencedores.

Outra hipótese ameaçadora para a humanidade, também cosmologicamente a curtíssimo prazo, resultaria da descontrolada continuidade da agressão humana ao equilíbrio ecológico da biosfera. Se medidas oportunas não forem adotadas, os efeitos poluentes de biosfera tenderão, aceleradamente, a se tornarem irreversíveis, levando à perda da habitabilidade do planeta.

A médio prazo, em termos cosmológicos, a Terra está submetida à inevitabilidade estatística de ser atingida por asteróides, cometas e grandes meteoritos.[1] Asteróides podem ter dimensões de até 1.000 km. Estima-se em cerca de 200 os asteróides com mais de 100 km de diâmetro e em dezenas de milhares os com mais de 1 km. O anel de asteróides circula entre Marte e Júpiter.

O cometa Swift-Tuttle, que passou pela Terra em 1992, deveria, conforme uma primeira previsão, interferir na órbita do planeta em 21 de agosto de 2026,[2] destruindo a civilização humana. Cálculos posteriores reviram essa previsão, estimando-se que a Terra escapará da colisão por duas semanas, cosmologicamente um tempo quase igual a zero.

Impactos de grandes asteróides ou de outros corpos celestes fora de órbita são presentemente estimados como devendo ocorrer, em média, com o intervalo de alguns milhões de anos. Há somente 65 milhões de anos o impacto de um asteróide causou grandes danos à vida no planeta, extinguindo os dinossauros. A possibilidade estatística de novo impacto de funestas proporções, dentro dessa referida periodicidade, é muito elevada.

Independentemente de tais contingências, entretanto, a extinção da Terra, muito antes de um geral colapso cósmico, se apresenta como inevitável. Isso se deve ao ciclo existencial a que estão sujeitas todas

---

1. SILK, J. *The Big Bang*. Nova York: W. H. Freeman, 1989 [1980], p. 344.
2. DAVIES, P. *The Last Three Minutes*. Nova York: Basic Books, 1994, p. 2-3.

as estrelas e, portanto, o Sol. Como nos expõe Paul Davies,[3] estrelas se formam por condensação de nuvens de hidrogênio. Esse processo continua em nossos dias. A energia produzida por estrelas decorre da fusão de hidrogênio em hélio. Estrelas são bolas de gás unificadas pela gravidade. A tendência à implosão, devido à gravidade, é contrabalançada pela pressão do gás no interior da estrela. A pressão aumenta com a temperatura. A fusão nuclear pode sustentar uma estrela por bilhões de anos, mas acaba terminando. Estima-se que o Sol tenha 5 bilhões de anos de idade e deva durar mais 10 bilhões.

Estrelas grandes gastam seu combustível mais rapidamente. Uma estrela com massa 10 vezes maior que a do Sol queimará a maior parte de seu hidrogênio em algo como 10 milhões de anos.

A fusão do hidrogênio em hélio é a fonte de energia mais eficiente, mas não a única. Se a temperatura central for significativamente alta, os núcleos de hélio (dois prótons e dois nêutrons) se fundem, formando carbono e, com fusões subseqüentes, oxigênio e outros elementos.

Conforme uma estrela maior esgota seu combustível, ela se expande imensamente, mais que todo o sistema solar, tornando-se supergigante e vermelha. O fim da cadeia de fusões nucleares é a produção de ferro e produtos mais pesados. Quando o centro da estrela não pode mais produzir energia calorífera, seu equilíbrio interno muda, passando a predominar a gravidade. O centro físico da estrela se contrai de modo que seus átomos são esmagados. A massa de elementos que se precipita para o centro e se contrai gera uma imensa onda de choque para fora da estrela, liberando grande quantidade de neutrinos. O centro da estrela se torna uma gigantesca bola de nêutrons. Absorvendo a maior parte dessa energia, a capa externa da estrela explode em um holocausto nuclear de furor inimaginável. É uma supernova que se forma. Por alguns dias a estrela brilha com a intensidade de 10 bilhões de sóis, para se desvanecer algumas semanas depois. Supernovas ocorrem, em média, duas a três vezes por século em uma galáxia como a Via Láctea.

Os elementos pesados gerados no final da estrela – ferro, ouro, chumbo e urânio, juntamente com os elementos leves iniciais, carbono

---

3. Ibidem, p. 41.

e oxigênio – são lançados no espaço, misturando-se com detritos de inúmeras outras supernovas. No final, esses elementos formarão uma nova geração de estrelas e planetas. Os elementos de ferro, oxigênio, carbono, ouro, chumbo e urânio provêm de estrelas.

O ciclo remanescente de uma supernova explodida tem duas alternativas. Se a massa for baixa, como uma massa solar, formará uma bola de nêutrons do tamanho de uma pequena cidade, gerando uma estrela nêutron. Se a massa for maior que muitas massas solares, a supergravidade impedirá a formação de uma estrela de nêutron e gerará um buraco negro. Estrelas massivas, portanto, terminam formando *estrelas de nêutron* ou *buracos negros*.

Estrelas leves, como o Sol, têm um fim muito menos violento. Por um lado, têm vida muito mais longa. Estrelas anãs podem durar trilhões de anos.

Estrelas da magnitude do Sol morrem tornando-se uma estrela anã branca. Após o esgotamento do hidrogênio no núcleo fica apenas o hélio formado pela fusão nuclear, que então cessa. Sem a pressão da radiação, o efeito gravitacional predomina e o núcleo da estrela contrai-se. A temperatura aumenta e a atmosfera expande-se, aumentando o diâmetro em 30 a 50 vezes. Com o crescimento da superfície da atmosfera sua temperatura cai e a estrela fica com aparência vermelha. Essas são as estrelas gigantes vermelhas. A estrela fica composta essencialmente por três camadas: o núcleo, formado por carbono e oxigênio; uma camada mais externa com hélio ainda em processo de fusão; e a atmosfera, formada pelo excesso de hidrogênio em fusão. Na fase seguinte ocorrem jatos de gás que formam gigantescas coroas de matéria. Finalmente a temperatura no núcleo não é mais suficientemente alta para provocar a fusão do carbono e do oxigênio em elementos mais pesados e a estrela torna-se uma anã branca.

Conforme o Sol se expande, os planetas se aquecem. O Sol absorverá primeiro Mercúrio, depois, Vênus, depois a Terra, reduzida a cinzas. Mas como a densidade do Sol será muito baixa, a Terra continuará na sua órbita, embora como planeta morto. A mais longo prazo, a gravidade encolherá os escombros do Sol para as dimensões de um planeta, formando um *anão branco*. Conservará uma alta temperatura que gradualmente se esfriará.

Fim do Universo

Como já mencionado, se o universo for aberto, como atualmente muitos cosmólogos supõem, seu fim se fará dentro de muitos bilhões de anos, pela dispersão no espaço e pelo esfriamento de todos os corpos até 0 K.

Se, diversamente, o universo for cerrado como pressupõe a hipótese cíclica, seu fim será, também dentro de muitos bilhões de anos, o de uma crescente reconcentração, com correspondente elevação da temperatura, culminando em um Big Crunch.[4]

Na hipótese cíclica, assumido, no trânsito de um ciclo para o seguinte, o reprocessamento de todos os elementos, ter-se-ia um contínuo sistema de explosões, expansões, reconcentrações e nova explosão. Presunção básica, para a teoria cíclica, ademais da anulação da entropia, no processo de reprocessamento geral que ocorre no trânsito de um ciclo para o seguinte, é a conversão de cada Big Crunch não em um imenso buraco negro, mas em um novo Big Bang. Isso se daria por estar em jogo a massa total do universo. Esse universo conteria, em cada ciclo, a mesma densidade de energia do anterior, mas apresentaria características físicas completamente distintas das que ostenta, por exemplo, no presente ciclo cósmico. Isso traria diferentes formas evolutivas para cada ciclo, dentro do esquema explosão, expansão, reconcentração, nova explosão. Tudo indica, assim, numa concepção cíclica do universo, que seriam extremamente baixas, mas superiores a zero, as possibilidades de que ciclos anteriores ou posteriores ao nosso apresentem o mesmo princípio antrópico ocorrido neste. Deve ser levado em conta, entretanto, que a emergência de vida pode se dar dentro de um sistema molecular e ambiental completamente diferente do que ocorreu na Terra.[5]

---

4. A hipótese de o Big Crunch do sistema solar gerar um Big Bang local, como na teoria cíclica do universo, não se aplica ao caso porque um novo Big Bang exige totalidade da massa cósmica.

5. Ver SHAPIRO, R.; FEINBERG, G. "Possible forms of life in environments very different from the Earth". In: ZUCKERMAN, B.; HART, M. H. (eds.) *Extraterrestrials: Where Are They?* Cambridge: Cambridge University Press, 1995.

4

REFLEXÕES CRÍTICAS

Disciplina-Ponte

A cosmologia é uma disciplina-ponte entre a ciência e a filosofia. Trata-se, como já observado, de uma ciência agregadora, que integra elementos de todas as ciências da natureza, muitos das ciências humanas (princípio antrópico), da matemática, da física e da lógica. Trata-se, por outro lado, de uma disciplina que se ocupa, ademais da descrição e da explicação científicas do universo e do espaço-tempo, dos problemas relacionados com sua origem e seu destino. Estes últimos constituem, concomitantemente, matéria da reflexão filosófica.

O cosmólogo ideal seria o filósofo-cientista, assim como eram os filósofos jônios dos séculos VII e VI a.C. Estes foram os primeiros cosmólogos que reuniram, a uma original reflexão filosófica, um saber da natureza correspondente às possibilidades de seu tempo. Leibniz e Kant foram os últimos filósofos-cientistas que ainda puderam comandar de maneira competente o saber desses dois domínios. O crescimento exponencial do conhecimento científico, a partir do século XVII, e aceleradíssimo no curso do século XX, tornou impossível um concomitante comando desses dois ramos do saber, conduzindo a crescente especialização.

Uma questão preliminar se apresenta nessa disciplina, na qual observações do universo por telescópios e outros instrumentos, combinadamente com modelos matemáticos, tem sua validade submetida às leis da lógica: em que medida a lógica de que dispomos esgota os requisitos da racionalidade? A lógica de que dispomos compreende a lógica tradicional, basicamente de Aristóteles e o importante agregado da lógica moderna, de Pierre Ramée (1515-1572) e sua *Dialectique* de 1555, ao *Wissenschaftslehre* de Bolzano, de 1837, à lógica moderna de Gottlob Frege (1848-1925) e Kurt Goedel e seu famoso teorema de 1930. Essa lógica reflete a racionalidade humana, que, por sua vez, decorre da evolução geral da vida, notadamente a partir da emergência dos primatas, há cerca de 70 milhões de anos, e de sua evolução. Tal racionalidade emergiu e se desenvolveu na forma que permitiu um apropriado relacionamento do homem com seu ambiente. Embora essa lógica apareça, em nossa auto-reflexão, como necessária e exaustiva, não se pode olvidar seu condicionamento biopsicológico. Poderiam seres racionais, dotados de outras propriedades, serem conduzidos a uma lógica distinta da nossa, embora não conflitante, porque a validade de nossa lógica tem plena confirmabilidade empírica, porém mais abrangente?

As considerações precedentes não são meramente especulativas e têm cabimento ante o fato que de alguns aspectos da cosmologia contemporânea apresentam problemas lógicos, que tanto comportam soluções no âmbito de nossa racionalidade como poderiam requerer critérios distintos. Três dessas questões merecem particular referência e dizem respeito: (1) ao espaço, (2) ao tempo e (3) à origem do universo. Para esse efeito, caberia, inicialmente, uma breve consideração sobre o espaço e o tempo.

Espaço e Tempo

Nossas noções intuitivas do espaço e do tempo têm, no que se refere à própria intuição, uma importante explicação dada por Kant.[1] No que

---

1. Esse assunto é tratado por Kant na seção "Estética transcendental" de sua *Crítica da Razão Pura*. Vale lembrar que Kant diferencia a *sensação*, efeito de um objeto sobre nossa faculdade representativa, da *intuição* (modo de conhecimento imediato de seu objeto) de *entendimento* (formação de conceitos sobre intuições).

se refere ao objeto da intuição, uma explicação decorrente do senso comum foi elaborada por Newton e complementada por Einstein. Segundo Kant, as intuições de espaço e de tempo são representações *a priori*. O espaço não é um conceito empírico, derivado de sensações externas, porque a representação de coisas externas postula um espaço em que se encontrem. O espaço é uma representação necessária *a priori* que serve de fundamento para todas as intuições externas. Da mesma forma, o tempo não é um conceito derivado de alguma experiência porque a simultaneidade ou a sucessão não seriam percebidas sem a representação *a priori* do tempo. Ele é uma representação necessária que serve de base a todas as intuições da concomitância e da sucessividade.

A concepção kantiana do espaço e do tempo tanto se aplica ao entendimento newtoniano – no qual se baseava o filósofo – como ao de Einstein. O que se pode criticar é o fato de que o espaço independe de um juízo sintético *a priori* porque a intuição imediata desse juízo nos é dada por nossa corporeidade e é compartilhada por todos os animais. Da mesma forma, temos a intuição imediata do tempo por nossa duração e pela sucessividade de nossos estados psicofísicos. Todos os animais se comportam no mundo em função de uma imediata percepção da concomitância e da sucessividade.

No que se refere ao espaço e ao tempo como objetos de nossas intuições, a concepção newtoniana dos mesmos, a partir de nosso senso comum, é a de que se trata de dimensões absolutas, respectivamente da extensividade e da concomitância/sucessividade. Julgamos haver um único espaço, no âmbito do qual se encontram todos os objetos extensos, e um único tempo, que transcorre igualmente para todos os objetos dotados de alguma durabilidade.

Sabe-se que a relatividade geral de Einstein repousa sobre dois postulados fundamentais:

(1) As leis da física são invariáveis em relação a qualquer referencial inercial. Isso significa que elas são universais, ou seja, podem ser verificadas na Terra, em Marte ou em qualquer outro sistema inercial.

(2) A velocidade da luz no vácuo é constante no nosso universo e tem o mesmo valor, qualquer que seja o referencial inercial.

Como conseqüência, o tempo é relativo. O tempo, para um observador fixo em um determinado sistema de referência, é diferente do tempo para um observador que se move em relação a este mesmo sistema. Portanto, não há um tempo de referência verdadeiro.

A teoria da relatividade geral fundamenta-se no princípio da equivalência, que é formulado a seguir.

É impossível distinguir os resultados de um mesmo experimento físico, um realizado sob o efeito de um campo gravitacional uniforme em um sistema inercial em repouso, e outro sob efeito de uma aceleração uniforme em um sistema inercial livre de efeitos gravitacionais. Assim, uma pessoa em uma cápsula fechada, que se encontre pressionando seu assento, não pode dizer se ela e sua cápsula estão em repouso em um campo gravitacional ou se estão submetidas à aceleração.

A partir desse princípio de equivalência, Einstein passou para uma interpretação geométrica da gravidade. A presença de massa ou de energia concentrada causa uma curvatura local do contínuo do espaço-tempo. Essa curvatura faz que o tempo fique indissociável do espaço, ao contrário do que postula a mecânica newtoniana. A teoria da relatividade geral impõe, portanto, uma curvatura também para o tempo, que é curvo. Em sua teoria, Einstein estabelece o tensor métrico que caracteriza as propriedades geométricas do espaço-tempo, definindo a curvatura do contínuo espaço-tempo em qualquer ponto, bem como o tensor de energia e a relação entre esses dois tensores.

Como o espaço-tempo envolve quatro dimensões, ambos os tensores contém dez componentes em geral, uma vez que ambos são simétricos. Essa equação, conjuntamente com a regra de que objetos cadentes seguem caminho geodésico, essencialmente o mais curto entre dois pontos – o que, onde o espaço-tempo é curvo, é um caminho curvo e não retilíneo –, constitui a essêcia da teoria da relatividade geral.

Com adequadas hipóteses simplificadoras, a equação de campo de Einstein se reduz às leis de gravitação de Newton, que podem ser consideradas um caso especial para velocidades relativamente baixas e campos fracos.

Ocupabilidade e Sucessiveidade

A relatividade de Einstein introduziu, na concepção newtoniana de espaço e de tempo, o conceito de *mensurabilidade*. Nela, não há "espaço absoluto" nem "tempo absoluto", mas sim um espaço-tempo mensurável a partir de distintos sistemas referenciais, apresentando resultados diferentes para cada sistema.

Ocorre, entretanto, que além de extensão mensurável – caso em que o espaço corresponde à concepção de Einstein – o espaço também é pura "ocupabilidade". A ocupabilidade pura não é mensurável senão depois de ocupada. Mas a ocupabilidade ocupada requer um retorno à idéia de espaço puro, ou do "vazio" de Demócrito. Isso é revelado quando se considera a ampliação do universo, que é uma expansão do espaço-tempo. Expansão de algo significa ocupar um espaço maior, prévio ao anterior. O espaço mensurável se insere no âmbito da pura ocupabilidade, que é o espaço puro, e amplia, com sua expansão, o espaço puro que ocupa.

Da mesma forma, cabe distinguir tempo mensurável, que exprime sucessivos estados de algo, da pura sucessividade. Conforme determinada hipótese, o tempo e o espaço se iniciam com o Big Bang. Mas, para que isso tenha ocorrido, é imprescindível a existência prévia da pura ocupabilidade – âmbito no qual se expande o espaço criado pelo Big Bang – e da pura sucessiveidade – dimensão ao longo da qual se sucedem os momentos do tempo. Antes do Big Bang havia ocupabilidade espacial e sucessiveidade temporal, por isso ele pôde ocorrer. Ao acontecer, colocou-se perante um "antes", como condição temporal de possibilidade, dada pela preexistência do tempo virtual, sucessiveidade pura.

Ocupabilidade e sucessiveidade são conceitos que se referem a virtualidades, não a coisas. A espacialidade do espaço mensurável decorre da ocupabilidade do espaço puro, como virtualidade de um espaço mensurável. A temporalidade do tempo mensurável decorre de sucessiveidade do tempo puro, como virtualidade do tempo mensurável.

Origem do Universo

Como já vimos, três principais hipóteses ou teorias procuram explicar a origem do universo: (1) a teoria padrão do Big Bang, complementada pela hipótese da inflação; (2) a teoria da "tunelagem" a partir do "nada"; e (3) a teoria cíclica, em sua versão reprocessadora, em cada novo ciclo, de todos os elementos do ciclo precedente, ou na versão inflacionária dos universos-bolha.

A teoria padrão do Big Bang postula a ocorrência de uma singularidade há cerca de 13,7 bilhões de anos. Antes dessa singularidade não havia nada, nem espaço, nem tempo, nem matéria, nem energia. Tudo o que existia no universo se iniciou com o Big Bang e estava contido na era de Planck, 10^{-43} seg depois da explosão primordial.

A teoria padrão do Big Bang, complementada com a teoria da inflação, tem amplo poder explicativo do universo, como já foi observado. Deixa, entretanto, sem resposta, três questões fundamentais: a do espaço, a do tempo e a das causas que produziram o Big Bang. No que diz respeito às duas primeiras questões, já se mencionou como a contemporânea noção do espaço-tempo, dotado de mensurabilidade, postula a existência de um espaço virtual, o da ocupabilidade e de um tempo virtual, o da concomitância e da sucessividade. O Big Bang, em tais condições, teria convertido parte preexistente do espaço e do tempo virtuais em espaço e tempo reais. Como e por que, entretanto, ele aconteceu? A questão permanece não resolvida e aponta na direção, logicamente inaceitável, de um Big Bang que surge do nada, como um efeito sem causa.

A teoria da tunelagem a partir de um *quantum fuzz* contorna esses problemas, mas apresenta outros. Postula-se a preexistência de um *quantum fuzz* do qual, por efeito de tunelagem, partículas virtuais se convertem em reais e dão origem ao sêmen do universo. Essa explicação, entretanto, suscita dois outros tipos de problemas. O *quantum fuzz* requerido para o efeito de tunelagem é postulado como um estado prévio virtual da matéria e da energia. Tratar-se-ia, portanto, do elemento primordial do universo. O que ocorre com esse elemento, depois da tunelagem? A questão não é respondida pela teoria em discussão.

Poderia supor-se, entretanto, que o *quantum fuzz* persistia como virtualidade circundante do recém-criado espaço-tempo, o que implica a necessidade de se admitir que outros efeitos de tunelagem devam ter se produzido anteriormente à emergência do atual universo e continuem a se produzir depois. Isso conduziria a uma nova formulação da teoria cíclica.

A essa questão teria que se agregar outra. É admitido por quase todos os cosmólogos que a totalidade da matéria e da energia que atualmente compõem o universo observável, com massa da ordem de 10^{53} kg, estaria contida no universo da era de Planck. Isso suscita uma questão, relativa à teoria da "tunelagem": como, a partir da reconversão em energia térmica, da energia do vácuo, se poderia, em fração de segundo, constituir tal massa?

A hipótese cíclica, admitindo o completo reprocessamento dos elementos do ciclo anterior em cada novo ciclo, é a única explicação da origem do universo logicamente consistente. Essa teoria satisfaz as exigências lógicas do ser e do devir. Essas exigências, como já o havia feito Demócrito, podem ser assim formuladas: (1) se algo existe, algo sempre existiu, porque do nada absoluto nada se retira; e (2) se o tempo existe, o tempo sempre existiu, porque qualquer momento emergente postula o momento que o precedeu.

Pode-se submeter a uma análise crítica o princípio antrópico, defendido por diversos cosmólogos. Por exemplo, Heinz R. Pagels[2] argumenta que não há qualquer fundamento científico nem mesmo lógico em supor que o princípio antrópico exerça qualquer condicionamento sobre o universo. O que esse princípio tem de extremamente interessante, todavia, é algo de caráter consequencial. Trata-se da constatação de que se as constantes e as principais relações cósmicas não fossem exatamente o que são, incluída toda a evolução seguida pelo cosmos, a vida, como ela existe, não seria possível. O princípio antrópico, novamente abordado em outra seção desta obra, contém outras inferências da maior importância.

---

2. PAGELS, H. R. "A Cozy Cosmology". In: LESLIE, J. *Physical Cosmology and Philosophy*. Nova York: Macmillan, 1990, p. 174-80.

Essas reflexões críticas manifestam claramente as implicações filosóficas da cosmologia. Poderiam eventualmente ser superadas por uma lógica mais abrangente que a nossa. Poderiam também ser superadas por um desenvolvimento da cosmologia quântica que desse resposta às questões levantadas a respeito da hipótese da tunelagem a partir de um *quantum fuzz*. Ou, finalmente, conduziriam à aceitação, como única plausível, da teoria cíclica do universo, contendo o postulado do reprocessamento de todos os elementos do cosmos, no trânsito de um ciclo para o seguinte.

SEÇÃO II
A VIDA

5

CARACTERÍSTICAS DA VIDA

Descrição

Talvez o que haja de mais extraordinário no cosmos, do qual tentamos, na Seção I, dar uma breve descrição, seja o fato de que, pelo menos em um dos muitos planetas que gravitam em torno das inúmeras estrelas que o compõem, tenha surgido o fenômeno da vida. Se esse fenômeno é único no planeta Terra – o que parece improvável, dadas a isotropia, a homogeneidade e a uniformidade do cosmos – ou se a vida, com as características que ostenta na Terra ou com distintas propriedades, tenha ocorrido em outros planetas, é algo que continua sem resposta. Tal como se apresenta na Terra, a vida constitui um fenômeno mais complexo e de ocorrência mais excepcional que qualquer fenômeno ou característica relativos aos astros e ao meio interastral.

O que é a vida? Há diversas definições intentadas para caracterizá-la. A definição fisiológica a apresenta como um sistema capaz de desempenhar certo número de funções, como alimentação, metabolismo, excreção, respiração, movimentação, crescimento, reprodução e resposta a estímulos externos, por exemplo. Certas máquinas, entretanto, exercem essas funções.

A definição metabólica concebe a vida como algo com limites definidos, continuamente trocando com o meio ambiente matérias de que depende, sem alterar suas propriedades gerais nesse processo. Todavia, as sementes, seres vivos, não se ajustam plenamente a essa definição.

Bioquimicamente, a vida é definida como um sistema contendo informação hereditária reproduzível, codificada em moléculas de ácido nucléico, que metabolizam reações químicas mediante enzimas. O vírus *scrapie*, no entanto, é considerado um organismo vivo, mas não contém ácidos nucléicos.

Admite-se, assim, que a melhor definição da vida seja de caráter genético e consista em considerá-la um sistema capaz de evolução por seleção natural.

O ser vivo, como se pode observar na célula, possui uma organização que conduz a sua preservação e à auto-regulação. Suas principais características podem ser assim enumeradas: (1) auto-organização, (2) auto-regulação, (3) auto-sustentação, (4) autodesenvolvimento e (5) autodirecionalidade.[1]

Os seres vivos são formados por uma (no caso de protozoários) ou várias células (metazoários). A célula constitui a unidade básica da vida. O homem tem cerca de 10^{14} células. A bactéria, uma única célula. A informação contida em uma célula é estimada em 10^{12} bits, ou seja, algo comparável a 100 milhões de páginas da *Enciclopédia Britânica*.

As células são sistemas ultraminiaturizados e bastante complexos, compostos predominantemente por macromoléculas protéicas. A proteína é uma composição contendo de cem a dez mil radicais de ácidos aminados, encadeados de 50 a mil, compreendendo 20 diferentes tipos. Há duas classes de proteínas: as fibrosas, que exercem papel mecânico, e as globulosas, com numerosas funções.

Todas ou quase todas as propriedades da célula são funções de seus ácidos nucléicos, de suas proteínas e da interação entre essas moléculas. Ácidos nucléicos são macromoléculas compostas por nucleotídeos, contendo uma base azotada, um açúcar de cinco átomos de carbono e um átomo de fósforo. O principal tipo de ácido nucléico é o ADN (DNA, em inglês), cujo açúcar constitutivo é a desoxirribose.

---

1. ONDARZA, R. N. (coord.) *Introducción a la Biología Molecular*. México: FCE, 1970 [1964], p. 49.

Os organismos são compostos numa razão de 50% a 90% de água relativamente a seu peso. Excluindo esqueletos maciços, a matéria seca dos organismos é composta, na razão de 50% do peso, por carbono. Aminoácidos são moléculas de complexidade variável que compartilham uma característica: um átomo de carbono (carbono alfa), ao qual se liga uma carboxila (carbono, hidrogênio e oxigênio em arranjo ácido), e um grupamento amina (nitrogênio e hidrogênio, em arranjo alcalino). Cadeias laterais de estrutura variável ligam-se ao carbono alfa, gerando 20 aminoácidos diferentes necessários ao homem. Esses aminoácidos são os *building blocks* das longas cadeias protéicas, nas quais cada um deles se associa a seu vizinho por meio de "ligações peptídicas" características, formadas entre o grupamento amina de um aminoácido e o grupamento carboxila de seu vizinho. As cadeias laterais variáveis ligadas ao carbono alfa conferem propriedades especiais às diferentes proteínas, inclusive sua conformação tridimensional. As cadeias variáveis são compostas fundamentalmente por carbono e hidrogênio, com inserção de outros átomos que lhes conferem especificidades importantes: nitrogênio e enxofre.

As células de todos os seres vivos são basicamente do mesmo tipo. Elas se dividem em dois grupos: eucarióticas e procarióticas. As eucarióticas têm um núcleo de nucleoproteína, separado por uma membrana do restante da célula, o citoplasma. As células procarióticas não têm núcleo nem membrana nuclear. São mais primitivas e usuais em bactérias e algas verde-azuis.

As células eucarióticas se compõem do referido núcleo, que contém o material genético e do citoplasma. Este é um ambiente líquido contido pela membrana celular, no qual se acha suspenso um complexo conjunto de minipeças de uma maquinaria que inclui muitas estruturas subcelulares, as organelas. Acredita-se que essas organelas originam-se de bactérias que teriam inicialmente colonizado células, terminando por integrá-las como componentes essenciais. Vale notar que algumas organelas (em especial mitocôndrias) detêm seu próprio pequeno contingente de ácido nucléico, o que reforça essa hipótese, mas não a prova.

A única forma não-celular de vida é a dos vírus, que consistem em uma simples capa protéica encerrando seu material genético. Os vírus são seres parasitários e evoluíram para essa condição a partir de uma forma originária auto-sustentável, que abandonaram em proveito da parasitária. Dependem, para viver, de colonizar outra célula. Furando a membrana da célula, nela injetam seu material genético, que se reproduz, terminando por rebentar a célula, espalhando múltiplas réplicas do vírus para outras células.[2]

Organismos multicelulares, como o homem, se desenvolvem, todavia, a partir de uma única célula, que se subdivide por sucessivas duplicações (2, 4, 8, 16, etc.). Ainda se desconhece como, tendo em vista que a informação genética é a mesma em cada célula, essa subdivisão conduz à formação de células especializadas, que constituirão todos os tecidos e órgãos do organismo, como pele, coração e cérebro. Supõe-se que a diversificação resulte de um efeito geométrico: depois de 16 a 32 subdivisões, forma-se no embrião uma diferença entre uma célula do interior, totalmente cercada por outras células, e as células nas extremidades do embrião. Células endodérmicas assumem funções diferentes das exodérmicas.

As primeiras células vivas eram heterotróficas E tinham bastante apetite. No curso do tempo, entretanto, as matérias orgânicas na "sopa primitiva", de que se alimentavam as células heterotróficas, foram tornando-se raras. Em tais condições, somente organismos capazes de produzir seu próprio alimento, a partir de moléculas simples do meio ambiente e de energia solar, sobreviveram. É desse modo que, por adaptação, surgem organismos autotróficos. Estes incorporam clorofila e, por meio dela, com atuação da luz solar, realizam fotossíntese. Graças a ela, a partir de gás carbônico, água e energia solar, a célula fabrica glicose e libera oxigênio.

Metabolismo

A vida requer a transformação de energia e sua econômica utilização. O metabolismo é o processo pelo qual a célula se reabastece de energia e materiais. Os organismos heterotróficos adquirem energia por meio

---

2. ROSNAY, J. *L'Aventure du Vivant*. Paris: Seuil, 1978 [1966], p. 36.

de moléculas orgânicas preexistentes, que constituem o alimento de animais herbívoros e carnívoros. Os organismos autotróficos adquirem energia do Sol e de matérias inorgânicas, como ocorre com as plantas. As plantas verdes usam a luz para dissociar o oxigênio da molécula de água. O hidrogênio da molécula é então combinado com dióxido de carbono para produzir moléculas ricas de energia e carboidratos, e o oxigênio é liberado na atmosfera.

Por outro lado, animais e células aeróbicas utilizam o oxigênio atmosférico para se combinar quimicamente com materiais orgânicos que ingeriram e liberar dióxido de carbono e água como resíduos. O ciclo metabólico pode ser genericamente descrito em termos de reações de oxidação e de redução. Na respiração, o oxigênio molecular aceita elétrons de glicose e outros açúcares. O oxigênio é um aceitador de elétrons e a glicose, uma doadora. A respiração é o inverso da fotossíntese. A glicose é queimada em presença do oxigênio para gerar grande quantidade de energia, liberando água e gás carbônico. A energia produzida é acumulada sob a forma de ATP (adenosina trifosfato) por meio de um processo análogo ao da fotossíntese. A respiração não se realiza nos pulmões ou nas guelras, mas nas mitocôndrias celulares. Nos animais superiores, alimentos e oxigênio são levados às células pela circulação sangüínea. Nos organismos primitivos, isso ocorre por intermédio da água.

Todas as modalidades úteis de reações biológicas de transferência de elétrons conduzem à produção de uma ou mais moléculas de ATP. Dois ou três fosfatos dessa molécula são mantidos por vínculos ricos de energia suficientemente estáveis para perdurarem por longo tempo na célula, o que não a dispensa da necessidade de reabastecimento.

Cada uma das milhares de reações químicas que contribuem para o metabolismo é seletivamente provocada por uma proteína particular, uma enzima. As enzimas são proteínas sintetizadas, que funcionam como catalisadoras bioquímicas, dotadas de poderes específicos de reação. Cada enzima só catalisa um único tipo de reação.

Ainda que a cada etapa do metabolismo celular – como observa Jacques Monod – a enzima correspondente cumprisse sua função, produzir-se-ia um resultado caótico se o sistema não fosse apropriadamente coordenado. Ainda se está longe de compreender inteiramente o sistema que governa o metabolismo celular. Sabe-se, não obstante, que operações cibernéticas elementares são asseguradas por proteínas especializadas, que exercem o papel de detentoras e integradoras da informação química: as enzimas *alostéricas,* que se distinguem das comuns por suas propriedades de regular o processo metabólico, acelerando-o ou inibindo-o. Produzem, assim, quatro principais efeitos: (1) inibição retroativa, (2) ativação retroativa, (3) ativação em paralelo e (4) ativação por um precursor. Uma célula possui centenas ou milhares desses seres microscópicos. Uma enzima alostérica pesa 10^{-17} g. Um relais eletrônico pesa cerca de 10^{-2} g.

Como observa Monod, "uma proteína alostérica deve ser considerada um produto especializado de engenharia molecular, permitindo uma interação positiva ou negativa entre corpos destituídos de afinidades químicas e, assim, ajustar uma determinada reação à intervenção de compostos químicos a ela estranhos ou indiferentes".[3]

Assim, mais adiante, Monod declara: "é em definitivo a gratuidade desses sistemas que, abrindo à evolução celular um campo praticamente infinito de exploração e de experiência, lhe permitiu construir a enorme rede de interconexões cibernéticas que fazem de um organismo uma unidade funcional autônoma cujos desempenhos parecem transcender as leis da química, senão mesmo delas escapar."

Hereditariedade[4]

As células contêm, quando eucariotes, no seu núcleo, quando procariotes, no âmbito do citoplasma, finos filamentos torcidos, na forma de uma dupla hélice: os cromossomos. Estes são compostos de ácidos nucléicos e proteínas, formando uma nucleoproteína. O núcleo carrega a informação genética e regula o metabolismo celular. A proteína exerce uma função de apoio.

---

3. MONOD, J. *Le Hazard el la Necéssité.* Paris: Du Seuil, 1970, p. 9.
4. CHARLESWORTH, B. ; CHARLESWORTH, D. *Evolution – A Very Short Introduction.* Oxford: Oxford University Press, 2003, p. 27.

Nos organismos mais altos, o portador específico da informação genética é o ácido desoxirribonucléico – ADN (DNA, em inglês). O ADN é uma dupla hélice, duas espirais moleculares enroladas uma à outra e quimicamente ligadas por vínculos conectando suas adjacentes bases. Cada hélice consiste em uma longa seqüência alternada de açúcar e fosfato. Ligada a cada açúcar há uma base; cada combinação de açúcar-fosfato-base é denominada um nucleotídeo. Uma linha de ácido nucléico é uma seqüência de nucleotídeos.

Ocorre um emparelhamento de bases, uma a uma, na conexão de hélices adjacentes. A seqüência de bases, ao longo de uma hélice, é idêntica à da outra. Na replicação da molécula do ADN, cada hélice faz uma cópia exata da outra a partir dos blocos construtivos nucleares na célula. As replicações do ácido nucléico são mediadas por enzimas. Tais replicações foram produzidas em laboratório com o auxílio de enzimas. O ácido ribonucléico – ARN (RNA, em inglês) – difere do ADN por ter um açúcar de cinco carbonos ligeiramente diferente. Difere, ainda, porque a base timina é substituída por outra, a uracila.

Em 1953, uma pesquisa feita por D. D. Watson. e F. H. Crick levou ao deciframento do código genético sete anos mais tarde. Nos seres eucariotes mais completos, como o homem, cada célula contém um jogo de cromossomos derivados da mãe, por meio do núcleo do óvulo, e outro derivado do pai, por meio do núcleo do esperma. Humanos têm 23 diferentes cromossomos em cada jogo materno ou paterno. Os cromossomos transportam a informação requerida para especificar a seqüência do aminoácido das proteínas de um organismo, conjunta-mente com as seqüências controladoras do ADN que determinam quais proteínas serão produzidas pelas células do organismo.

Um gene é a seqüência das quatro "letras" químicas do código genético, em que um conjunto de três letras adjacentes (tripletes) corres-ponde a cada aminoácido na proteína pelo qual o gene é responsável.

A estrutura do ADN consiste em duas faixas complementares torcidas uma em torno da outra em forma de hélice. Consistem em moléculas de açúcar desoxirribose ligadas umas às outras por meio de moléculas de fosfato (p). Cada açúcar está conectado a um tipo de molécula, deno-minada nucleotídeo. Os nucleotídeos formam as "letras" do alfabeto genético. Há quatro tipos de nucleotídeos: adenina (A), guanina (G), citosina (C) e timina (T). Um dado nucleotídeo de uma das faixas está emparelhado com o nucleotídeo complementar de outra faixa. A regra para formação de pares é a de A se ligar a T e G se ligar a C. Já no pareamento ARN/ARN, como aparece uracila (U) no lugar de timina (T), a regra de pareamento passa ser adenina (A) ligar-se a uracila (U), enquanto guanina (G) continua se pareando com citosina (C). Quando o ARN mensageiro é formado, a replicação da mensagem genética ADN/ARN se faz A(ADN)-U(ARN) e T(ADN)-A(ARN). G e C pareiam-se independentemente da origem. As células se reproduzem por subdivisão, cada célula-filha trazendo as mesmas características da célula-mãe.

É muito semelhante a base da hereditariedade em todos os organismos – fungos, plantas e animais, por exemplo. As entidades físicas transmissoras de hereditariedade são os genes, que são carregados pelos cromossomos em um arranjo linear. Embora a ordem dos genes no cromossomo possa ser rearranjada no processo evolutivo, tais mudanças são raras. Assim, jogos dos mesmos genes, na mesma ordem, podem ser encontrados no genoma humano e nos cromossomos de outros mamíferos, como cães e gatos. Um cromossomo é uma molécula de ADN muito longa, contendo centenas ou milhares de genes.

Como já observado, em eucariotes superiores cada célula contém um jogo de cromossomos, derivado do núcleo do óvulo da mãe, e outro derivado do núcleo do esperma paterno. Nos organismos inferiores, a reprodução se faz por sucessivas subdivisões da célula.

6

ORIGEM DA VIDA

Hipóteses Antigas

A origem da vida foi atribuída, até recentemente, a um criacionismo divino. Distinguindo-se dessa explicação predominante, formulou-se, desde Aristóteles, a hipótese da geração espontânea. Supôs-se que mosquitos e moscas podiam surgir da lama e moluscos e peixes, a partir da decomposição de algas. A teoria da geração espontânea subsistiu por muitos séculos, como alternativa ou decorrência do criacionismo. Joël de Rosnay[1] conta que sábios como William Harvey, Isaac Newton e Descartes sustentavam a teoria da geração espontânea. Jean Baptista Van Helmont (1577-1644), eminente médico de Bruxelas, autor de importantes trabalhos sobre fisiologia vegetal, propôs uma fórmula para gerar ratos a partir de grãos de trigo e outros ingredientes.

A hipótese de geração espontânea começou a ser posta em dúvida a partir da segunda metade do século XVII, quando Francesco Redi, médico e biólogo florentino (1626-1698), reafirmando a origem criacionista da vida, sustentou que, a partir do criacionismo originário, todas as formas de vida decorrem de vida preexistente. Para demonstrar sua tese, Redi colocou, em dois recipientes, matéria orgânica em decomposição, tapando um dos recipientes e deixando aberto o outro. Mostrou,

---

1. ROSNAY, J. *L'Aventure du Vivant*. Paris: Du Seuil, 1978 [1966], p. 11.

em seguida, como nada ocorreu no recipiente vedado, enquanto, no aberto, moscas haviam depositado seus ovos. Nessa mesma linha de idéias, o holandês, Antoine Van Leeuwenhoek (1632-1723) comprovou, mediante um microscópico rudimentar de sua fabricação, a existência de microorganismos. Permanecem, entretanto, renitentes defensores da tese da geração espontânea, até tardiamente. Em 1859, Felix Pouchet publicou volumosa obra apresentando, presumidamente, demonstrações da hipótese de geração espontânea. Somente com Louis Pasteur e suas experiências de 1862 ficou irrefutavelmente comprovada a existência de micróbios no meio ambiente e os efeitos destes. Todas as "gerações espontâneas" decorrem de contaminação microbiana. Tornou a se recolocar, assim, a questão da origem da vida, ou por ato divino, ou de forma inexplicável.

Uma primeira explicação científica sobre a vida foi dada em 1859 por Charles Darwin, em seu livro *Origem das Espécies*. Darwin demonstrou, com exemplos empíricos, a ocorrência de um processo evolutivo, no curso do qual sobrevivem as espécies mais aptas. A teoria de Darwin indica que a sucessão de espécies, por seleção natural, exige a existência de uma forma originária de vida, da qual derivavam as demais. Subsistia, entretanto, a questão de determinar como surgiu tal forma originária.

Para responder a essa questão, o químico sueco Svante Arrhenius propôs, em 1908, a hipótese da origem extraterrestre da vida, trazida por meteoritos. Essa teoria, denominada *panspermia*, ademais de não questionar as dificuldades relativas à preservação da vida no curso espacial dos meteoritos, simplesmente deslocava o problema da origem da vida de nosso planeta para outros astros, sem lhe dar uma resposta.

O problema da origem da vida permaneceu sem solução até a formulação, pelo cientista soviético Alexander Ivanovitch Oparin, em 1924, da hipótese de que a vida se originou a partir de processos puramente físico-químicos ocorridos nas condições da atmosfera e dos mares primitivos. A atmosfera primitiva não continha oxigênio, gás carbônico nem azoto, mas sim uma mistura de hidrogênio, metano, amônia e vapor d'água. Essa mistura, sob a influência dos raios solares e de descargas elétricas, teria conduzido à formação de moléculas orgânicas.

A hipótese de Oparin, que veio a ser defendida pelo biólogo britânico J. B. S. Haldane em trabalhos publicados em 1929, recebeu uma confirmação de laboratório com o famoso experimento de Stanley L. Miller, em 1934, na Universidade de Chicago. Miller, jovem estudante sob orientação de Harold C. Urey, colocou em proveta uma solução contendo uma mistura de metano, amoníaco e hidrogênio, reproduzindo a atmosfera primitiva e, depois de ebulição, submeteu essa mistura a descargas elétricas de 60 mil volts, reproduzindo raios. Obteve, como resultado, numerosos compostos orgânicos, particularmente ácidos aminados, base das proteínas. Em 1953, publicou na *Science* um trabalho mostrando como ácidos aminados podiam ser produzidos em condições que se assemelhavam às da atmosfera primitiva.

Fases Formativas da Vida

A partir da hipótese de Oparin, das experiências de Miller e de trabalhos subseqüentes, sobretudo o desenvolvimento da biologia molecular, chegou-se, presentemente, a uma satisfatória explicação da origem da vida.[2] Trata-se de um processo que se desdobra no curso de mais de três bilhões de anos, que conduz, por etapas sucessivas, à formação de matéria orgânica, à geração de ácidos aminados e proteínas, dotados de capacidade de se auto-replicarem, e finalmente, à emergência, com o código genético, de seres vivos.

A primeira etapa desse longo processo constitui sua fase cósmica. Há cerca de 4,5 bilhões de anos se formou a Terra, com uma atmosfera e um regime oceânico diferentes dos atuais.

A segunda fase é molecular. Nas condições da Terra e da atmosfera de 3,5 bilhões de anos atrás a temperatura média era 150°C, em meio aquoso ou, alternativamente, seco e úmido. Nesse ambiente se formou o que J. B. S. Haldane denominou "sopa quente primitiva", em águas não profundas do mar e lagoas saturadas de moléculas constitutivas de matéria orgânica, como aminoácidos e proteínas, produzidas naquele

---

2. Antonio Paes de Carvalho, em seus comentários críticos a esta seção, considera essa hipótese plausível, mas não necessariamente verdadeira.

meio por combinações aleatórias, raios solares, descargas elétricas e o efeito catalisador de superfícies argilosas.[3]

Em 1960, J. Oró, da Universidade de Houston produziu a *adenina*, a partir do aquecimento a cerca de 90°C, por uma semana, de uma solução de ácido cianídrico com amônia. A adenina é um dos componentes dos ácidos nucléicos, do ATP e de outras moléculas orgânicas. As condições primitivas permitiram a produção de ácido cianídrico e formaldeído. Tais moléculas devem ter intermediado a formação das principais moléculas biológicas.

Em 1978 e 1980, experiências de Noam Lahan, da Universidade Hebraica de Rahovet, Israel, conduziram à produção de cadeias de ácidos aminados (péptides) de 20 a 30 unidades a partir de glicina, na presença de argila. Resultados equivalentes foram obtidos por Leslie Orgel e R. Lohrman, do Salk Institute de San Diego. Isso demonstrou que nas condições primitivas puderam se formar longas cadeias moleculares, prefigurando as proteínas e os ácidos nucléicos das células.

Descobriu-se também, pelo exame de meteoritos e por observações de cometas, que o universo está povoado de moléculas orgânicas complexas. Assim, pode-se afirmar que nas condições da Terra primitiva eram muito elevadas as probabilidades de formação de ácidos aminados, adenina e açúcares. Nesse ambiente, operou um processo de auto-seleção passivo, conduzindo à preservação de certas moléculas orgânicas.

O que favoreceu e acelerou a combinação de moléculas orgânicas, nessa "sopa primitiva", foi a função catalisadora da argila e de certos íons metálicos e magnésio, zinco, sílica, cobre. Como observa A. Donvillier (apud Rosnay), "a assimetria molecular, base da vida, teria sido condicionada pela prévia existência da assimetria na rede cristalina, o que é bem harmônico com a evolução geológica". O resultado foi a formação de moléculas complexas, cujas propriedades prefiguram as da vida.

A terceira fase é a biológica. Conduziu à formação de microgotas. S. W. Fox, da Universidade de Miami, Flórida, obteve "ancestrais de proteínas", que ele denominou "proteinóides", aquecendo misturas de ácidos aminados. Assim vieram a ser formadas as enzimas.

---

3. ROSNAY, J. "D'Ou vient la vie?" *L'Aventure du Vivant*. Paris: Du Seuil, 1978 [1966].

C. Ponnamperuma obteve todos os nucleotídeos geralmente encontrados nos ácidos nucléicos por irradiação, com raios ultravioletas, de solução de adenina, ribose e ácido fosfórico.

O que é particularmente relevante, para a determinação da origem da vida, é a constatação de que determinadas moléculas possuem a propriedade de autocatalisação. Assim se dá a síntese das porfirinas. Elas resultam da associação, por etapas sucessivas, de pequenas unidades muito simples, surgidas no curso das primeiras sínteses orgânicas, a glicina e o ácido succínico. Essas porfirinas se catalisam em 2, 4, 8, 16 e 32. O mesmo ocorre com as moléculas de ARN que, a partir de unidades separadas, se auto-replicam.

No âmbito da "sopa quente primitiva", nas zonas ricas de argila, certas moléculas são capazes de crescer rapidamente sob a ação de uma fonte energética externa e de catalisadores minerais. Isso leva à formação de agregados complexos, 200 a mil vezes maiores que uma macromolécula isolada. Esse é o fenômeno de *coacervação*.

Os agregados assim formados se chamam *coacervates*. Graças à coacervação, as moléculas que precedentemente se achavam dispersas na massa líquida se concentram em determinados pontos. Por outro lado, como sugerido por S. W. Fox, moléculas gigantes podem se ter constituído na terra seca e quente, e não na "sopa primitiva". As chuvas em seguida transportaram-nas para o mar, onde elas formaram pequenos glóbulos ocos, do tamanho de bactérias: as microgotas.

As microgotas já possuem características que se assemelham às das células vivas. São individualidades distintas do meio ambiente, e nelas se forma uma interioridade. As reações químicas que as afetam se produzem, então, entre dois domínios distintos, o interior das microgotas e o meio ambiente. Geram-se trocas seletivas de substâncias através da membrana rudimentar das microgotas.

A estrutura química interna de cada microgota lhe é própria. Conseqüentemente, cada microgota tem destino próprio diferente do de seus vizinhos. Pode, assim, durar, evoluir ou desaparecer.

Transição para a Vida

As microgotas instáveis se dissolvem no meio ambiente. As mais estáveis intercambiam substâncias com ele, como um metabolismo primitivo. Esse processo conduz a um regime, para microgotas mais estáveis, de autoconservação, auto-reprodução e auto-regulação, funções características da vida. Essa evolução durou de um a dois bilhões de anos. Para compreender as grandes etapas dessa evolução, é importante distinguir três partes essenciais.

A primeira se refere à energia, processo que conduziu à fermentação, à fotossíntese e à respiração. A segunda se relaciona com a velocidade e a regulação das reações químicas internas. Evidencia o papel essencial das enzimas. A terceira descreve como se submeteu o conjunto desses processos a uma "administração" modelo, a dos ácidos nucléicos.

Gradualmente, as microgotas dão lugar à emergência de proto-organismos mais aperfeiçoados, ancestrais das bactérias e das algas.

Código Genético

O longo processo que conduziu macromoléculas protéicas e de aminoácidos, contidas em microgotas e nos coacervates, a se converteram em seres vivos, passou da fase pré-biótica, em que proto-organismos se autoreproduziram, se autoconservaram e se auto-regularam, funcionando como uma espécie de robotes, à fase em que se formaram células vivas, ancestrais das bactérias e das algas, mediante a incorporação de um código genético.

Esse último processo foi elucidado pelo descobrimento de Thomas R. Cech e Arthur J. Zang, da Universidade de Colorado. Eles verificaram que a molécula do ARN pode ser, concomitantemente, o suporte da informação genética e uma enzima intervindo na sua própria informação.

O processo ocorre da seguinte maneira:[4]

(1) Na "sopa primitiva" ou sobre argila, bases nucléicas produzidas por sínteses abióticas se reúnem em curtas cadeias primitivas de

---

4. ROSNAY, J. *L'Aventure du Vivant*. Paris: Du Seuil, 1978 [1966], p. 166.

ARN. Essas primeiras cadeias catalisam a formação de novas e mais longas cadeias, no curso de sucessivos ciclos de secagem e de reidratação.

(2) A seqüência de recombinações entre cadeias e mutações químicas forma novas funções. As leis da seleção natural operam no âmbito das microgotas. As combinações por elementos transpassáveis (denominados transposões) entre diversas cadeia de ARN podem ser consideradas como o equivalente molecular à reprodução sexuada nos animais.

(3) A relação entre a forma dos ácidos aminados e as cavidades e bossas formadas nas cadeias do ARN conduzem, gradualmente, à seleção das primeiras "letras" e "palavras" do código genético: uma relação específica entre uma sucessão de bases dos ácidos nucléicos e uma sucessão de ácidos aminados.

(4) A atividade enzimática das cadeias do ARN se aperfeiçoa por associação com elementos exteriores (íons metálicos e transportadores de elétrons). As cadeias de ARN podem, então, catalisar a formação de cadeias de proteínas. Primeiro, diretamente. Depois, por intermédio de curtas cadeias de ARN, às quais estão ligados ácidos aminados (precursores de ARN de transferência) e que alinham os ácidos aminados em uma ordem que facilita as reações de polimerização.

(5) As proteínas fabricadas com mais rapidez que no curso de sínteses ao acaso, sobre matrizes catalíticas minerais, se revelam progressivamente melhores catalisadores biológicos que a cadeia de ARN. Aumenta a variedade das reações que elas aceleram. Assim, as primeiras enzimas se auto-relacionam e relegam a segundo plano o ARN.

(6) Enfim, as cadeias do ARN, auxiliadas pelas enzimas, geram a dupla hélice do ARN. Essa dupla hélice apresenta vantagens decisivas para a codificação da informação biológica: maior estabilidade e mecanismo de correção de erros praticados, permitindo, entretanto, mutações e recombinações. O ARN é relegado à função de intermediário que ele exerce hoje nos sistemas vivos.

Terá havido um só tipo de organismo capaz de se reproduzir, conduzindo, assim, a uma só linhagem? Ou, o que é mais provável, numerosos organismos, evoluindo em paralelo, teriam sido capazes de adquirir um sistema de reprodução análogo, baseado no mais eficaz modo de codagem? Esta última hipótese permitiria explicar por que a árvore genealógica dos seres vivos já está ramificada *antes* das primeiras células que, precedentemente, se colocaram na origem da vida.

7

A EVOLUÇÃO

A Idéia de Evolução

A idéia da evolução é recente e se opõe à crença criacionista de base religiosa.[1] O matemático Maupertuis (1698-1759), que efetuou a primeira medição correta de um meridiano, supunha que discretas acumulações de modificações e erros teriam causado as diferenças entre as espécies, criando gradualmente a diversidade infinita de plantas e animais. Diderot (1713-1784) também tinha convicções evolucionistas.

Foi Jean-Baptiste Lamarck (1744-1829) que primeiro formulou a hipótese da evolução. Fundava-a na suposição da transmissão hereditária dos caracteres adquiridos. Geoffrey Saint-Hilaire aderiu a essas idéias.

Coube a Charles Darwin (1809-1882), depois de muitos anos de observação, notadamente em sua viagem pelo Beagle, de 1831 a 1836, formular a teoria da evolução em seu livro *A Origem das Espécies*, publicado em 1859. Paralelamente, o naturalista Alfred Russel Wallace (1823-1913) observou que as espécies se sucedem, em seu trabalho "On the law which has regulated the introduction of new species", de 1855. Influenciado por Malthus, chegou à conclusão de que operava no

---

1. Sobre este assunto, veja GROS, F. *Regard sur la Biologie Contemporaine*. Paris: Gallimard, 1993, cap. 5.

processo o princípio de sobrevivência dos mais aptos. Escreveu sobre o tema a Darwin, em 1858.

Darwin se impressionou com a coincidência entre as idéias de Wallace e as suas. Assim, o ensaio de Wallace foi conjuntamente apresentado por ambos em 1º de julho de 1858. Foi publicado um resumo das idéias de Darwin na *Linnean Society*; o título da seção de Wallace era "On the tendency of varieties to depart indefinitely from the original type", contendo a tese de luta pela existência, com a sobrevivência dos mais aptos.

Em 1870, Wallace publicou novo ensaio, "Contributions to the theory of natural selection". Suas idéias divergiram das de Darwin no sentido de entender que a superioridade mental do homem não procedia da seleção natural, mas sim de algum fator não biológico, em virtude de suas convicções espiritualistas. Darwin, entretanto, não dispunha, em seu tempo, de condições para compreender a hereditariedade. A primeira noção surgiu com Mendel, em 1865, e somente tornou-se clara com Hugo De Vries, em 1900. Darwin não explicou como se processavam modificações nas espécies nem como estas se diversificavam, desde a origem da vida. Explicou apenas a seleção natural.

Genética e Neodarwinismo

Deve-se à genética e à descoberta das mutações do patrimônio hereditário a complementação do evolucionismo de Darwin. Antes de tais estudos tinha-se de aceitar a transmissão dos caracteres adquiridos. A esse respeito, entretanto, Augusto Weismann (1834-1914) introduziu uma decisiva modificação na hipótese de transmissão de caracteres adquiridos, sustentando a existência de um germe plásmico – predecessor do ADN – como fator de transmissão. Weismann sustentava Darwin e o complementava com sua teoria. Somente o germe pode transmitir modificações genéticas. O resto do corpo pode sofrer transformações, mas não transmiti-las. A evolução dos estudos genéticos conduziu à constatação de que são as mutações genéticas que transmitem mudanças, que serão ou não conservadas pela seleção natural.

O selecionismo neodarwiniano permitiu explicar como se geram diversificações no âmbito de uma dada espécie. Mas não explica as grandes alterações evolutivas, como a transformação de répteis em pássaros. Para explicar as macromutações é necessário um fator de "saltagem".

A hipótese de grandes saltos genéticos foi adotada por Goldsmith, Joy Gold e outros. Sustenta a existência de "transposões" suscetíveis de se integrarem em regiões-chave dos cromossomos, modificando a atividade de importantes grupos de genes. Assim também a descoberta das mutações "homeóticas", que mudam, em função de um evento único, o devenir ontogenético de uma parte completa do corpo.

Teoria Sintética da Evolução

Ernst Mayr e T. Huxley, visando compatibilizar as observações paleontológicas, genéticas e biográficas, no âmbito geral do darwinismo, destacaram pontos de vista que podem ser considerados uma teoria sintética de evolução.

Nessa posição se assume que grandes mudanças taxonômicas decorrem, enquanto força geradora da diversidade, de micromutações, cuja sede é o aparelho genético de todos os organismos. O que está em jogo é encontrar um "amplificador" da seleção natural. Para Mayr, o fator biogeográfico joga um papel capital na evolução, levando a uma crítica às teorias que encaram apenas o mutacionismo como elemento predominante.

Josef Reichholf[2] sustenta, a respeito da evolução darwiniana, três principais teses. A primeira se refere à importância do organismo em relação aos genes, mantendo a afirmação de que é no nível do organismo que se realizam as mudanças genéticas. O segundo ponto relevante da contribuição de Reichholf se refere à produção de excedentes. De acordo com ele, as grandes inovações que causaram o progresso da evolução foram provocadas pela busca de certos excedentes. É o metabolismo que trata do excedente. Seu funcionamento é essencial, pois sem ele nem o programa genético mais aperfeiçoado terá valia. Se

---

2. REICHHOLF, J. *L'Emancipation de la Vie*. Tradução do alemão: *Der schöpferishe Impuls-Ein nue Sicht der Evolution*. Paris: Flamarion, 1992.

dermos um lugar central ao excedente como motor da evolução, isso significa também que acreditamos ter de atribuir uma importância central ao metabolismo.[3] Por outro lado, Reichholf considera que a carência, decorrente da diminuição relativa das condições alimentícias do meio ambiente, constitui o principal fator conducente à diversificação das espécies, levando a crescentes especializações como forma de encontrar nichos de sobrevivência. Nas palavras de Reichholf, "a ocupação por cada espécie do nicho ecológico que lhe é próprio é a conseqüência da necessidade que a evolução impõe para superar a escassez".[4]

O Processo da Evolução

Como observou J. Monod,[5] com base no qual se desdobram as considerações que se seguem, a evolução, em sistemas intensamente conservadores como os dos seres vivos, decorre de modificações genéticas microscópicas e fortuitas. Mas, uma vez inscrito na estrutura do ADN, o acidente singular e fortuito passa a ser mecânica e fielmente replicado e traduzido, isto é, ao mesmo tempo multiplicado e transposto a milhões ou bilhões de exemplares. Retirado do reino do acaso, entra no da necessidade, das certezas mais implacáveis, ou seja, na escala macroscópica, naquela do organismo que opera a seleção.

A seleção opera sobre os resultados do acaso, mas atua em um domínio de exigências rigorosas, do qual o acaso está banido. Toda "novidade", sob a forma de uma alteração da estrutura de uma proteína, será testada por sua compatibilidade com o *conjunto* de *um sistema* já ligado a inúmeros condicionamentos que comandam a execução do projeto do organismo. As únicas mutações aceitáveis são as que não reduzem a coerência do aparelho teleonômico, mas antes o reforcem na orientação já adotada ou, mais raramente, o enriqueçam com novas possibilidades. É o aparelho teleonômico, tal como ele funciona quando se manifesta pela primeira vez uma mutação, que

---

3. Ibidem, p. 207.
4. Ibidem, p. 219.
5. MONOD, J. *Le Hazard el la Nécessité*. Paris: Seuil, 1970.

define as condições iniciais essenciais para a admissão, temporária ou definitiva, ou pela rejeição, da tentativa nascida do acaso.

Para bactérias, admite-se que a probabilidade de um dado gene experimentar, uma mutação que ative sensivelmente as propriedades funcionais da correspondente proteína é da ordem de 10^{-6} a 10^{-8} por geração celular. Dentro de alguns mil litros de água pode se desenvolver uma população de vários bilhões de células. Para tal população, sabe-se que toda mutação dada é representada por dez, cem ou mil exemplares. Pode-se estimar que o número total de mutantes de todas as espécies nessa população seja da ordem de 10^{-5} a 10^{-6}.

Pode-se estimar que para uma população humana de (3×10^9) existente na época de Monod se produz, em cada geração, algo como cem a mil bilhões de mutações. Caso seja levada em conta a dimensão dessa enorme loteria e a velocidade com a qual nela joga a natureza, o que parece dificilmente explicável não é a evolução, mas, ao contrário, a estabilidade das formas na biosfera.

Certas espécies não evoluíram sensivelmente desde centenas de milhões de anos. O linguado, por exemplo, desde 450 milhões de anos; a ostra, desde 150 milhões. A célula moderna, com seu invariável plano químico de organização – a começar pela estrutura do código genético e pelo complicado mecanismo de tradução –, existe desde dois a três bilhões de anos. A extraordinária estabilidade de certas espécies, os bilhões de anos que cobre a evolução e a invariabilidade do plano químico fundamental da célula só podem se explicar pela extrema coerência do sistema teleonômico, que, na evolução, jogou ao mesmo tempo o papel de guia e de freio e só reteve amplificado, integrado, uma ínfima fração das chances que lhe ofereceu, em número astronômico, a roleta da natureza. A evolução é irreversível. Essa irreversibilidade é uma expressão do segundo princípio termodinâmico na biosfera.

Meio Externo

As pressões de seleção que as condições externas exercem sobre os organismos não são independentes dos desempenhos teleonômicos característicos da espécie. Organismos diferentes vivendo no mesmo "nicho" ecológico têm, com as condições externas (incluídos outros organismos), interações muito diferentes e específicas. Essas interações, em parte escolhidas pelo próprio organismo, determinam a natureza e a orientação da pressão de seleção que o organismo experimenta.

A parte dos desempenhos teleonômicos na orientação se torna cada vez maior na medida em que se eleva o nível de organização e, portanto, de autonomia do organismo em relação a seu meio. Tal autonomia é decisiva para os organismos superiores, cuja reprodução e sobrevivência dependem antes de tudo de seu comportamento.

As grandes articulações da evolução foram decorrentes da invasão de espaços novos. Os vertebrados tetrápodos apareceram e puderam se expandir como anfíbios, répteis, aves e mamíferos, porque, na origem, um peixe primitivo "escolheu" explorar a terra, saltitando canhestramente para se deslocar. Assim, criou, como conseqüência de uma modificação de comportamento, a pressão de seleção que deveria desenvolver os poderosos membros dos tetrápodos.

Etapas da Evolução

A evolução se realizou por meio de três principais etapas:

(1) Formação na Terra dos constituintes químicos essenciais aos seres vivos: nucleotídeos e aminoácidos.
(2) Formação, a partir dessas matérias, de macromoléculas auto-replicáveis.
(3) Formação, a partir dessas estruturas, de um sistema teleonômico, gerando a célula primitiva.

1ª Etapa

Há 4 bilhões de anos, a atmosfera era composta de carbono, metano e água. Desses compostos, na presença de catalisadores não-biológicos, formaram-se aminoácidos e nucleotídeos, formando uma "sopa pré-biótica".

2ª Etapa

Formação de macromoléculas capazes de auto-replicação. Seqüências polinucleotídicas podiam gerar elementos de seqüência complementar.

3ª Etapa

A célula bacteriana atingiu seu presente estado há mais de 1 bilhão de anos. A vida surgiu quando as macromoléculas replicáveis incorporaram um código genético e adquiriram teleonomia. Esse código resultou de inúmeras combinações aleatórias. A estrutura do código, como a conhecemos, resultou de longa série de escolhas ao acaso, que o enriqueceram pouco a pouco.

O universo, como observou Monod, não estava prenhe de vida, nem a biosfera do homem. Nosso número saiu de um jogo de Monte Carlo.

Evolução da Espécie

Joël de Rosnay[6] mostrou como no curso de cerca de 3,5 bilhões de anos, a partir de bactérias protistas, se chegou aos mamíferos. O processo consistiu em uma complexa ramificação que diferenciou o mundo vegetal do animal e chegou à formação do homem.

Deve-se lembrar, a esse respeito, de que a Terra se formou há cerca de 4,5 bilhões de anos. As primeiras formas de vida surgiram há cerca de 3,5 bilhões. Os mais antigos fósseis animais datam de cerca de 700 milhões de anos. Formas esqueletais apareceram há mais de 570 milhões de anos. Os primeiros vertebrados, há cerca de 400 milhões de anos, e os primeiros mamíferos, há cerca de 200 milhões de anos. Eram seres diminutos, para poderem escapar dos dinossauros.

A evolução humana se iniciou há cerca de quatro milhões de anos, com os australopitecos. A partir desse elo intermediário entre o homem e os primatas antropóides emergem, sucessivamente, quatro espécies: o *Homo habilis*, há cerca de dois milhões de anos, o *Homo erectus*,

---

6. ROSNAY, J. *L'Aventure du Vivant*. Paris: Seuil, 1988 [1966], p. 21.

há cerca de um milhão de anos, o homem de Neandertal, há cerca de 200 mil anos e, finalmente, o homem moderno, o homem de Cro-Magnon, há cerca de 70 mil anos. No Quadro 7.1 é indicada a sucessão de eras e períodos, com os eventos que neles ocorreram.

QUADRO 7.1 – QUADRO EVOLUTIVO

	ERA	PERÍODO		EVENTOS
0	CENOZÓICO	Quaternário		Evolução do homem
50		Terciário		Diversidade dos mamíferos
100	MESOSÓICO	Cretáceo		Extinção dos dinossauros Primeiros primatas Primeiras plantas com flores
150		Jurássico		Diversidade de dinossauros Primeiros pássaros
200		Triássico		Primeiros mamíferos Primeiros dinossauros
250	PALEOZÓICO	Permeano		Extinção de muitas espécies Diversidade de répteis
300		Carbonífero	Pensilvaneano	Primeiros répteis
			Mississipiano	Árvores, árvores com sementes
350		Devoneano		Primeiros anfíbios Diversidade de peixes com mandíbulas
400		Siluriano		Primeiras plantas terrestres vasculares
		Orderriciano		Súbita diversificação da família de metazoanos
450		Cambriano		Primeiros peixes Primeiros cordados
500 550 600 650	PRÉ-CAMBREANO	Ediacarono		Primeiros elementos esqueletais Primeiros metazoários de corpo mole
700				Primeiros vestígios de animais

Hominização

O processo de hominização tem origem remota, como mostrou Yves Coppens.[7] Essa origem se prende a um grande acidente geológico ocorrido há cerca de 8 milhões de anos, quando uma imensa falha, estendendo-se de norte a sul por milhares de quilômetros, separou uma larga faixa da África Oriental do restante do continente. Essa separação alterou profundamente o regime das chuvas, que continuou o mesmo na parte ocidental da África, mas se tornou muito menos freqüente e intenso na faixa oriental. Como conseqüência dessa redução pluviométrica, a floresta da região oriental foi desaparecendo, sendo substituída por uma grande savana.

Ambas as partes eram habitadas por primatas antropóides. Os que habitavam a região ocidental continuaram sua vida arbórea. Os da faixa oriental tiveram de se adaptar, gradualmente, às condições da savana, na qual a sobrevivência da espécie dependia de uma posição ereta, que permitia uma ampla visão panorâmica, necessária para evitar predadores e localizar alimentos. Os primatas orientais se tornaram, assim, gradualmente, bípedes. O bipedalismo, por sua vez, acarretou conseqüências extremamente importantes: aumento do cérebro, liberação dos braços e das mãos para fins utilitários e ampliação da condição onívora. Iniciou-se, assim, o processo de hominização.

Essa interpretação da hominização foi contestada por Arnold Gehlen,[8] sustentando, por exagerada ênfase na singularidade animal do homem, mas com insuficiente embasamento científico, um ancestral remoto, anterior aos símios.

Não obstante as objeções de Gehlen, há amplo consenso científico no sentido de que o processo de hominização se realiza por sucessivas etapas, por meio de uma multiplicidade de linhas. Estas conduziram, inicialmente, há quatro milhões de anos, à emergência do australopiteco. A etapa seguinte corresponde ao surgimento do *Homo habilis*[9] há cerca de 2,5 milhões de anos. Seguiu-se, há cerca de um milhão de anos, o

---

7. COPPENS, Y. *Pré-ambules*. Paris: Poches Odile Jacob, 2001, p. 172.
8. GEHLEN, A. *Man – His Nature and Place in the World*. Nova York: Columbia University Press, 1980.
9. PICK, P. *Au Commencement Etait L'Homme*. Paris: Odile Jacob, 2003, p. 83.

Homo erectus. Dele evoluiram, há cerca de 200 mil anos, o homem de Neandertal e, há cerca de 70 mil anos, o homem de Cro-Magnon, que é o homem moderno.

O processo de hominização se realizou unicamente em uma restrita área da África Oriental, no curso do largo tempo que separa a emergência do australopiteco à do *Homo erectus* e seus descendentes. A origem africana do homem, há bastante tempo admitida, em vista dos fósseis encontrados, foi confirmada conclusivamente por Allan Wilson e suas análises comparativas das mitocôndrias celulares, continuadas por Jim Wainscoat.[10] A base dessas análises é o fato de que as mitocôndrias do óvulo fecundado são transmitidas, hereditariamente, somente pela mulher. A partir dessa constatação, as análises em referência, comparando a composição de mitocôndrias de mulheres de diferentes regiões e raças, permitiram identificar a origem dessas mitocôndrias na mulher africana e, com isso, proporcionaram a prova embriológica da origem africana do homem.

O *Homo habilis* tinha um volume craniano de até 650 cm³, contrastando com os 400 a 500 cm³ do *Australopitecus africanus*. Um pouco mais alto que o australopiteco, tinha altura média de 1,4 m e membros superiores mais curtos, indicando que não praticava a braquiação. Seu crânio se arredondou, arqueando-se lateralmente, e as áreas frontais e parietais do cérebro eram mais desenvolvidas. Era onívoro, embora ainda não caçador, alimentando-se de mamíferos recentemente mortos, cuja carne esquartejava com artefatos de pedra. Vivia em pequenos grupos, junto a rios e lagos.

O *Homo erectus*, com altura média de 1,65 m e 57 kg de peso, tinha volume craniano de 850 a 1.100 cm³, apresentando um aspecto próximo ao do homem moderno. Vivia em bandos, utilizando um repertório diversificado de utensílios de pedra, madeira e ossos, e o fogo, para cozinhar alimentos e se defender de predadores. Era caçador e coletor de grãos e frutas e sabia preparar formas primitivas de pão e de queijo.[11]

O homem de Neandertal estava presente no final da era glacial, da interglaciação Riss-Würm à quarta glaciação Würm, por volta de 200

---

10. REICHHOLF, J. "L'Emergence de L'Homme". In: *L'Emancipation de la Vie*. Paris: Flamarion, 1992, p. 15.

11. PICK, P. *Au Commencement Était L'Homme*. Paris: Odile Jacob, 2003, p. 123.

mil a 20 mil anos atrás. Segundo Josef Reichholf, teria migrado da África e se estabelecido nas tundras européias. Outra possibilidade é a de que ele tenha representado uma adaptação ecológica do *Homo erectus* na Europa. Suas características fazem dele uma subespécie de *Homo*. Nesse caso, todavia, teria podido se cruzar com o homem de Cro-Magnon, com o qual coexistiu por milhares de anos. O fato de isso não ter ocorrido conduz à hipótese de que o homem de Neandertal se constituiu como uma espécie própria.

O neandertal era mais robusto que o homem moderno, tinha um cérebro maior – 1.600 m^3 – e um esqueleto mais sólido. Segundo Reichholf, faltava-lhe, todavia, uma glote apta a emitir sons diferenciados, motivo pelo qual não podia falar.

Grande caçador, viveu da carne de grandes herbívoros da tundra, inclusive o mamute, e tinha o domínio do fogo. Foi o primeiro homem a enterrar cerimonialmente seus mortos, dando indicações de crença no pós-morte. Usava peles para se proteger do frio e do vento e armava tendas de pele.

Com o fim da era glacial e o retorno das chuvas e da umidade, os animais da tundra, adaptados ao frio seco e não à umidade, não resistiram, tornando escassa a alimentação dos neandertais, que também foram se extinguindo. Carência fatal para eles foi a falta de linguagem. E assim desapareceram sem deixar vestígios.

Apresenta-se, todavia, uma questão. Por que o homem de Neandertal sobreviveu a sete eras interglaciais, cada qual durando dezenas de milhares de anos – períodos em que as condições foram semelhantes às do período pós-glacial – e a este ele não resistiu? A única explicação possível, para o neandertal da tundra, é que os efeitos da época pós-glacial foram mais destruidores da fauna que os dos períodos interglaciais. O que ocorreu, entretanto, com os neandertais que continuaram vivendo na África? Segundo Reichholf, eles não se extinguiram, mas se diversificaram evolutivamente. "O ramo que tinha se estabelecido na Europa se extinguiu, mas não o tronco de onde proviera."[12]

---

12. REICHHOLF, J. "L'Emergence de L'Homme". In: *L'Emancipation de la Vie*. Paris: Flamarion, 1992, p. 284.

Conforme expôs Reichholf, resumindo os episódios da era glacial, há cerca de um milhão de anos o *Homo erectus* saiu da África e atingiu a Europa, a China e Java. Esta estava então conectada por terra com a Ásia. A posterior expansão da floresta (interglaciação Gunz-Mindel, há cerca de 500 mil anos) reduziu as condições alimentícias do Homo erectus e levou à extinção do ramo não-africano.

Aproximadamente 200 mil anos atrás (durante a terceira glaciação Riss), houve nova migração do *Homo erectus* para fora da África, para a Europa e para o oeste da Ásia. Foi na Europa, onde a alimentação era mais rica, que se desenvolveu o cérebro do *Homo erectus*. Isso conduziu à emergência do homem de Neandertal. Enquanto isso, evoluía o *Homo erectus* na África Oriental. Um dos efeitos dessa evolução foi o rebaixamento da glote, que permitiu a articulação de palavras.

O homem ereto, falante, tornou-se o homem moderno. Continuou na África por mais cem mil anos. A alimentação desses homens era constituída por hidratos de carbono e vitaminas dos vegetais e se completava com carne de caça. Eram caçadores menos hábeis que os neandertais, mas lidavam com animais menores. Eram de pele negra, para defesa contra o Sol, já que não tinham pêlos corporais. Tinham glândulas sebáceas e sudoríferas desenvolvidas. Usavam o fogo. Consumiam grãos e aprenderam a esmagá-los e a fazer pastas que eram formas primitivas de pão. Formas espontâneas de fermentação ensinaram a produzi-la deliberadamente. O apodrecimento de frutos também os ensinou a fermentá-los, produzindo bebidas alcoólicas. Condições semelhantes conduziram à fermentação do leite para a produção de queijos. Um pequeno pássaro, que faz parte dos indicatoridés, que se alimenta de cera, serviu de pista para encontrarem colméias, iniciando o consumo do mel.

Essas distintas condições explicam por que os neandertais, nas tundras, não puderam alcançar essas descobertas – ademais da carência de linguagem. Esse homem moderno saiu da África – lá deixando outros contingentes – há cerca de 70 mil anos.

Paleolítico

Com os *Homo sapiens*, de Neandertal e de Cro-Magnon, se inicia o longo período pré-histórico do Paleolítico.[13] Não se pode datar apropriadamente quando começa essa era. A partir do momento em que o processo de humanização conduziu a hominídeos que agregaram, cumulativamente, a condutas ditadas por condições hereditárias, condutas decorrentes da experiência e, gradualmente, do desenvolvimento cultural, se inicia, igualmente, o Paleolítico. Esse longo período, que contém toda a era glacial e termina no Mesolítico e no Neolítico de há mais de dez mil anos, compreende três principais fases: Paleolítico arcaico, até o *Homo erectus*; Paleolítico inferior, desde há cerca de 1,3 milhões de anos até aproximadamente cem mil anos atrás; e Paleolítico superior, até o Mesolítico e o Neolítico.

No Paleolítico superior se distinguem, segundo Gabriel Camps,[14] sete principais períodos que vão do Chatelperroneano, de há 35 mil anos, ao Aurignaciano (30 mil anos), o Gravetiano (25 mil anos), o Solutriano (20 mil anos), e os três períodos do Magdaleneano – o remoto (15 mil anos), o médio (13 mil anos) e o extraordinário período final, o Magdaleneano recente (10 mil anos), com suas magníficas pinturas rupestres de Lascaux e Altamira.

O Neolítico conduz às culturas sedentárias da aldeia, baseadas na agricultura e na pecuária, que evoluem, na Idade do Bronze, para as grandes civilizações originárias – a mesopotâmica, a egípcia, a chinesa, a de harapa, na Índia e, no Novo Mundo (sem bronze), as civilizações maia, asteca e inca.

Futuro da Evolução

A evolução é um processo contínuo. No caso da espécie humana, não se estancou com a emergência do homem de Cro-Magnon. A

---

13. Veja, a respeito, JAGUARIBE, H. *Um Estudo Crítico da História*. v. I. São Paulo: Paz e Terra, 2001, p. 71.
14. CAMPS, G. *Introducción a la Préhistoire*. Paris: Libraire Academique, 1982, p. 32.

evolução prossegue, mas passou a transcorrer sob três distintas modalidades. Continua a se processar, muito lentamente, como nas etapas precedentes, a evolução por adaptação ao meio. Ocorre, apenas, que o processo civilizatório, da Idade do Bronze a nossos dias, experimentou uma extraordinária aceleração, gerando um ambiente sociotecnológico crescentemente diferenciado. Assim como a evolução, no processo de hominização, operou por adaptação seletiva às modificações do meio introduzidas pelas eras glacial e pós-glacial, assim, com a aceleração do processo civilizatório, a evolução tende a reagir às decorrentes modificações culturais do ambiente humano. Trata-se de um processo, em termos históricos, bastante recente, ante o qual não se pode, correntemente, observar nenhuma alteração genética no homem. Mas não se pode duvidar do fato de que, a muito longo prazo, modificações adaptativas tendem a ocorrer, se o corrente processo civilizatório conduzir a condições ambientais significativamente diferentes.

Distintamente dessa possível modalidade evolutiva, e superando as possibilidades da alternativa anterior, esse mesmo processo civilizatório está conduzindo, em ritmo muito mais acelerado, a modificações do ambiente humano decorrentes do fenômeno da massificação. Essa massificação se processa em dois sentidos diferentes que, por simplificação, poderíamos designar "vertical" e "horizontal". Verticalmente, a massificação se realiza pela acelerada multiplicação da população humana.

Estima-se que essa multiplicação não prosseguirá indefinidamente, mas tenderá a se estabilizar dentro de cerca de 50 anos, em torno de nove bilhões de habitantes. Esse imenso crescimento demográfico apresenta exigências que requerem um regime institucional próprio, diferente do vigente. Por outro lado, processa-se, concomitantemente, uma massificação "horizontal". Incontroláveis fenômenos migratórios estão conduzindo grandes contingentes populacionais a se deslocarem, legal ou clandestinamente, de países pobres para países ricos, em uma busca de sobrevivência não distinta da que levou o homem primitivo a emigrar da África para outras regiões, acompanhando os rebanhos de que se alimentava. Concomitantemente com esse processo migratório, se verifica, ante as conseqüências do desenvolvimento tecnológico, com suas ameaças à biosfera, por um lado, e suas implicações no que diz respeito ao regime internacional do poder, a necessidade de uma nova ordenação racional e desejavelmente eqüitativa da sociedade humana. Algo que requer um sistema institucional diferente do que atualmente regula as nações e as relações internacionais. A evolução cultural se defronta, assim, com desafios de prazos incomparavelmente mais curtos que os da adaptação biológica.

Uma terceira modalidade de evolução se apresenta como provavelmente inevitável, decorrente dos progressos da engenharia genética. É altamente improvável que os descobrimentos que se vão acumulando no domínio da engenharia genética não venham a ser aplicados de alguma forma. O homem adquiriu a capacidade de reconstruir a natureza humana. Tudo indica, pela experiência histórica e outras considerações, que a engenharia genética não se conservará somente no domínio da teoria.

Ante as precedentes considerações, abre-se uma imensa e terrível interrogação quanto ao futuro da evolução humana. Pode-se assumir como certo o fato de que o presente *status quo* será significativamente modificado. Como? Com que efeitos positivos e/ou negativos?

Na medida em que o instinto individual e coletivo de sobrevivência da espécie humana conduzir a opções racionais e eqüitativas, o homem pode estar nas vésperas de um salto evolutivo tão importante quanto o que conduziu, a partir do australopiteco, ao homem de Cro-Magnon. O século XXI poderá ser o de extraordinárias modificações institucionais, com apropriado apoio em convenientes modificações tecnológicas. Isso nos conduziria, por um relativamente largo prazo, a um futuro radioso, em que se concretizariam todas as expectativas otimistas que marcaram o início da fase de aceleração do progresso, de meados do século XVIII à Primeira Guerra Mundial.

Pode se dar, também – o que apresenta, lamentavelmente, grande possibilidade de ocorrência – que a humanidade não saiba reagir, adequadamente, aos desafios precedentemente mencionados. Ou por insistir na preservação de um *status quo* institucional crescentemente inadequado, ou por adotar opções irracionais e ineqüitativas, fundadas na vontade de poder de minorias dirigentes. O destino do homem, no curso deste para o próximo século, pode ser, por inadaptação aos requisitos da era tecnológica, uma repetição do destino do homem de

Neandertal, que se extinguiu por incapacidade de adaptação à era pós-glacial. E pode conduzir ao suicídio da humanidade, pela opção de formas irracionais e ineqüitativas do exercício da vontade de poder.

Nunca, para um período historicamente tão curto, o homem se encontrou, desde seu processo de hominização, com alternativas tão dramáticas e tão dependentes de suas próprias opções.

8

MENTE E CONSCIÊNCIA

A transição evolutiva do *Homo habilis* para o *Homo erectus* e deste para o homem de Neandertal e o homem de Cro-Magnon se caracterizou, principalmente, pelo desenvolvimento do cérebro, tanto em termos de volume e peso[1] como em termos funcionais. Como indicado por Reichholf,[2] um aspecto essencial do processo evolutivo, na formação do homem de Cro-Magnon, foi o rebaixamento da posição da glote, que permitiu ao homem moderno a articulação de palavras, enquanto a excessiva elevação da posição da glote do neandertal só lhe permitia a emissão de grunhidos. O uso da linguagem possibilitou, por um lado, o desenvolvimento da cultura e sua transmissão intra e intergeracional, e, por outro lado, contribuiu para a crescente sofisticação das funções mentais.

Este último aspecto da natureza humana apresenta uma extraordinária complexidade, em virtude do fato de que se estabeleceu um relacionamento contínuo entre processos químico-elétricos, no nível molecular, com processos fisiológicos, no nível celular, que conduziu a processos psicológicos para o conjunto do organismo humano, gerando, entre outros efeitos, a faculdade de pensar e de deliberar volitivamente. Como resultado desses processos, formou-se no homem um centro intelitivo-

---

1. De 400 a 500 cm³, no *Australopitecus africanus*, a 650 cm³, no *Homo habilis*, de 850 a 1.100 cm³ no *Homo erectus*, a cerca de 1.500 cm³ no homem moderno.
2. REICHHOLF, J. "L'Emergence de L'Homme". In: *L'Emancipation de la Vie*. Paris: Flamarion, 1992, p. 15.

volitivo, a mente e, com esta, a consciência das coisas e de si próprio e, a partir dessa autoconsciência, a consciência moral.

Uma exposição mais ampla da relação, na espécie humana, entre o físico-químico, o fisiológico, o psicológico e o mental, exigiria um desdobramento muito maior que o compatível com o presente tópico. Bastará, assim, indicar, a esse respeito, os aspectos mais relevantes da questão.

Sistema Nervoso

Note-se, inicialmente, as considerações apresentadas sobre a matéria por Monod.[3] Ele observa, a esse respeito, que entre os mais difíceis problemas que se apresentam à análise do sistema cerebral encontram-se os que decorrem do desenvolvimento epigenético de uma estrutura tão complexa como o sistema nervoso central.

O homem tem de 10^{12} a 10^{13} neurônios interconectados por intermédio de algo como de 10^{14} a 10^{15} sinapses, algumas associando células nervosas afastadas umas das outras. Não se pode compreender o funcionamento do sistema nervoso central se não se conhecer o do elemento lógico primário, que constitui a sinapse. Embora se tenha avançado no estudo das sinapses, ainda não se dispõe de uma interpretação da transmissão sináptica em termos de interações moleculares. Isso é um problema essencial, porque nele reside o último segredo da memória. Supõe-se que esta é registrada sob a forma de uma alteração mais ou menos irreversível de interações moleculares responsáveis pela transmissão do influxo nervoso ao nível de um conjunto de sinapses. Essa teoria é muito verossímil, mas carece de provas diretas. A análise do neurônio mostrou que ele é estritamente comparável, por seus desempenhos, aos componentes integrantes de um computador, embora apresentando uma gama muito mais rica de possibilidades. Essa analogia se refere aos níveis inferiores de integração, primeiros graus da análise sensorial, por exemplo. As funções superiores do córtex, das quais a linguagem é a expressão, parecem ainda escaparem. Monod, todavia, acredita na extensibilidade dessa analogia para tais funções.

---

3. MONOD, J. *Le Hazard el La Nécessité*. Paris: Seuil, 1970, p. 162.

Funções Primordiais do Sistema
Nervoso Central – Animais e Homem

(1) Assegurar o comando e a coordenação da atividade neuromotriz em função, notadamente, de aferições sensoriais.

(2) Conter, sob a forma de circuitos geneticamente determinados, programas de ação mais ou menos complexos, e desencadeá-los em função de estímulos particulares.

(3) Analisar, filtrar e integrar as aferições sensoriais para construir uma representação do mundo externo adaptada aos desempenhos específicos do animal.

(4) Registrar os eventos (tendo em conta a gama de desempenhos específicos) que sejam significativos, agrupá-los em classes, segundo suas analogias; associar essas classes segundo relações (de coincidência ou de sucessão) dos eventos que as constituem; enriquecer, refinar e diversificar os programas inatos neles incluindo as experiências.

(5) Imaginar, isto é, representar e simular eventos externos ou programas de ação para o próprio animal.

Os exemplos mais espetaculares que se conhece de programas de ação natos muito complexos se encontram nos insetos. É duvidoso que as funções do item 4 exerçam papel importante para esses animais. Em compensação, são muito importantes para o comportamento dos invertebrados superiores, como o polvo, e para todos os vertebrados. Quanto às funções do item 5, projetivas, são privilégios exclusivos dos vertebrados superiores. Talvez outros animais, entretanto, também as tenham, como o sonho.

A análise, pelo sistema nervoso central, de impressões sensoriais, é uma representação empobrecida e orientada do mundo exterior, seletiva em função do que interessa a cada espécie animal. A rã só identifica a mosca quando ela voa. Os animais são capazes de classificar os objetos ou as relações entre objetos segundo categorias abstratas, notadamente geométricas. Um polvo ou um rato podem aprender a noção de triângulo, de círculo ou de quadrado e reconhecer sem erro essas figuras por suas propriedades geométricas, independentemente da dimensão, da orientação e da cor.

É certo que tudo nos seres vivos vem da experiência, inclusive a genética. Mas não da experiência atual, renovada para cada indivíduo, em cada geração. E sim da experiência acumulada pela ascendência completa da espécie, no curso da evolução. Somente essa experiência obtida ao acaso e essas inumeráveis tentativas, castigadas pela seleção, poderiam fazer do sistema nervoso central, como de qualquer outro órgão, um sistema adaptado à sua função particular.

O que caracteriza uma propriedade única do cérebro humano é o poderoso desenvolvimento e o emprego intenso da função de simulação. Os animais superiores a possuem em pequeno grau – o cão, por exemplo. No animal, assim como na criança, a simulação subjetiva é só parcialmente dissociada da atividade neuromotriz. Seu exercício se traduz pelo jogo. No homem, a simulação subjetiva se torna a função superior por excelência, a função criativa. É ela que é refletida pela simbólica da linguagem que a explicita, ao transpor e resumir suas operações. Daí o fato sublinhado por Chomsky, de que a linguagem, mesmo nos seus empregos mais simples, é sempre inovadora: ela traduz uma experiência subjetiva, uma simulação particular sempre nova. Acrescenta-se outra importante dimensão, que é a projeção para frente no tempo, permitindo previsões.

É nisso que a linguagem humana difere radicalmente da comunicação animal. Esta se reduz a apelos ou advertências correspondentes a um número de situações concretas estereotipadas. O animal mais inteligente, certamente capaz de simulações subjetivas bastante precisas, não dispõe de nenhum meio de "liberar sua consciência", senão indicando sucessivamente em que sentido joga sua imaginação. O homem, ao contrário, sabe falar suas experiências subjetivas.

Se é legítimo considerar que o pensamento repousa sobre um processo de simulação subjetiva, importa reconhecer que o alto desenvolvimento dessa faculdade no homem é resultado de uma evolução no curso do qual é na ação concreta, preparada pela experiência imaginária, que a eficácia do processo, seu valor de sobrevida, foi experimentado pela seleção. É, portanto, por sua capacidade de previsão, exata, confirmada pela experiência concreta, que o poder de simulação do sistema nervoso central, nos nossos antepassados, foi levado até o nível atingido pelo *Homo sapiens*. O simulador subjetivo não tinha o direito de se enganar quando se tratava de organizar uma caçada à pantera, com as armas de que dispunha o *Australanthropus*, o *Pithecantropus* e mesmo o *Homo sapiens* de Cro-Magnon. É por isso que o instrumento lógico inato, herdado de nossos ancestrais, nunca nos engana e nos permite "compreender" os eventos do universo, isto é, descrevê-los em linguagem simbólica e prevê-los, desde que os elementos de informação necessários sejam fornecidos ao simulador.

O simulador é o instrumento do descobrimento e da criação. É a análise da lógica de seu funcionamento subjetivo que permitiu formular as regras da lógica objetiva e de criar novos instrumentos simbólicos, como os matemáticos. Grandes espíritos, como Einstein, se maravilharam com o fato de que entes matemáticos criados pelo homem pudessem tão fielmente representar a natureza, sem nada dever à experiência. É certo que nada devem à experiência individual, mas tudo às virtudes do simulador forjado pela inumerável e cruel experiência de nossos humildes ancestrais. Confrontar sistematicamente a lógica e a experiência de conformidade com o método científico é, de fato, confrontar toda a experiência desses antepassados com nossa experiência atual.

Não obstante, não temos nenhuma idéia de como funciona esse maravilhoso instrumento (simulação) nem conhecemos sua estrutura. A experiência filosófica é importante. A introspecção, com todos os seus perigos, nos diz, apesar de tudo, algo mais.

Concluindo suas considerações a esse respeito, Monod observa que a fronteira intransponível, desde Descartes, é a do dualismo cérebro-espírito. Se a análise objetiva nos obriga a ver uma ilusão nesse dualismo, essa ilusão é intimamente ligada ao próprio ser. Rejeitar uma "alma imaterial" não importa em desconhecer a função "espírito".

Corpo e Alma

A questão da relação entre o fisiológico, o psicológico e a mente tem sido objeto, desde a Antiguidade, de uma longa discussão, opondo monistas a dualistas, ou seja, os que sustentam uma continuidade material na sucessão desses processos, e aqueles que os atribuem a duas substâncias distintas, um corpo, como realidade física, e uma alma, como realidade imaterial. A posição monista foi adotada pela maioria dos pré-socráticos, notadamente atomistas como Leucipo e Demócrito, e mantida por Aristóteles. Este, com sua diferenciação metafísica entre matéria e forma, entendia que a alma era a forma do corpo, dele derivada e com ele se extinguindo. Sócrates, diversamente, sustentava a posição dualista, que foi admiravelmente desenvolvida por Platão no *Fédon*.

Remetendo a questão para a Seção III deste livro, importa aqui observar que a biologia e a psicologia modernas, particularmente depois do desenvolvimento da biologia molecular, não comportam mais a hipótese dualista. Na verdade, como nos mostra Edmund W. Sinnott,[4] existe uma estreita correspondência entre os processos fisiológicos e os psicológicos. O organismo realiza processos fisiológicos, originários de reações físico-químicas, no nível da célula, que se convertem em psicológicos através do sistema central. Sintetizando suas conclusões, Sinnott[5] sustenta as seguintes seis teses:

(1) Corpo e mente são apenas dois aspectos do mesmo fenômeno biológico. Esse sistema é a unidade, a síntese do mental e do material, dos quais ambos são um aspecto. Um entendimento de como tal sistema vivente seja constituído e de como opera importaria, finalmente, na solução do enigma corpo e alma.

(2) A segunda questão é a da motivação. O que a determina? Sinnott sustenta que o que opera na mente como propósito a ser realizado por uma determinada ação, é a mesma coisa que a norma ou *goal* fisiológico, protoplasmático, que se processa no cérebro e se realiza por meio de uma série de processos regulatórios.

A final interpretação da razão pela qual uma folha se volta para a luz é o fato de que tal ação é regulatória e, assim, finalística, mas não necessariamente um fenômeno adaptativo. Há certamente meca-

---

4. Veja SINNOTT, E. W. *Cell & Psyche – The Biology of Purpose*. Nova York: Harper Torchbooks, 1961 [1956]; e SEARLE, J. R. *The Mystery of Consciousness*. Nova York: NY Review of Books, 1989.
5. SINNOTT, E. W. Op. cit.

nismos pelos quais isso se efetua – distribuição hormonal e outras mudanças físicas são essenciais. São meios mediante os quais um específico comportamento regulatório pode ser atingido. Tal conduta permite a sobrevivência da planta, em virtude de uma longa seleção evolutiva, e não por causa de alguma tendência inata a reagir de modo favorável.

(3) A terceira questão é a antiga relativa a valores. Por que há coisas atraentes e outras repulsivas? O elusivo caso da beleza. Embora valores possam freqüentemente ser incertos e não possam ser codificadores, eles comandam ampla aceitação. Esse problema diz respeito, em última análise, à direção e às características de objetivos na vida. Os desejos que se manifestam no protoplasma e determinam os objetivos para os quais um organismo se move não são arbitrários. Até mesmo o protoplasma nu de um bolor empurra na direção de certos objetos e se afasta de outros. Se há alguma harmonia entre nossas preferências instintivas, como seres vivos, e algum padrão de valor estabelecido pela natureza, sua base reside nesse organizado pedaço de vida.

(4) A quarta questão para a qual nossa hipótese é útil se refere ao problema do livre arbítrio *versus* determinismo. Algo determina nossos atos: nós ou algo de externo a nós. A verdadeira questão no problema da liberdade é, novamente, o caráter fundamental da organização biológica. O que é que estabelece mecanismos auto-regulatórios em um ser vivo e, finalmente, no sistema nervoso do homem e, assim, cria objetivos e lhe dá atendimento pela ação? A resposta consiste na concepção de que o homem é esse sistema organizado, com tudo o que isso implica.

(5) Uma quinta questão a ser clarificada é a da individualidade do *ego* do ser humano. Uma das mais notáveis características do ser vivo é a de que, não somente ele se puxa a si mesmo de uma forma organizada, mas o fato de que o sistema assim criado forma organismos separados e distintos. O objetivo do processo organizatório é sempre um único, completo, indivíduo. Isso se revela não apenas no caso de desenvolvimento normal mas, especialmente, nos casos de regeneração.

Há razão para se crer que cada célula, pelo menos em seu estágio inicial, seja capaz, se separada do resto, de crescer formando um indivíduo completo. Um todo singular é imanente em todas as suas partes. Quando um sistema protoplasmático for contínuo, tenderá a produzir e manter um único organismo, quando partes dele são separadas, cada uma delas será um indivíduo.

O ser vivo é algo de notável. Sua unidade existe tanto no espaço como no tempo. Por longa que seja sua sobrevivência e variáveis que sejam seu contorno e suas atividades, ele permanece sempre o mesmo indivíduo. Nele entra e sai matéria e sua constituição material é várias vezes refeita, mas sua organização fundamental permanece inalterada.

Assim ocorre com a personalidade humana, que parece tênue mas é de fibra dura. O que é a personalidade humana? O que quer que se pense a respeito da psique, do ego, da alma, todos se originam desse notável processo pelo qual o ser vivo se autopuxa em um sistema integrado, organizado e auto-regulado. A alma é o aspecto, internamente experimentado, da organização corporal.

O ser vivo pode ocultar mistérios profundos e difíceis de compreender. É tolice dizer que a alma nada tem a ver com o corpo. É igualmente tolice supor que seja um mero acessório. Tudo o que Sinnott mantém é que alma e corpo são manifestações do mesmo fenômeno básico e formam uma unidade fundamental.

(6) A origem do eu e da personalidade humana conduz à questão do posto do homem no universo. Surgindo, no curso de alguns milênios, das fileiras de um mamífero de segunda classe, pela sua mestria do poder da razão, o homem se diferencia como algo de único em toda a criação, como a coroa e o clímax do drama evolutivo.

"O homem", observa Dr. Noüy, "não é meramente uma combinação de apetites, instintos, paixões e curiosidade". Algo mais é necessário para explicar os grandes feitos humanos, virtudes, sacrifícios, aceitação do martírio.

O homem tem urgências íntimas, aspirações apaixonadas e imaginativas por algo de mais alto do que aquilo que ele já encontrou. Elas são a expressão do espírito do homem. Essa é uma grande e misteriosa coisa. Não é uma parte menor ou acessória do homem, mas algo de essencial para sua própria vida.

Separar essas aspirações do espírito do homem de seus desejos mais baixos, no atendimento dos quais ele obtém sua alimentação e a propagação de sua espécie, é dificilmente possível. Seus germes já se manifestam nas bestas.

Sinnott sugere que há uma contínua progressão dos objetivos biológicos operativos no desenvolvimento e na conduta de um organismo vivo aos fatos psicológicos de desejo e de finalidade.

Interpretar os mistérios do espírito humano nos pedestres termos da embriologia pode parecer fantasioso, mas sê-lo-á mais que acreditar que um objeto de beleza possa ser decomposto em uma série de reações químicas no cérebro de seu criador?

Os seres vivos são levados a procriar e a criar, e esforçar-se por alcançar objetivos é a essência de toda vida. No homem, todavia, esses objetivos alcançaram alturas nunca antes sonhadas e ele pode elevá-los ainda mais. Os pés do homem estão plantados no pó, mas ele ergue sua face para as estrelas.

Permanece a questão de por que essas altas qualidades do homem vieram a ocorrer. A resposta evolucionista é insatisfatória. A sobrevivência dos mais aptos não está relacionada com a beleza, nem com a generosidade. Sinnott indica que a verdadeira causa da ascensão do homem a valores mais altos é o próprio anseio humano por esses valores. "Talvez a vida tenha um grande objetivo e os níveis que seguiu – desenvolvimental, filosófico, psicológico, espiritual – sejam estágios sucessivos em seu desempenho final".[6]

Sinnott sustenta que os presentes conhecimentos biológicos ainda não permitem explicar o fenômeno de organização biológica. Descobrir e compreender as causas desse processo é o mais alto objetivo da Biologia. Quando isso for atingido, Sinnott acredita que se verificará que a organização do ser vivo nem depende apenas dos processos físicos que conhecemos nem de algum agente metafísico

---

6. SINNOTT, E. W. *Cell & Psyche – The Biology of Purpose*. Nova York: Harper Tarchbooks, 1961 [1956], p. 102.

ou vital, e sim de como o físico e o espiritual estão vinculados nesse sistema ascensional, questionador e criativo que é a vida. A vida é algo tanto da competência do fisiologista como do poeta. "O estudo da vida – regulador, finalístico, ascensional – começa com o protoplasma no laboratório, mas daí pode levar a altas aventuras e a pensamentos mais além do alcance de nosso espírito."[7]

Caberia adicionalmente observar, em relação à hipótese de uma alma espiritual, entendida como uma substância inextensa: como se poderia compatibilizar sua inextensibilidade com a corporeidade do sistema nervoso central? Qualquer relacionamento operacional do espírito com o corpo requereria uma inserção espacial daquele neste, o que a inextensibilidade do espírito não permitiria.

Identidade

Uma das características básicas do ser vivo é sua identidade.[8] De certa forma, essa identidade já se manifesta, rudimentarmente, no processo de auto-replicação de certas macromoléculas, como o RNA. A identidade se torna nítida com a emergência da célula, tanto nos organismos unicelulares, procariotes, como a bactéria, quanto nos organismos multicelulares. A identidade nos seres vivos começa na célula e prossegue nas suas decorrências, como, no caso dos organismos mais complexos, na formação de seus tecidos, de seus órgãos e, finalmente, do organismo individual. Cada célula viva tem sua própria identidade. Essa identidade, entretanto, se manifesta em patamares de crescente complexidade, conforme, nos organismos superiores, se parte do nível da célula para o tecido, deste para os dos órgãos e, finalmente, para o organismo individual.

---

7. Ibidem, p. 111.
8. J. Bronowski, em *The Identity of Man* (Garden City: American Museum Science Books, 1966 [1965]) entende que o sentido de identidade é especificamente humano, desconhecendo as características identitárias de todos os seres vivos.

Somente o princípio da identidade permite compreender por que, nos processos embrionários, de uma célula originária, o óvulo fecundado, se desdobra a formação de um ser que se torna um novo espécime equivalente a seus progenitores e preservador das características de sua espécie.

Esse processo chama particular atenção no caso do mundo vegetal. Como explicar que o processo de crescimento de uma planta, de uma simples erva a uma grandiosa árvore, se realize de forma coerente e preserve, em seus múltiplos estágios, a individualidade da planta? Como explicar a capacidade de autoconservacão, de auto-organização, e de auto-reprodução do ser vivo sem o princípio de sua identidade? Tudo se passa, no vegetal, como se um "eu" objetivo coordenasse, coerente e sistematicamente, as múltiplas funções da planta. A planta, todavia, não tem o equivalente a um "ego anímico" que se observa no animal. Nela, seu organismo integral manifesta uma identidade que sobrepassa e comanda os patamares inferiores de identidade que caracterizam seus tecidos e suas células.

Nos animais superiores o princípio de identidade se manifesta, ao mesmo tempo, nos seus processos orgânicos e na sua conduta externa. Somente o extraordinário simplismo que caracterizou, até recentemente, a visão que o homem tinha de si mesmo e do mundo animal, permite explicar a autodefinição do homem como "animal racional" e a suposição de que o restante do mundo animal estaria privado de razão.

Na verdade, a conduta de todos os animais, no âmbito de seu respectivo "nicho" ecológico, indica como todos se formam o equivalente a uma "idéia" a respeito dos objetos com que se deparam em seu respectivo meio. A despeito da imensa diversidade que diferencia as várias espécies de árvore e uma árvore de outra, os animais que circulam entre árvores têm plena noção das características básicas da árvore, ou seja, uma "idéia" de árvore. Os animais conhecem as propriedades que lhes interessam de outros objetos como água e pedras, independentemente dos diversos aspectos sob os quais se apresentem.

Quando se passe ao nível superior dos mamíferos e, notadamente, dos primatas antropóides, como o revelam os crescentes estudos sobre psicologia e sociologia de animais,[9] se constata a ampla margem de pensamento de que os mesmos dispõem. Presentemente, se reconhece que as diferenças "estruturais" entre o homem e os grandes símios, como o gorila e, principalmente, o chimpanzé, são pequenas. Há, sem dúvida, uma diferença significativa no que diz respeito à capacidade cerebral do homem, em relação ao chimpanzé, tanto em complexidade como em volume. Mas o que mais diferencia o homem dos outros primatas superiores é sua capacidade de falar. Uma capacidade que não decorre, apenas, de uma superioridade cerebral mas, igualmente, da anatomia das respectivas glotes. Tudo indica que o cérebro do chimpanzé lhe permitiria uma forma rudimentar de linguagem se pudesse anatomicamente falar. A diferença entre um primata falante e um não-falante consiste, fundamentalmente, no fato de que as palavras são invólucros fonéticos de idéias. Dessa forma, as representações do mundo, guardadas no estoque da linguagem, permitem a formação de uma cultura cumulativa. O chimpanzé, privado da palavra, é obrigado a refazer, continuamente, sua representação do mundo, dispondo, apenas, de uma memória experimental sobre a natureza das coisas que tenha sido capaz de identificar e não dispondo de condições para uma transmissão intra e intergeracional de sua visão do mundo.

Da Identidade à Consciência

No caso dos animais, o princípio de identidade, no nível do organismo, gera um "eu anímico" que comanda o conjunto de suas operações deliberadas. "Eu", sapo X, como a mosca que se encontra a "meu" alcance, para me alimentar. "Eu", cachorro Y, identifico "meu" dono e atuo de modo correspondente.

Esse "eu anímico" adquire surpreendente complexidade no caso dos primatas superiores. Assim, experiências com chimpanzés, ante um

---

9. Veja CLARK, W. E. G. *History of the Primates*. Chicago: Chicago University Press, 1961; SOUTHWICK, C. H. *Primate Social Behavior*. Princeton: Van Nostrand, 1963; DIMOND, S. J. *The Social Behavior of Animal*. Nova York: Harper Colophon Book, 1970; VAUCLAIR, J. *L'Intelligence de L'Animal*. Paris: Seuil, 1995 [1942]; PAGE, G. *Inside the Animal Mind*. Nova York: Broadway Books, 2001 [1999].

espelho,[10] demonstraram que, em um primeiro momento, o animal entende que está vendo outro animal, e se coloca em posição defensivo-agressiva. Depois de maior experiência com sua imagem refletida no espelho, o chimpanzé se dá conta de que ele se está vendo a si próprio. E passa, então, a utilizar sua imagem no espelho para ter acesso às partes de seu corpo que ele não pode diretamente ver, como sua própria cabeça. Isso demonstra o fato de que o "eu" do chimpanzé já possui um significativo grau de autoconsciência. O chimpanzé Z, diversamente do sapo e, provavelmente, do cachorro, sabe que ele é Z.

É na espécie humana, entretanto, que o princípio de identidade orgânica atinge o nível da plena autoconsciência. O homem H sabe que é H e atua correspondentemente. O que torna possível essa autoconsciência plena?

É nesse momento que entra em jogo a velha questão mente-corpo. Remetendo para a Seção III, mais ampla análise da mesma, é suficiente, para os fins deste tópico, assinalar o fato de que a autoconsciência total da própria identidade, característica do homem, decorre do fato – superando a falácia do dualismo "alma-corpo" – de que a autoconsciência da própria identidade, já rudimentarmente presente nos antropóides superiores, é processada pelo homem sob a forma de uma idéia de si próprio, adquirindo sua plenitude a partir do comando da linguagem. Esta gera o invólucro fonético para a idéia do "eu", para o nome pelo qual esse "eu" é designado por terceiros e para todas as demais características e circunstâncias da personalidade.

Como se indicou precedentemente, notadamente com referência aos estudos de Edmund W. Sinnott, os processos físico-químicos, no nível molecular, se convertem em fisiológicos, no nível celular, no dos tecidos e no dos órgãos e são convertidos em psicológicos, no nível do organismo. Essa conversão se processa mediante a apropriação desses processos pelo "eu" de cada homem, ou seja, por sua identidade autoconsciente. Não existe uma substância, em cada homem, que seja o seu "eu", separadamente de seu organismo. Existe uma função integradora, decorrente do princípio de identidade orgânica, que opera como recebedora de

---

10. PAGE, G. *Inside The Animal Mind*. Nova York: Broadway Books, 2001 [1999], p. 247.

todas as informações transmitidas pelo sistema nervoso central e como agente emissor de deliberações centralizadas, desde as referentes aos movimentos corporais, como abrir ou fechar os olhos ou movimentar os braços, até as que se efetuem no mundo exterior, revestidas de inúmeras finalidades possíveis.

SEÇÃO III
COSMOLOGIAS

9

INTRODUÇÃO

A terceira seção deste estudo indicará as grandes etapas historicamente percorridas pelo pensamento cosmológico e pelo entendimento do homem de si mesmo e de sua posição no cosmos.

Nove etapas desse pensamento serão brevemente discutidas, destacando-se, em cada uma delas, seus principais pensadores. Essas etapas são: (1) Antiguidade Oriental, (2) pensamento clássico, (3) pensamento helenístico, (4) pensamento medieval, (5) pensamento renascentista, (6) pensamento do século XVII, (7) pensamento da Ilustração, (8) pensamento do século XIX e (9) pensamento do século XX.

Considerando o curso histórico desse pensamento, observa-se que o entendimento do cosmos e do homem passou por quatro grandes fases sucessivas. A primeira fase é mítica, correspondendo às cosmologias da Antiguidade Oriental. A segunda fase, dos jônios ao Renascimento, corresponde a uma visão racional-qualitativa do mundo e do homem. Nela se revestiram de particular importância a visão dialética de Heráclito, a atomística de Demócrito e a sistêmica de Aristóteles. Este último influenciou o pensamento subseqüente até o Renascimento.

A terceira fase é racional-quantitativa. Teve início com Copérnico e Galileu, no Renascimento. Passou por extraordinário desenvolvimento no século XVII com Newton e Leibniz. A Ilustração prosseguiu na mesma linha, alargando as cogitações para a esfera histórico-social. O século XIX conduziu essa fase à sua culminação, introduzindo na visão do mundo os conhecimentos químicos e biológicos. Foi decisiva a contribuição do evolucionismo de Darwin. Esse século também será de grandes construções filosóficas. Em primeiro lugar e com repercussões permanentes, com Hegel e Marx; em uma linha cientificista, com Comte; e em uma linha existencial, com Schopenhauer e Nietzsche.

A quarta fase corresponde ao século XX. Prosseguiu, com extraordinárias inovações, na linha racional-quantitativa. Porém, introduziu uma nova visão do cosmos, com Einstein e um novo entendimento do mundo subatômico, com a mecânica quântica de Planck, Schrödinger e Heisenberg. Iniciou, igualmente, uma nova visão da vida, com a biologia molecular.

A filosofia encontrou nessa fase uma ampla renovação, a partir dos neokantianos, com a fenomenologia de Husserl e Scheler, com a filosofia da existência, com Heidegger, Sartre e Ortega, com a filosofia científica de Whitehead e Russell e, a partir da França, com a nova sofística dos pós-modernos.

10

COSMOLOGIAS ORIENTAIS ANTIGAS

Muitas são as cosmologias que podem ser consideradas como "antigas", dado o grande número de povos "primitivos" de que se têm atualmente registro. No presente estudo, por razões de simplicidade, foram considerados apenas os casos usualmente admitidos como típicos, correspondentes às culturas mesopotâmica, egípcia, persa, israelita, indiana e chinesa.

As cosmologias dessas culturas se diferenciam em dois grupos: o grupo, numericamente predominante, de cosmologias decorrentes de uma visão cósmica da realidade e do homem, e os casos específicos da Pérsia e de Israel, em que se manifesta uma visão monoteísta da criação do mundo e do homem.

Segundo a Bíblia, consistente em uma tradição oral, notadamente a partir de Moisés, no século XII a.C., que só foi canonizada sob o reinado de Josias, em 622 a.C., o mundo e o homem foram criados por Jeová, conforme a narrativa da Gênese. Já na visão persa, segundo Zaratustra (cerca de 628-551 a.C.) o mundo e o homem foram criados por Ahura Mazda, o senhor da sabedoria.

Contrastando com essas visões monoteístas, as grandes culturas da Antiguidade Oriental mantiveram uma visão do mundo denominada "cósmica". Essa visão integra deuses, homens e mundo em um grande conjunto de forças, dotadas de realidade própria e autônoma. Ainda que os deuses tenham contribuído para criar essas forças e nelas exerçam um papel diretivo, notadamente no que se refere ao homem, eles estão submetidos aos grandes princípios e às grandes forças do conjunto cósmico.

Nos tópicos a seguir serão apresentados sumariamente, como já referido, os principais elementos das cosmologias mesopotâmica, egípcia, persa, bíblica, indiana e chinesa.

Cosmologia Mesopotâmica

A cultura mesopotâmica constitui um desenvolvimento de sua fonte originária, a cultura suméria com seus desdobramentos, notadamente a sumério-acadiana, a assíria e a babilônica. A cultura suméria resulta da longa transição de um Neolítico primitivo, representado pela cultura de Hassuna (5.800 a 5.500 a.C.), passando por vários estágios até a fase de Uruk (3.500 a 3.150 a.C.), quando a civilização suméria começou a se estruturar. A escrita suméria surgiu no período de Uruk, pouco antes do ano 3.000 a.C. Iniciada sob a forma de pictogramas, evoluiu para os ideogramas cuneiformes.

A cosmologia suméria foi adotada, com modificações, pelos babilônios e foi expressa no poema "Enuma Elish", criado provavelmente no século XVIII a.C. Desse poema subsistiram fragmentos encontrados em diversas cidades da região, o que permitiu sua reconstituição.

A cosmologia sumério-babilônica é uma narrativa da criação do mundo a partir de um elemento aquático primordial. Quando nada ainda tinha sido criado, Tiamat, a genitora que representa o mar, continha todas as águas: Apsu, a água doce, e Mumu, representando as nuvens e a neblina. A partir desse elemento primordial surgiu uma primeira geração de deuses: Lahu e Lahamu, personificando o aluvião, seguidos por uma segunda geração de deuses, Anshar e Kishar, horizontes, representativamente, do céu e da terra. Deles surgiu Anu, deus do céu, e deste, Ea ou Enki, deus das águas, originalmente representando a própria terra. Diversos outros deuses surgiram em seguida, mantendo uma existência extremamente ruidosa, o que incomodou Tiamat. Ela, por isso, com apoio de Apsu e Mumu, decidiu eliminá-los. Ea, todavia, amigo dos deuses, frustrou a conspiração, imobilizando, magicamente, Mumu e Apsu. Irritada com esse procedimento,

Tiamat declarou guerra aos deuses e, sob as ordens de seu filho Kingu, mobilizou contra eles terríveis monstros, engendrados por ela. Os deuses se apavoraram ante o ataque. Na versão babilônica do poema, Marduk, o grande deus da Babilônia, não se deixando intimidar, se prontificou ao combate, com os deuses delegando a ele plena liderança. Armado com arco e flecha, com o raio, com uma rede e com a tempestade, Marduk prende Tiamat com sua rede, abre-lhe a boca com a tempestade e flecha seu coração. Os monstros de Tiamat fogem apavorados. Marduk, então, retalha o corpo de Tiamat e decapita Kingu. Com metade do corpo de Tiamat cria o céu, e com a outra metade, a terra. Ea, com o sangue de Kingu, cria a humanidade.

Cosmologia Egípcia

A evolução do Egito, de sua fase neolítica à civilizada, foi extremamente longa, estendendo-se da cultura inicial de Marimda Bani Salema, do sexto milênio a.C. até a primeira dinastia (por volta de 2955 a 2775 a.C.). Antes da unificação promovida por Menes, o Egito esteve, por um longo período, dividido entre dois reinos, do Norte e do Sul. A despeito da unificação, reunindo as duas coroas e as respectivas deusas tutelares, Nekbat, do Alto Egito, encarnada em um corvo, e Bute do Baixo Egito, encarnada em uma cobra, o Egito nunca logrou, no curso de sua milenar história, formar uma grande capital. Menfis, fundada por Menes, rivalizava com outros centros, como Herakleópolis, Tebas, Abidos, Heliópolis e Hermópolis, entre outros. Essa multiplicidade de centros urbanos teve, entre outras conseqüências, a de gerar três distintas cosmologias, a de Heliópolis – a primeira e a mais importante –, a de Hermópolis e a de Mênfis.

Segundo a cosmologia de Heliópolis, o universo se originou de um caótico elemento líquido primordial, Nun. Desse caos surgiu, por autocriação, Atum, o Sol. Uma rocha, a pedra Banben, foi considerada como a petrificação dos raios solares e concebida como o local da criação. De Atum surgem dois deuses, Shu, o seco, masculino, e Tefnut, o úmido, feminino. Da união deles nasceram a deusa Nut, o céu, e o deus Geb, a terra. Estes tiveram quatro filhos: Ísis, Osíris, Set e Néftis.

Ísis e Osíris, o rei fundador do Egito, se casaram. Mas Set, um deus negativo e violento, assassina Osíris. Ísis, com a ajuda de Anúbis, o deus-chacal, reconstitui o corpo decepado de Osíris, a quem os deuses concederam o reino dos mortos. De Ísis nasceu Hórus, deus-falcão, filho póstumo de Osíris. Quando adulto, Hórus luta com Set e o vence, recebendo dos deuses a coroa do Egito, que Set havia roubado.

A cosmologia de Hermópolis narra uma sucessão de gerações divinas. Primeiro surge os Ogdood, os oito deuses supremos. Seguem-se quatro pares de divindades, dois deuses e duas deusas: Nun e Naunet, o oceano primitivo, He e Henet, o espaço infinito, Keku e Keket, a treva, e Amon – o deus oculto – e Amaunet.

Segundo a cosmologia de Mênfis, Pta foi o deus da criação que fez os seres humanos a partir da argila. Foi sucedido por Re, dissipador das trevas e gerador da vida.

Os sacerdotes egípcios desenvolveram diversas linhas de divindades, tendo por deus supremo Amon, o oculto, originário de Tebas, Rá, o Sol, procedente de Heliópolis, e Pta, o criador, de Mênfis. Sob a influência da dinastia de Tebas, Amon foi associado a Rá, como Amon-Rá, considerado o deus supremo. A teologia tebana passou a admitir somente três deuses: Amon, Rá e Pta. No hino de Sur e Hor, gravado em um monólito da época de Amenófis III, consta a seguinte definição: "há só três deuses: Amon, Rá e Pta, que não têm similares. Amon é o seu nome, na medida em que se oculta, é Rá por seu rosto, e Pta por seu corpo".

Cosmologia Persa

A religião persa e sua visão do mundo foi elaborada por Zoroastro (versão grega do nome iraniano Zaratustra), que viveu entre 628 e 551 a.C. Precedentemente, os iranianos mantinham o politeísmo primitivo dos povos indo-europeus, baseado nas forças da natureza. Mitra era o sol, Mah, a lua, Zem, a terra, Atar, o fogo. Zoroastro instituiu uma concepção monoteísta do divino, concebendo um único deus, Ahura Mazda, o senhor da sabedoria, criador do céu, da terra e dos homens.

O livro sagrado da Pérsia, *Avesta*, contém textos, transmitidos oralmente por muitos séculos, levados à escrita em meados do primeiro milênio antes de nossa época. Admite-se que existe um *Avesta* antigo, cuja versão oral procede de milênios antes de Cristo, e um *Avesta* recente, datando do período Aquemênida (século VI-V a.C.). Estima-se que Zoroastro seja o autor da parte em versos do *Avesta* ("Gathas").

A visão da criação do homem por Ahura Mazda afirma que este, para assegurar o livre arbítrio humano, criou, concomitantemente, dois espíritos: Spenta Mainiu e Angra Mainiu, mais tarde identificados como Ormazd e Ahriman, que escolheram, livremente, praticar, respectivamente, o Bem e o Mal. Os homens têm, assim, a livre opção por um desses espíritos, enquanto o mundo existir. Uma conflagração universal destruirá, futuramente, o mundo, terminando com a vitória do Bem, cujos seguidores ressuscitarão para participar de uma nova criação. Até que chegue esse momento (que Zoroastro, aparentemente, não julgava muito distante), os espíritos dos mortos terão de atravessar a "ponte da recompensa", onde os bons são levados para o paraíso, até a destruição do mundo, e os maus, para o inferno. O zoroastrismo pregava uma ética elevada, baseada na justiça e na verdade.

Cosmologia Bíblica

Livro da Gênesis

A visão da origem do mundo, por parte do povo de Israel, se encontra no livro da Gênesis, na Bíblia. O núcleo da cultura israelita está contido nas três seções da Bíblia – *Torah, Sevi'in e Kutuvin*. Esse núcleo de crenças foi transmitido pela tradição oral e por antigos documentos a partir das revelações de Moisés, no século XII a.C.

A Torah, ou Pentateuco, contém cinco livros: Gênesis (*Bereshit*), Êxodo (*Shermor*), Levítico (*VayiKros*), Números (*Ba-Midbar*) e Deuteronômio (*Devariu*). Seu texto foi canonizado em 622 a.C., durante o reinado de Josias.

O livro da Gênesis descreve a criação do mundo, o Éden (o paraíso terrestre), o pecado de Eva e Adão, sua expulsão do paraíso e os eventos subseqüentes, até a morte de José, no Egito.

A narração da criação do mundo começa com a descrição de como ele era quando Deus resolveu criá-lo. Nos termos da Bíblia, "no começo da criação, quando Deus fez o céu e a terra, esta era vazia e sem formas, com as tênebras recobrindo o abismo e um poderoso vento que percorria a superfície das águas".[1]

A subseqüente descrição narra como o mundo foi criado em seis dias, por sucessivas etapas diárias. No primeiro dia, Deus criou a luz e a separou das trevas. No segundo dia, Ele separou as águas do céu, e com isso surgiu a tarde e a manhã. No terceiro dia, Deus separou a terra das águas, e conferiu fertilidade à terra, para que ela produzisse plantas e frutas. No quatro dia, Deus criou o sol, para iluminar o dia, e a lua e as estrelas, para iluminar a noite. No quinto dia, criou os peixes, os seres marinhos e as aves. No sexto dia, criou os animais terrestres e, à sua semelhança, o homem e a mulher, conferindo-lhes o domínio da natureza. No sétimo dia, tendo completado sua obra, descansou e dele fez um dia sagrado.

Cosmologia Hindu

Jean Varene, em *Cosmologies Védiques*, diferencia três tradições cosmogônicas, cada uma delas refletindo uma visão de casta: a dos sacerdotes, a dos guerreiros e a dos trabalhadores.

A tradição sacerdotal crê em um ser primordial, Prajapati, como o mestre das criaturas, como deus brâmane, que cria o mundo a partir de sua própria substância. O universo surge, assim, de um microrganismo, de um corpo primordial no qual são talhados e articulados em conjunto os diferentes componentes do mundo. Embora esvaziado por sua criação, Prajapati conserva em si seu poder de reconstituição. Pelo sacrifício que ele é, ele vai restaurar o mundo em sua plenitude e unidade.

O *Satapatha-Brahmana* representa a reconstituição do corpo de Prajapati como indissociável do universo; é o sentido do rito. O sacrifício se torna fundador do mundo. Essa fundação (*Pratistha*), porém, mais que uma reconstituição, é um desempenho.

---

1. Gênesis, capítulo 1, versículo 1, da *The New English Bible*. Oxford: The Bible Society, 1995 [1972].

A tradição dos guerreiros, a da segunda casta, dos *Kshatriya*, assegura o *dharma* por um combate contra o caos, o não-ser, o desorganizado, o monstruoso. Representa a vitória de Indra contra o dragão Urta. Indra reina sobre tudo o que se move e sobre o que permanece imóvel, sobre o pacífico e sobre o violento; ele que tem as armas na mão. É o soberano de todos os seres e os cerca com sua proteção.

A terceira tradição se baseia em *Visvakarman*, o artesão universal, representando a ideologia da terceira casta, a dos produtores. Ele olha para todos os lados, faz face a todas as partes; seus braços atuam por toda parte, por toda parte seus pés; trabalhando com seus dois braços, ajudando-se de suas asas, de seu sopro ele solda um ao outro o céu e a terra, assim os engendrando, ele, Deus único.

A longo prazo, os mitos cosmológicos são retomados no quadro de um pensamento cíclico e vinculados aos grandes deuses do hinduísmo, Brahma, Vishnu e Shiva. Assim, o primeiro capítulo das *Leis de Manu* atribui a criação ao deus Brahma, que desperta para a realizar e de novo adormece, antes de acordar de novo para criar um outro mundo.

As epopéias (*Purana*) deram a essa visão cíclica imensa popularidade. Um *Purana* deve começar contando a criação originária do universo (*sarga*), depois sua atual manifestação (*Pratisarga*) e as sucessivas idades da humanidade (*manvantra*). Daí a multiplicação de mitos cosmogônicos que diferem conforme o vishnuismo, em que domina a doutrina de *avatara*, ou o shivismo, que venera um deus ao mesmo tempo criador e destruidor.

Cosmologia Chinesa

A cosmovisão chinesa se caracteriza por sua concepção do universo como um organismo global, no qual se manifesta estreita interdependência entre os processos cósmicos e a condição dos homens na terra. Destarte, a observação dos astros, ademais de permitir conhecê-los, proporciona indicação a respeito da medida em que os homens – nesse caso, os chineses – estejam ou não sendo bem governados.[2]

---

2. Veja, a respeito, NEEDHAM, J; RONAN, C. *"Chinese Cosmology"*. In: HETHERINGTON, N. S. (ed.) *Cosmology*. Nova York: Garland, 1993, p. 25-35.

A mais antiga cosmologia chinesa é de Gai Tian, referida por Lu Shi Chun Giu em *Anais de Primavera e Verão de Mestre Lu*, do século III a.C. O céu é concebido como um domo, uma cobertura hemisférica sobre a terra. A distância entre a superfície da terra e a cúpula do domo era estimada em 86 mil li (aproximadamente 43 mil km). A constelação Ursa Maior era concebida como estando no centro do céu e a China, no centro da terra. Supunha-se que o céu estivesse submetido a uma rotação da direita para a esquerda.

Uma segunda importante cosmologia chinesa provém da escola de Hun Tian, considerando o céu como uma esfera celeste. Essa concepção já era mantida no século IV a.C. A mais antiga descrição dessa teoria foi dada pelo astrônomo e matemático Zhang Hang, no século I a.D. Concebia o céu como uma imensa esfera e a terra como uma pequena esfera, ambas em rotação.

Outra cosmologia chinesa provém da escola de Xuan Ye. Concebia o céu como de extensão infinita, no âmbito do qual flutuam os corpos celestes. Essa teoria, posterior às já mencionadas, está ligada a Pi Mang, ativo no século I a.D. Segundo essa concepção, os astros se movem livremente nesse amplo espaço.

11

COSMOLOGIAS CLÁSSICAS

Introdução

Neste capítulo serão brevemente estudadas as cosmologias correspondentes à cultura helênica, a partir de suas formulações iniciais na Jônia, desde o século VI a.C. até Aristóteles, no século IV a.C. Trata-se, de certo modo, do período mais rico na história do pensamento humano. A história pode validamente ser dividida em dois grandes períodos: antes e depois da Grécia. O pensamento helênico realizou a extraordinária façanha de submeter a totalidade do que existe a um entendimento racional. As mitologias do Oriente antigo e da própria Grécia mítica foram reexaminadas pelos jônios, a partir de Tales de Mileto (cerca de 624-546 a.C.), e, desde então, a visão do mundo e do homem foi comandada pela mais rigorosa racionalidade.

O que é surpreendente, na racionalidade helênica, é o fato de que, a partir de uma contemplação do mundo privada dos conceitos da ciência moderna e de instrumentos e meios de comprovação empírica, o gênio grego tenha descoberto, no fundamental, a estrutura do universo. São múltiplas as contribuições tanto dos pensadores denominados pré-socráticos como as dos procedentes da tríade Sócrates, Platão e Aristóteles. O que é extraordinário, nos primeiros, é fato de que, em termos gerais, eles revelaram os dois aspectos fundamentais da realidade cósmica: seu permanente devir, com Heráclito (cerca de 544-484 a.C.), e sua estrutura atômica, com Leucipo (meados do século V a.C.) e Demócrito (por volta de 460-370 a.C.).

Não importa que o processo do devir cósmico, com Whitehead ou Einstein, nesses dois casos, apresente aspectos insuspeitados por Heráclito. O essencial desse devir foi intuído por Heráclito e expresso em sua frase: "ninguém pode se banhar duas vezes no mesmo rio".

Ainda mais relevante que o sentido dialético de Heráclito é a visão atômica do mundo, que teve sua formulação mais acabada por Demócrito e completada por Epicuro. Uma vez mais, não importa que o entendimento contemporâneo do átomo se diferencie significativamente do de Demócrito, substituindo sua intuição de minipoliedros materiais, componentes, por suas múltiplas formas combinatórias, da totalidade do existente, por uma visão muito mais complexa, na qual o átomo é um sistema de partículas-forças subatômicas e estas, provavelmente, a manifestação de distintas modalidades vibratórias de supercordas.

Os atomistas gregos procuraram explicar como compatibilizar as características permanentes do ser, ressaltadas pelos eleatas, com a irrecusável mutabilidade das coisas. Encontraram a explicação propondo uma visão do mundo em que uma infinidade de minicorpos, invisíveis mas reais, dotados de uma variedade de características, por conta destas e pelas diversas modalidades de sua combinação, constituíam os entes da realidade e, por sua movimentação, explicavam as transformações ocorrentes no mundo.

A extraordinária meditação ontológica dos jônios foi sucedida, passando da sofística de Protágoras e Górgias à meditação antropológica de Sócrates. Depois do período jônico, Sócrates, "pai" da filosofia, passou a se interessar pelo homem, por sua conduta e pelos valores superiores que a regulam. Da extraordinária meditação socrática surgiram os dois momentos eternos do pensamento humano, com Platão e Aristóteles. Platão, o gênio metafísico da conduta humana, sistematizando o pensamento de Sócrates, enriquecido por sua própria meditação; e Aristóteles, formulando incrivelmente uma visão integrada do ser, abrangendo, a partir de sua lógica, um entendimento, que seria permanente, das regras do pensamento racional, até uma ontologia que esgota a compreensão da realidade vista a partir do senso comum.

A seguir, serão brevemente apresentados os principais aspectos dos pensadores pré-socráticos e as principais direções do pensamento de Sócrates, Platão e Aristóteles.

Jônios

Tales (primeira metade do século VI a.C.)

Foi contemporâneo de Solon, apoiou Croesus contra a Pérsia e possibilitou o cruzamento do rio Halys, desviando seu curso. Depois da derrota de Croesus, urgiu os jônios a se unirem contra a Pérsia. Viajou extensamente, inclusive pelo Egito. Lá, calculou a altura das pirâmides, medindo-as por sua sombra. Predisse o eclipse solar, que ocorreu em 28 de maio de 585 a.C. (calendário juliano). Inventou diversos instrumentos, inclusive um para determinar a distância de um navio no mar.

Formulou diversas proposições geométricas. Buscou ultrapassar as interpretações mitológicas do mundo, procurando determinar, racionalmente, seu elemento constitutivo básico. Segundo Aristóteles, Tales concluiu ser a água esse elemento básico de todas as coisas por razões biológicas, já que da água dependem todas as formas de vida. Entendia, por outro lado, que tudo está preenchido pela divindade. Sustentou que o mundo flutua na água como um pedaço de madeira.

A importância de Tales reside no fato de que compreendeu que a multiplicidade dos fenômenos constitui uma manifestação de um princípio básico.

Anaximandro (cerca de 610-545 a.C.)

Membro de distinta família, dirigiu uma colonização de Mileto sobre a Apolônia, no Mar Negro. Destacado astrônomo e geógrafo, deu continuidade às pesquisas de Tales. Seus escritos se perderam desde cedo. O que dele se conhece é proporcionado por Teofrasto e Aristóteles.

Sustentou que a origem de tudo o que existe é o *apeiron*, o ilimitado. Alguns autores vêem nessa crença uma influência do orfismo. O ilimitado foi por ele concebido como algo de infinito e também de indefinido. O ilimitado, como substância primordial, não teve origem e é indestrutível, dispondo de eterno movimento. Esse movimento produziu a separação das substâncias particulares, contidas no ilimitado. Primeiro se separa o quente do frio, e destes emergiu o úmido.

Daí surgiram a Terra, o ar e o círculo de fogo que circunda a Terra, como os aros de uma roda. Esses aros estão preenchidos por fogo e apresentam aberturas. Movidos pelo ar, giram em torno da Terra. O fogo que sai pelas aberturas, enquanto se processa o giro, é continuamente renovado por evaporação procedente da Terra e dá a aparência das estrelas que se observa no céu.

Anaximandro considerava a Terra um cilindro cujo diâmetro é três vezes maior que a altura. Esse corpo flutua livremente no meio do universo; e por estar eqüidistante de seus limites, é mantido em repouso.

Acreditava que a Terra era inicialmente fluída e foi secando gradualmente, permitindo a vida. Os homens se achavam originariamente inseridos em invólucros semelhantes a um peixe e viviam na água. Dela saíram quando evoluíram o suficiente para poder viver na terra. Segundo Teofrasto, Anaximandro concebia o mundo como sujeito a alternâncias de criação e destruição, ciclicamente. Presumia, ademais, a existência de vários outros universos, na infinidade do espaço.

Anaximandro foi o primeiro formulador de uma cosmogonia racional. A partir disso, Hecateus construiu um modelo mecânico do globo celeste e do Sol.

Anaxímenes (cerca de 595/84-528/24 a.C.)

Também de Mileto, foi referido como discípulo de Anaximandro. Restaram somente fragmentos de seus escritos, compostos em prosa jônica. Como os demais jônios, buscou, por trás da multiplicidade das coisas, seu ingrediente básico. Mais próximo a Tales, em lugar de um abstrato ilimitado, como com Anaximandro, declarou que o elemento primordial é o ar. Este também se expande ilimitadamente e está em contínuo movimento e mudança, sendo a causa da vida e do movimento dos seres vivos. Entendia que a alma humana, *pneuma*, é feita de ar. Assim como a alma assegura a unidade do homem, o ar configura o mundo.

Por meio de sua incessante movimentação, o ar experimenta mudanças de dois tipos: rarefação e condensação. Por rarefação, o ar se torna fogo e, por condensação, vento, nuvem, água, terra e pedra. A terra, de acordo com Anaxímenes, foi a primeira a ser criada, tendo forma achatada como um tampo de mesa e sendo sustentada pelo ar. Os vapores que dela emanam são rarefeitos e se convertem em fogo, parte do qual, comprimido pelo ar, gera as estrelas. Estas têm formato semelhante ao da terra e revolvem em torno dela, flutuando no ar.

Anaxímenes foi o primeiro a considerar que a luz da Lua decorre do Sol. Concebeu os eclipses solares como causados pela interceptação da luz dele pela Lua, no curso de suas respectivas rotações. Sua visão do mundo estipulava um processo cíclico de criação e destruição.

Pitágoras (cerca de 580-500 a.C.)

Emigrou de Samos e, depois de longa viagem, que o levou até o Egito, se estabeleceu em Crotona, onde fundou uma ordem religioso-filosófica, que chegou a dominar a cidade. Uma rebelião democrática o forçou a abandonar Crotona, se estabelecendo em Metapontum, na Lucânia. O que se sabe de Pitágoras provém dos pitagóricos tardios, dos neoplatônicos Porfírio e Iamblichus, e de fragmentos de trabalhos de Aristóteles sobre os pitagóricos. Dele também tratam Xenófanes, seu mais jovem contemporâneo, e Heráclito, bem como, cerca de um século e meio mais tarde, Heródoto.

As doutrinas de Pitágoras dizem respeito, por um lado, à teoria da metempsicose e, por outro, à dos números. A crença na metempsicose era doutrina básica para os pitagóricos, que mantinham sobre suas crenças o compromisso do segredo.

Mais interessante, para o pensamento filosófico posterior, é a doutrina dos números. Parece que a origem dessa doutrina foi a correlação, observada por Pitágoras, entre os sons emitidos pelas cordas da lira e a dimensão destas. Daí passou a considerar que os números, ademais de indicarem medidas e correlações, constituem a própria essência das coisas. A teoria platônica das idéias se inspira na doutrina pitagórica dos números. O universo, para os pitagóricos, era visto como um conjunto harmonioso composto de números. É importante, a esse respeito, a denominada tabela pitagórica, contendo a seqüência 1-2-3-4, cuja soma é 10. Os números da série de 1 a 10 têm uma significação universal: 1, representa a oposição entre o limite e o ilimitado; 2, a oposição par-ímpar; 3, unidade-pluralidade; 4, direito-esquerdo; 5, masculino-feminino; 6, repouso-movimento; 7, reto-curvo; 8, luz-escuridão; 9, bem-mal; 10, quadrado-retângulo.

Um dos problemas relacionados com as doutrinas de Pitágoras, que não escreveu nada e as formulou sempre oralmente, é se saber o que dele decorre e o que provém, bem posteriormente, dos pitagóricos tardios. Segundo alguns, o pitagorismo científico derivaria destes, considerando Pitágoras místico e vinculado à teoria da metempsicose, e, segundo outros, a contribuição matemática, inclusive o famoso teorema, se deve ao próprio Pitágoras.[1]

Eleatas

Xenófanes (cerca de 570-475 a.C.)

Rapsodo e poeta-filósofo, saiu de Cólofon depois da conquista persa e, após demoradas viagens, fixou-se em Eléia e fundou a Escola Eleática. Tinha uma visão unitária da realidade, o *todo um*. Este era, ao mesmo tempo, um deus único, espiritual, imóvel, onipotente e onisciente, e o próprio mundo. Portanto, foi Xenófanes quem deu origem ao panteísmo. Criticou severamente Hesíodo e Homero por sua concepção antropomórfica da divindade. Diferenciava o pensamento, apto a conhecer a verdade, dos dados da percepção sensível, mais incertos.

Julgava a terra ilimitada e as estrelas como nuvens de fogo que se apagavam de dia e se reativavam à noite. Observava também o arco-íris como fenômeno natural. Examinou diversos fósseis e por eles

---

1. Veja, a respeito, SAMBURSKY, S. *The Physical World of the Greeks*. Londres: Rontledge & Kegan Paul, 1987 [1956].

concluiu que o planeta sofreu profundas transformações, no curso do tempo, tendo estado, primitivamente, recoberto pela água, a partir da qual surgiu a vida.

Parmênides (cerca de 540-470 a.C.)

Membro de família nobre, que deu excelente constituição à sua cidade. Discípulo do pitagórico Ameinias, foi induzido por ele a trocar a vida política pela filosófica.

Tinha conhecimentos de astronomia, que o levaram a identificar o planeta Vênus como a estrela da manhã (Phosphorus) e a do poente (Hesperius). Sustentou a iluminação da Lua pelo Sol e o caráter esférico da Terra. Ligou-se posteriormente a Xenófanes e, como este, expôs sua doutrina em poesia.

Seu poema se inicia com uma visita em carruagem do poeta à Deusa, que lhe revela a efetiva verdade e as enganosas crenças dos homens. Contém duas partes: na primeira, se expõe a verdade e, na segunda, os enganos.

A base da reflexão de Parmênides é o contraste entre ser e não ser. Ser é a totalidade do real. Não ser é o espaço vazio. Somente o ser é, o não ser não é nem pode ser pensado.

Daí decorrem suas demais concepções. O ser não pode ter começo nem deixar de existir, porque não pode decorrer do não ser, nem a este se converter. O ser é indivisível, imóvel e imutável, é sempre o mesmo, nada pode dividi-lo. É comparável a uma esfera.

O pensamento não é diferente do ser, porque é somente pensamento do ser. A única verdadeira percepção é a que nos mostra, em todas as coisas, um imutável ser, ou seja, a razão. Os sentidos que nos apresentam a multiplicidade das coisas, como criação, destruição e mudança, se referem ao não ser e são causa de todos os erros.

Na segunda parte do poema, Parmênides mostra como a multiplicidade de entes e os processos de mudança são aparências enganosas, produzidas pelos sentidos, que ocultam a imutável unidade do ser.

O texto de Parmênides não permite, entretanto, saber se ele reconhecia a realidade física das diversas coisas mas apenas sustentava que, por trás delas, havia a unidade imutável do ser, ou se as coisas das aparências, proporcionadas pelos sentidos, constituem uma ilusão, que pode ser desfeita pelo pensamento racional.

Zenon (cerca de 495-430 a.C.)

Discípulo de Parmênides, tornou-se famoso por seus paradoxos, destinados a sustentar a unicidade do ser e a enganosa multiplicidade das coisas e de sua movimentação. Os paradoxos de Zenon se baseiam na infinita divisibilidade do espacial.

Suas objeções à multiplicidade se fundavam na alegação de que se o que existe fosse múltiplo, teria de ser infinitamente pequeno e infinitamente grande. Pequeno, porque as unidades de que fosse composto teriam de ser indivisíveis e, portanto, infinitamente pequenas. Grande, porque cada uma de suas partes deveria conter outras partes e estas outras mais, assim indefinidamente.

Particularmente interessantes são as objeções de Zenon ao movimento. Um corpo, para percorrer certa distância, terá primeiro de percorrer a metade desta. Mas, para tanto, terá de percorrer a metade da metade. Como a divisibilidade do espaço é infinita, esse corpo jamais poderá chegar ao fim. Desse argumento Zenon extraiu sua famosa tese de que Aquiles jamais conseguiria alcançar uma tartaruga que se movimentasse antes dele. Isso porque, ao alcançar o ponto do qual a tartaruga partiu, esta já teria avançado algo mais. Para alcançar esse novo ponto, novamente o deslocamento da tartaruga a teria deslocado para outro ponto mais adiante, e assim sucessivamente. A distância entre Aquiles e a tartaruga iria diminuindo, mas nunca desapareceria.[2]

---

2. Veja, a respeito, WINDELBAND, W. *A History of Philosophy*. Nova York: Macmillan, 1901 [1893].

Dialética

Heráclito (cerca de 544-484 a.C.)

Éfeso, depois da destruição de Mileto pelos persas, se tornou a mais importante cidade da Ásia Menor, famosa por seu templo de Artemisa, uma das sete maravilhas do mundo.

Heráclito pertencia à mais nobre família de Éfeso, e detinha hereditariamente o posto real de sacerdote sacrificador de Demeter Eulisiana. Hostil à tirania e à democracia, Heráclito se refugiou, por certo tempo, no templo de Artemisa. A ele se atribui o trabalho *Sobre a Natureza*, também denominado *As Musas*. Diógenes Laércio dividiu esse estudo em três partes, tratando, respectivamente do universo, da política e da teologia.

A dificuldade de compreender as idéias de Heráclito decorre, em parte, de fato de que só dispomos de fragmentos de sua obra e, por outro lado, de seu estilo extremamente sintético, que lhe valeu o título de "o obscuro". Por Diógenes Laércio e outras fontes pode-se considerar que o essencial, no pensamento de Heráclito, era a concepção do mundo como um incessante fluxo de contrários: Frio-quente, escuro-claro, guerra-paz, por exemplo. Daí seu famoso dito: "ninguém pode se banhar duas vezes no mesmo rio".

Opondo-se, a Parmênides e aos eleatas, Heráclito desenvolveu uma concepção dialético-binária (distintamente da trinária de Hegel) da realidade, vendo no fogo seu elemento constitutivo básico. O fogo, ao se condensar, umidifica-se e produz água; quando se cristaliza, torna-se terra.

Concebia a abóbada celeste como contendo cavidades nas quais se aglomeram exalações da terra, que formam a chama dos astros. A chama do Sol é mais brilhante e quente porque as demais estrelas estão muito mais afastadas. A Lua fica próxima da Terra, mas não se move no espaço. Há eclipse solar e lunar quando as cavidades se viram para o alto. São diferentes exalações da Terra que produzem a chuva, o vento e outros fenômenos. Quando a exalação luminosa pega fogo no círculo do Sol, produz-se o dia. Quando vem a exalação contrária, produz-se a noite.[3]

---

3. DUMONT, J-P. (coord.) *Les Présocratiques.* Paris: Gallimard, 1988, p. 129.

Atomistas

Leucipo (meados do século V a.C.)

Inicialmente discípulo da Escola Eleática e aluno de Zenon, foi o fundador da Escola Atômica. A ele são atribuídas diversas obras, das quais só restam fragmentos de O *Grande Sistema do Mundo* e *Sobre a Mente*. A partir do princípio da conservação da matéria (tudo provém de algo e nenhuma coisa pode se tornar nada) e do divisionismo matemático de Zenon, Leucipo concluiu que há necessidade da existência de uma unidade mínima indivisível. Segundo ele, os átomos estão em constante movimentação, dentro do imenso vazio universal.

Leucipo partia da concepção de um universo ilimitado, cheio e vazio. Os elementos básicos formam um número ilimitado de mundos, que terminam se dissolvendo. A geração dos mundos resulta do seguinte processo: em uma determinada parte do universo, múltiplos corpos de diversas formas são transportados do ilimitado para o grande vazio. Desse encontro se produz um turbilhão no qual esses corpos, se chocando e girando em todos os sentidos, separam-se em formações distintas, e os corpos semelhantes se juntam. Os corpos leves se deslocam para o vazio exterior e os outros se reúnem, se entrelaçam e assumem um curso comum para produzir um primeiro sistema esférico. Este, como uma membrana, envolve grande diversidade de corpos, os quais, em virtude da resistência do centro, são compelidos a turbilhonar na periferia. A Terra se forma pela reunião de corpos levados para o centro. Por outro lado, faz a função de envelope, aumenta em função da afluência externa de corpos adicionais. Alguns desses corpos, ao se reunirem, formam um sistema inicialmente úmido, o qual, depois de secar, termina por se incendiar e forma as estrelas. O intervalo é ocupado, mais perto da Terra, pela Lua e, mais distante, pelo Sol.

Todas as estrelas são incendiadas por causa de sua velocidade. O Sol é queimado pelas estrelas e a Lua recebe pouco fogo.[4]

---

4. DUMONT, J-P. *Les Présocrationes*. Paris: Gallimard, 1988, p. 729.

Demócrito (cerca de 460-370 a.C.)

Discípulo de Leucipo, é autor de obra amplíssima, abrangendo todas as áreas do conhecimento de seu tempo, dela tendo restado poucos fragmentos.

Diógenes Laércio, filósofo ativo em fins do século II a.D., provavelmente originário de Laerte, na Sicília, do qual muito pouco se conhece, deixou o mais importante registro do pensamento antigo em sua obra *Vida dos Filósofos mais Ilustres*,[5] descrevendo a vida e as idéias de 80 filósofos. Segundo ele, a imensa obra de Demócrito compreendia oito tratados de Ética e dezesseis estudos de Física, além de numerosos textos sobre grande diversidade de temas. De seus livros sobre Física se destacam *O Grande Sistema do Mundo* (que alguns atribuem a Leucipo) e o *Pequeno Sistema do Mundo*, contendo o essencial de sua cosmologia.

A concepção física de Demócrito parte de três premissas básicas: (1) a realidade consiste em um infinito vazio, no qual existe uma infinidade de corpos; (2) nada pode ser criado do nada, nem destruído e convertido em nada; (3) tudo o que existe resulta de múltiplas formas de agregação de corpos elementares, extremamente pequenos, indivisíveis e invisíveis, que são os átomos. Estes, em número infinito, dotados de contínuo movimento rotativo, têm a mesma substância, mas apresentam formatos, volumes e pesos diferentes. As diferenças observáveis nas coisas decorrem de distintas formas de agregação de átomos e das diferentes formas deles. Essa a razão que diferencia o ar do fogo, este da água, esta dos sólidos e, finalmente, todos esses corpos da alma ou da mente, composta por átomos extremamente finos.

Demócrito sustentava a infinitude do cosmos, tanto no espaço como no tempo. A eternidade do universo decorria, para Demócrito, do fato de não poder haver criação a partir do nada; portanto, se algo existe, algo sempre existiu. Da mesma forma, se algo existe algo sempre existirá, porque o ser não pode se converter em nada.

---

5. LAÉRCIO, D. *Vida de los Filósofos más Ilustres*. Tradução do grego por José Ortiz y Sanz. Buenos Aires: El Ateneneo, 1947.

Para Leucipo e Demócrito, o número de distintas formas dos átomos era infinito. Mais tarde, porém, Epicuro, sistematizando a teoria atômica, defendeu o princípio de que é limitado o número de possíveis formatos dos átomos. Afirmou também que os corpos são compostos por agregados de átomos, tendo assim a intuição da molécula. As diferentes dimensões apresentadas pelos átomos – embora todos na escala do invisível – resultavam, para Demócrito, em diferenças de peso, ou seja, átomos mais volumosos sendo mais pesados.

Para ele, são os impactos dos átomos entre si que geram todas as modalidades de efeitos no mundo. Para explicar efeitos produzidos a distância, como o magnetismo ou a percepção da luz, afirmava que se tratavam de comunicações por eflúvios, ou seja, pela emissão de átomos magnéticos ou luminosos.

Demócrito distinguia, nas qualidades apresentadas pelas coisas, as qualidades primárias das secundárias. Segundo ele, as primárias pertenciam a elas mesmas, como peso, densidade, consistência. As secundárias, como doçura ou amargura, calor ou frio, e coloração, decorrem da impressão que nos causam.

Demócrito admitia a existência de inúmeros universos. Considerando o espaço vazio e o número de átomos existentes infinitos, concluía que existiam inúmeros mundos, um dos quais sendo o nosso. Demócrito supunha que a Terra é um disco, flutuando no ar, com uma concavidade no centro e que as estrelas giram em torno dela. Segundo ele, o Sol e a Lua só entraram em nosso sistema depois de sua formação.

Demócrito dedicou particular atenção ao fenômeno da vida e ao estudo do homem. Adotou uma concepção evolucionista, em que formas primitivas de vida, procedentes da lama, foram gerando formas superiores, culminando no homem. Com relação a este, defendeu uma doutrina de evolucionismo cultural, pelo qual o homem primitivo foi se diferenciando do nível animal até alcançar o nível civilizado. Pela necessidade, foi desenvolvendo os instrumentos necessários para sua sobrevivência, como o fogo ou a linguagem.

Conforme já mencionado, a alma humana, para Demócrito, era constituída por átomos extremamente finos, semelhantes ao fogo, que se distribuem por todo o corpo. A respiração produz um intercâmbio atômico com o ar, no qual existem átomos de alma. Esta, assim, perde e recupera esses átomos no processo respiratório. As diferentes atividades e características da alma se relacionam com as posições ocupadas por ela no corpo. Com a morte, dispersam-se os átomos da alma. As percepções a distância, como a visão, decorrem de eflúvios atômicos, transmitidos pelo ar. O pensamento também é resultado de intercâmbios atômicos na alma.

A ética de Demócrito se baseia no princípio da eudemonia. Isto é, o que importa é atingir, pelo exercício da vontade racional, um estado de autocontentamento que se distingue do simples prazer, embora seu moderado desfrute não esteja excluído, devendo ser evitada toda a conduta de que nos envergonhemos. O estado de autocontentamento se caracteriza pela paz da alma, pela ausência de receio, ansiedade e superstições, levando ao perfeito equilíbrio.

Anaxágoras (cerca de 500-428 a.C.)

Por volta de 480 a.C., Anaxágoras se transferiu para Atenas, dando início ao pensamento filosófico naquela cidade. Tornou-se amigo de Péricles, que o protegeu quando se intentou contra ele um processo de sacrilégio, por negar a divindade do Sol e declarar que este é um sólido incandescente. Teve, assim mesmo, de fugir de Atenas, refugiando-se em Lâmpsaco.

A cosmologia de Anaxágoras se diferencia de seus precedentes jônios por dois principais aspectos. Por um lado, nega que a imensa variedade de coisas existentes pudesse provir de um só elemento, como água ou ar, ou apenas dos quatro elementos (ar, água, terra e fogo) de Empédocles. Os elementos primordiais, *sêmens*, são tão numerosos como os tipos de substância que gerariam. Por outro lado, na origem do cosmos, Anaxágoras considera o *nous*, a mente, uma inteligência incorpórea, que organiza o universo a partir dos *sêmens* preexistentes.

As idéias de Anaxágoras influenciaram Aristóteles. Anaxágoras, ao que tudo indica, não chegou a tomar conhecimento do atomismo de Demócrito, cerca de vinte anos mais jovem que ele.

Sofistas

Os sofistas gregos empreenderam um movimento intelectual e político que caracterizou o trânsito do pensamento helênico, predominantemente cosmogônico, para cogitações sobretudo voltadas para o homem, quer no que diz respeito ao entendimento deste, quer ainda mais pronunciadamente, no que se refere à atuação do homem na política. Tal movimento conduziu, com Sócrates, a um pensamento orientado para a busca dos valores transcendentais: o bem, a verdade, a beleza e a justiça. Protágoras, de Abdera (cerca de 481-411 a.C.), contemporâneo de Sócrates (470-399 a.C.), foi o mais importante e o mais respeitável representante desse grupo.

Importa, ao se abordar a questão dos sofistas, destacar o fato de que essa designação não era entendida no sentido atual, que implica na artificiosa distorção da verdade, mas sim no sentido literal decorrente da palavra *sófia*, que significa saber. É certo que o relativismo dos sofistas, levado às últimas conseqüências por alguns, como Górgias (483-375 a.C.), e associado ao sentido pragmático com que buscavam ensinar as técnicas de persuasão, independentemente da veracidade, conduziu ao sentido pejorativo que o termo adquiriu.

Observe-se, por outro lado, que os sofistas, diferentemente dos présocráticos, não eram movidos por preocupações cosmológicas. Em vez do cosmos, os sofistas procuravam situar o homem na sociedade e na pólis.

A compreensão do movimento sofista requer que se considere as importantes transformações ocorridas na sociedade e na cultura helênicas em conseqüência das guerras médicas, no período entre 494 e 478 a.C., e a concomitante consolidação das cidades gregas, bem como os efeitos da democracia ateniense, até sua final derrota, em 404 a.C. Nesse clima sociocultural as tradições originárias ficaram extremamente erodidas. No lugar delas formou-se uma crescente demanda de respostas racionais a todas as questões que se apresentavam na sociedade helênica. Por outro lado, a multiplicidade de formas de pensamento incitou dúvidas sobre como chegar à verdade, gerando um crescente relativismo.

Os sofistas eram professores itinerantes que, de cidade em cidade, ou na ocasião dos grandes festivais pan-helênicos, buscavam recrutar alunos para seus cursos, pelos quais cobravam elevados honorários. Esses cursos tornaram-se muito populares e atraíam sobretudo uma juventude interessada em novas idéias e aqueles que aspiravam a uma carreira política. Os dois principais sofistas, Protágoras e Górgias, representam, respectivamente, os aspectos mais positivos e mais negativos do movimento.

Protágoras era um sofista filósofo, respeitado por Sócrates e por Platão, cujo relativismo gnoseológico consistia em um perspectivismo que relativizava o conhecimento em função das circunstâncias socioculturais e humanas. Daí seu mais famoso dito: "o homem é a medida de todas as coisas, das que são, enquanto são, das que não são, enquanto não são". O relativismo de Protágoras não o conduziu, todavia, à denegação dos valores transcendentais, mas apenas a situá-los em suas respectivas circunstâncias, levando à denegação de valores absolutos e incondicionados. Afirmou, também, que a civilização depende de que cada sociedade forme uma adequada idéia da justiça e uma própria ética.

Dentre as numerosas obras atribuídas a Protágoras, de que se preservam fragmentos, se destacam *Sobre os Deuses* (que lhe valeu a acusação de impiedade em Atenas), *Sobre o Estado Originário das Coisas*, contendo sua concepção de natureza, e *Sobre Qualidades Pessoais*, em que desenvolveu suas idéias a respeito da educação.

Distintamente de Protágoras, Górgias, de Leontini, chegou a Atenas em 427 a.C. como embaixador de sua cidade, visando obter apoio contra Siracusa. Górgias se tornou famoso por sua excepcional retórica e extraordinária capacidade de persuasão, o que lhe garantiu grande audiência e numerosos discípulos. Diferentemente do relativismo perspectivístico de Protágoras, o de Górgias era absoluto. A respeito do conhecimento, escreveu *Sobre o Não Ser - ou da Natureza*. Suas teses centrais afirmavam que: (1) nada existe; (2) se algo existisse, não poderia ser conhecido; (3) se algo viesse a ser conhecido, não poderia ser comunicado. Com base nesse relativismo absoluto, Górgias se propunha a adestrar seus discípulos na capacidade de sustentar, convincentemente, todas as teses que lhes interessassem. Assim, fez da política uma arte de manipulação do povo, em proveito dos interesses do político persuasivo. Essas idéias influenciaram Crítias e serviram para justificar a

O POSTO DO HOMEM NO COSMOS

Tirania dos Trinta, que assumiram o poder depois da derrota de Atenas em 404 a.C.

Sócrates

Introdução

É difícil conhecer o Sócrates histórico. Dispomos apenas de duas importantes fontes: Platão, Xenofontes, e, como crítica, *As Nuvens*, de Aristófanes. Deve-se distinguir a fase inicial de Sócrates – tinha cerca de 47 anos quando Aristófanes o caracterizou em *As Nuvens* – de Sócrates mais idoso, tratado por Platão e Xenofontes. Platão era cerca de 43 anos mais jovem que Sócrates, e Xenofontes ainda mais.

A vida jovem de Sócrates (469-399 a.C.)

Atenas não registrava oficialmente nascimentos. Sócrates, filho de Sophroniscus (pedreiro ou escultor) e Phaenarete (parteira), era da tribo Antiochid, do dome de Alopece. Pela data de sua condenação – o ano de Leones, de 399 a.C. –, tendo Platão declarado que tinha então 70 anos ou mais, pode supor-se que nasceu em 470 a.C., ou seja, somente nove anos depois da derrota decisiva dos persas em Platéa. Assim, quando Sócrates nasceu Péricles ainda era jovem e Sófocles e Eurípides eram crianças. Aeschylus provavelmente já tinha produzido seu grande drama patriótico, *Os Persas*, por volta dois anos antes, por incumbência de Péricles.

Quando criança, Sócrates deve ter assistido à representação de *Agamêmnon* e a cada uma das grandes tragédias de Sófocles e Eurípides. Todas as grandes obras de arte e construções da idade de Péricles – a Longa Muralha, o Parternon, as estátuas de Phidias e pinturas de Polygnotus – foram iniciadas ou completadas sob seus olhos.

A confederação de Delos, base do império marítimo de Atenas, foi formada menos de 10 anos antes de seu nascimento. E ele já devia estar suficientemente crescido para se dar conta do que estava acontecendo em torno dele, quando implantadas as fundações da democracia de

Péricles, com o ostracismo de seu rival Cimon, filho de Miltiades (461 a.C.) e a instituição de pagamento público para as cortes democráticas de Atenas. Sócrates já era um jovem de 24 a 25 anos quando se concluiu a "paz de trinta anos" entre Atenas e Esparta. Tinha perto de 40 anos quando se desencadeou a longa guerra que terminou com a destruição da grandeza ateniense.

Sabemos pouco a respeito dos pais de Sócrates. Em *Laches*, Platão nos diz que Sophroniscus (pai de Sócrates) mantinha estreitos laços de amizade com a família de Aristides, o justo. Em *Crito* está implícito que Sócrates recebeu uma boa educação elementar em ginástica e música. Pela tradição alexandrina, sabemos que Sophroniscus era um artesão, escultor de estátuas, a quem se atribui um grupo de Graças da Acrópoles, embora essa atribuição seja controvertida.

Por implicações de Platão pode-se presumir que Sócrates nunca praticou nenhum tipo de artesanato e sempre dispôs de lazer para se ocupar daquilo que o agradasse. Sócrates se tornou extremamente pobre na sua idade avançada, mas não na juventude. Segundo Platão, essa pobreza se devia à exclusiva dedicação dada por Sócrates à sua "missão". Prova de sua condição remediada, como jovem, só o fato de ainda estar servindo como hoplita em 424 a.C. Segundo Demetrius de Phalerum, Sócrates teria herdado, além de sua residência, um modesto capital de setenta minas, aplicado por seu amigo Crito.

Desde sua juventude, Sócrates deve ter sido uma pessoa singular, tanto física como mentalmente. Tanto Platão como Xenofontes reconheciam sua robustez física, o que em parte explica seu excelente desempenho como guerreiro. Seu vigor também pode ser aferido pelo fato de que ao falecer, com 70 anos, deixou dois filhos pequenos, um ainda bebê. Era reconhecido por sua excepcional sobriedade, tanto em beber como em comer, mas também, em ocasiões apropriadas, por sua capacidade de beber muito sem a menor alteração.

Quando adulto, usava a mesma roupa tanto no inverno como no verão e sempre estava descalço. Estava muito longe, entretanto, de ter bela aparência. Andava de forma curiosa. Tinha narinas dilatadas e uma maneira distinta de rolar os olhos. Alcibíades, no *Symposium* de Platão, o comparou a um sátiro ou a um sileno. Sócrates era também uma pessoa peculiar. Sua maior singularidade era a misteriosa "voz" ou "sinal sobrenatural" que lhe ocorria desde a infância. Platão não considera esses "sinais" como algo importante. Por outro lado, Xenofontes os considera como um oráculo privado. Das indicações de que se dispõe, pode-se inferir que esses "sinais" não tinham sentido ético, mas eram como um aviso de boa ou má sorte. Esses sinais, de qualquer modo, indicam que Sócrates tinha um temperamento de visionário, embora o mantivesse sob controle racional e submetido a seu senso de ironia.

Sua posição, nos diálogos reproduzidos por Platão, é sempre a de se declarar ignorante e questionar seus interlocutores sobre o que pensam a respeito de um tema em discussão. Para alguns, essa posição traduz uma postura disfarçada de superioridade intelectual. Platão, todavia, considera sincera a posição de Sócrates e a convicção, por sua parte, de que é na sucessão de questionamentos que se pode alcançar a verdade.

De acordo com A. E. Taylor, Sócrates partilhava, com místicos de todos os tempos, uma certa analogia entre amizade e amor sexual. Assim ocorre em seu relacionamento com Alcibíades, 15 a 20 anos mais jovem que ele. Não há dúvida, entretanto, quanto ao caráter não-homossexual de seu relacionamento com Alcibíades. Quando, mais tarde, Sócrates foi acusado de "perverter a juventude", ter-se-ia seguramente mencionado a questão homossexual se esta tivesse o menor cabimento. Diversamente, a perversão de que Sócrates foi acusado era educacional e teria conduzido Alcibíades e Crítias a atuarem contra a democracia ateniense. Sócrates, ao que tudo indica, foi educado, na infância e juventude, sob a influência da religião órfica. Mas, quando adulto, criticou o que no orfismo havia de "absolvições" e "indulgências" vulgares.

O espírito da Atenas de Péricles impregnou Sócrates com sua contínua preocupação em respeitar e cumprir a lei, o que o levou, mais tarde, a aceitar sua condenação e sua execução, em um processo no qual seus acusadores não desejavam esse resultado. A grandeza da Atenas de Péricles fez dela a capital intelectual da Grécia, o que nos leva a falar da escola de Atenas, embora, na verdade, a filosofia e a ciência se originaram fora de Atenas e somente dois atenienses, Sócrates e Platão, alcançaram eminência.

Os jônios se preocuparam com cosmologia e medicina. Os pitagóricos, com matemática. Na época em que Sócrates entrava em seus 20 anos, as teorias de leste e de oeste sobre o universo estavam apresentando certa oposição. O leste propugnava pela existência de algo que constituía a base de tudo, inclusive da mente. Esse algo era predominantemente entendido como sendo o ar, tornando-se vapor, sujeito à concentração e à rarefação. A alma humana é um ar, parte do ar circundante. A terra, ar condensado. Distintamente, a visão ocidental (sul da Itália), era dualista ou pluralista. Empédocles sustentava que a realidade se compõe de quatro elementos: fogo, ar, água e terra. Os pitagóricos concebiam a realidade como composta por números e entendiam que a terra era esférica, não flutuando em algum líquido, mas se movendo livremente no centro do sistema estelar.

As controvérsias cosmológicas levaram Sócrates, no *Fédon* de Platão, a considerar que nada é certo. Parmênides e os eleatas insistiam que a realidade é singular, uniforme, um imutável absoluto. A natureza, com sua mutabilidade, é uma ilusão. Tais contradições levaram o pensamento helênico a se afastar da cosmologia e se ocupar do homem. Nas novas condições da Grécia e de Atenas manifestou-se uma crescente demanda de um entendimento das questões relacionadas à política, à legislação e à conduta pessoal. Nesse ambiente surgiram os sofistas – educadores pagos –, movendo-se de uma cidade para outra, ensinando *areté*, isto é, como conduzir os próprios negócios e os da cidade. Atenas tornou-se o centro natural desses sofistas.

Sabemos, por Xenofontes, que Sócrates tinha pleno conhecimento das teorias cosmológicas dos jônios, de Empédocles, da matemática dos pitagóricos, da teoria da mente de Anaxágoras e das idéias dos sofistas. Platão, no *Fédon*, descreve Sócrates entusiasmado na busca do entendimento da natureza e dos processos de mudança. Segundo Theophrastus, Sócrates fez parte da escola de Archelaus, ateniense sucessor de Anaxágoras. Depois de Archelaus, Sócrates presidiu a escola. Nela, entretanto, não se cobrava nada pelos cursos.

Aristófanes, em *As Nuvens*, apresenta Sócrates como chefe de uma escola – uma fábrica de idéias – dotada de equipamentos físicos para estudos cosmológicos, geográficos e geológicos. Os "alunos" são representados como ascetas ou como estudiosos das ciências naturais. A escola funcionava na casa de Sócrates. Essa escola professava uma doutrina cosmológica que se reconhece como sendo de Diógenes de Apolônia, segundo a qual tudo consiste em ar. Sócrates se recusava a cobrar honorários de seus discípulos porque entendia que eles constituíam uma sociedade de amigos dedicados à busca do bem.

Era grande a fama de Sócrates como gênio intelectual nessa primeira fase de sua vida: estendia-se pela Grécia, muito além de Atenas, inclusive em cidades inimigas desta na Guerra do Peloponeso. Desse período data o encontro de Sócrates com Protágoras e com Pródico. Sócrates os admirava, mesmo com reservas irônicas a respeito da pretensão de onisciência deles.

Platão narra em *Apologia* que, segundo o Oráculo de Delphos, "nenhum homem vivo é mais sábio que Sócrates". Essa declaração foi obtida em resposta à questão feita por Chaerephon: "existe alguém vivo mais sábio que Sócrates?" Essa questão foi apresentada quando Sócrates ainda não tinha completado 40 anos, antes do desencadeamento da Guerra do Peloponeso.

Essa declaração do oráculo exerceu a mais profunda influência na vida de Sócrates. Ao receber a notícia, ele concluiu que Apolo estava mentindo e que, obviamente, outros homens eram mais sábios que ele. Dispôs-se, assim, a consultar vários tipos de pessoas. Inicialmente, homens públicos, depois, poetas, e, por fim, artesãos e comerciantes. A partir disso, Sócrates ingressou, na metade de sua vida ativa, em um período de crise, buscando achar um sentido na declaração do oráculo. É nesse período que ele se encontrou com Crítias, cuja amizade seria fatal, por ocasião de seu julgamento. É nesse período que Sócrates se dá conta de que ninguém detinha um verdadeiro saber. O oráculo deu aquela resposta porque Sócrates, pelo menos, se dava conta justamente de não ter esse saber. Daí surge a vocação de Sócrates, na segunda fase de sua vida.

Julgamento e Morte de Sócrates

De acordo com A. E. Taylor, temos de reconhecer que, por volta de 40 anos de idade, Sócrates era um dos mais destacados intelectuais de

Atenas, em uma época de grande "fermentação" intelectual e moral. Distinguia-se, nos círculos especialmente interessados nas coisas do espírito, por uma profunda preocupação com a ordem moral e uma fé religiosa, incomum na sua sociedade, em um deus e em uma alma imortal. Caracterizava-se, também, por uma visão original da natureza dos problemas filosóficos e dos métodos pelos quais deviam ser abordados. O grande público o considerava um divertido excêntrico, uma combinação de pedante, fabricante de paradoxos, livre pensador e necromante, que são as características que Aristófanes lhe atribuiu em *As Nuvens*.

A segunda fase da vida de Sócrates, entre seus 40 e 70 anos, quando foi executado, transcorreu em um período extremamente agitado e dramático de Atenas. Ele tinha 48 anos quando terminou a Guerra Arquidimiana (431-421 a.C.). Tinha 65 na derrota total de Atenas; sua rendição foi em 404 a.C. Nos anos seguintes, Sócrates enfrentou corajosamente a ditadura dos Trintas Tiranos para, finalmente, ser exposto às acusações de Mélito, agindo por conta de Nito, com o apoio de Lycon, que levariam à sua condenação.

A vida de Sócrates, nessa sua segunda fase, se diferencia marcadamente da primeira. De "intelectual orgânico", passa a ser o apóstolo de uma missão. As pesquisas a que Sócrates se dedicou, depois de o Oráculo de Delfos o ter qualificado como o mais sábio dos homens vivos, buscando encontrar homens mais sábios que ele, o levaram à convicção de que ninguém conhecia, efetivamente, em que consistia a essência do bem. Sócrates pelo menos se inteirava de sua ignorância. Por outro lado, ele foi conduzido, nesse processo, a crer na existência de uma alma imortal no homem e a ter convicção de que o essencial, acima de qualquer outra coisa, era cuidar da alma e conduzi-la, pelo conhecimento do bem, à prática deste. O Sócrates de Platão é o incansável interlocutor de toda o tipo de pessoas, buscando, a partir de um questionamento sistemático, clarificar os conceitos e, por esse meio, chegar a conclusões incontestáveis e verdadeiras.

O julgamento de Sócrates só é compreensível no clima político e psicológico gerado pela Tirania dos Trinta e pelo afã de garantir a continuidade da democracia, depois que Trasíbulo derrubou os ditadores, em

403 a.C. Nito, um democrata bem-intencionado e profundamente preo-cupado com os potenciais efeitos negativos das críticas dirigidas por Sócrates ao regime democrático, notadamente no que se referia à atribui-ção de cargos públicos por sorteio, em vez de por critérios de competên-cia, via um exemplo desses efeitos deletérios na conduta traidora e antidemocrática de amigos e discípulos de Sócrates, como Alcibíades e Crítias. Daí a acusação de que Sócrates, ademais de desrespeitar os deuses da cidade, pervertia a juventude.

O julgamento de Sócrates, sua atitude diante dos juízes e os eventos subseqüentes têm sido objeto de ampla discussão. Prevalece a impressão de que os acusadores e o jurado não aspiravam à efetiva execução de Sócrates e sim, provavelmente, ao seu banimento, embora Mélito tenha, formalmente, proposto a pena de morte. Tudo indica, por outro lado, que os acusadores esperavam, mesmo depois da condenação, que Sócrates se livrasse dela e escapasse de Atenas, pois dispunha das facilidades necessárias para isso.

Sócrates, todavia, ante as acusações que lhe foram dirigidas, em vez de optar por uma defesa que as invalidasse – o que estaria perfeitamente a seu alcance – optou por uma atitude de desafio, afirmando que ele, Sócrates, em vez de acusações, merecia um prêmio por sustentar os verdadeiros interesses do Estado, que se confundem com o conhecimen-to do Bem e com sua prática. Nas circunstâncias em que se viu envolvido por seu julgamento, Sócrates deliberadamente optou por sua morte.

Será que essa opção decorreu da consideração de que, aos 70 anos de idade, em vez de prolongar por alguns anos mais sua vida, ao preço de vir a sofrer os futuros achaques de sua decrepitude, seria preferível uma morte súbita, na gloriosa defesa de seus ideais? Não dispomos, aqui, de conhecimento suficiente do caso Sócrates para dar uma resposta conclusiva. Cremos que essas considerações não poderiam deixar de ter sido levadas em conta por um homem tão lúcido como Sócrates. Acreditamos também, entretanto, que elas não foram determinantes. Dois princípios foram decisivos para Sócrates, como consta dos escritos de Platão: o da fidelidade a suas convicções, altivamente reafirmadas perante os jurados, e o do acatamento das leis do Estado, que o levaram a recusar as facilidades de fuga que, depois de sua condenação, lhe foram oferecidas.

O Pensamento de Sócrates

Aspecto central do pensamento de Sócrates, como afirma J. Burnet,[6] é o fato de ele haver criado o conceito de *alma*, que desde então passou a dominar o pensamento europeu, vista como a sede da inteligência em estado de vigília e do caráter moral. Como resultado, a mais importante ocupação do homem na vida é fazer o melhor possível da alma e o melhor para ela.

Essa concepção da alma como sede da inteligência e do caráter tornou-se corrente na literatura da geração imediatamente subseqüente à morte de Sócrates, na qual se destacam Isócrates, Platão e Xenofontes, o que mostra que não foi descoberta de nenhum deles. Essa visão é completamente ausente na literatura anterior. É certo que desde Homero são freqüentes, na literatura, menções a algo que se denomina *psyche*. Esta, todavia, não se entendia como centro da inteligência e do caráter. *Psyche* em Homero significa fantasma, e é presente no homem enquanto vive, mas o abandona na morte. É a respiração que o homem exala quando expira. É parte do ar que o homem inala. O ar é um deus; como tal, sua entrada no homem mantém essa consciência.

Na religião órfica, *psyche* é o que há de mais importante. Tem permanente individualidade, é imortal, e de fato temporariamente inserida no corpo, como divindade exilada. Os devotos do orfismo se aplicam em praticar as regras, parcialmente morais e parcialmente cerimoniais, que conduzem à liberação final da *psyche* da rede de nascimentos e à restauração de seu lugar junto aos deuses.

Psyche é um fantasma inativo no homem em estado de vigília, e ativo somente quando o homem dorme, a ela se devendo os sonhos. Nas palavras de A. E. Taylor, a inteligência e o caráter não pertencem à *psyche* que se encontra no homem. Sua imortalidade não é, propriamente falando, a imortalidade da pessoa.

O passo dado por Sócrates foi o de combinar a identificação dessa *psyche* supremamente preciosa com a sede da inteligência e do caráter

---

6. BURNET, J. "The socratic conception of the soul". *Procedings of the British Academy*, VIII, p. 235-60.

do homem. Esse conceito de alma elaborado por Sócrates dá, à conduta da vida, a posição central que os pensadores anteriores atribuíam à astronomia e à biologia. O que de fato ele fez foi criar a filosofia como algo distinto tanto da ciência como da teosofia. Daí a missão que Sócrates se impôs de pregar para todos os homens o dever único de "cuidar da alma" e de torná-la tão boa quanto possível, independentemente do custo para a fortuna ou para o corpo das pessoas. Esse cuidar da alma não consiste na prática de abstenções rituais e de purificações, mas sim no cultivo do pensamento da conduta racional.

A doutrina socrática da alma não é psicológica nem psicofísica. Nada nos diz a respeito do que seja a alma, exceto de que ela é "aquilo em nós", seja o que for, em virtude do que somos considerados sábios ou tontos, bons ou maus. Não é uma doutrina das faculdades da alma, nem de sua substância. A função desse divino constitutivo no homem é apenas conhecer, aprender as coisas como realmente são e, em particular, conhecer o bem e o mal e dirigir os atos humanos para que conduzam a uma vida em que o mal é evitado e o bem, praticado.

Ética

De acordo com Aristóteles, as concepções éticas de Sócrates se caracterizavam por três asserções: (1) virtude – excelência moral – é algo idêntico ao conhecimento e, por tal razão, todas as virtudes, comumente discriminadas, constituem uma só coisa; (2) vício – má conduta moral – é decorrente, em todos os casos, da ignorância e constitui um erro intelectual; (3) a má conduta, portanto, é sempre involuntária, não existindo um estado da alma como a que o próprio Aristóteles denomina "fraqueza moral" (*acrasia*), ou seja, a de conhecer o bem e assim mesmo praticar o mal. Aristóteles extraiu tais conceitos do diálogo de Platão intitulado *Protágoras*.

Para compreender essas posições é necessário levar em conta que Sócrates não negava o fato de que os homens praticam, livremente, o que eles próprios reconhecem ser mau. Para Sócrates, o homem freqüentemente pratica o mal sem saber disso. O que o homem não faz, segundo Sócrates, é praticar o mal simplesmente por ser algo mau, enquanto o bem é praticado simplesmente por ser bom.

Como se expõe em *Górgias*, o homem deseja fundamentalmente o bem ou a felicidade. É possível preferir a aparência em detrimento da realidade, como o poder ou a riqueza em lugar da coisa própria, mas ninguém pode querer a aparência do bem ou da felicidade em lugar do próprio bem. Dizer que o vício é involuntário significa, assim, que ele nunca conduz o viciado àquilo que seu coração deseja, quer ele se intere disso ou não. A tese intelectualista de Sócrates parte do pressuposto de que o efetivo conhecimento do bem exclui a possibilidade de preferi-lo à falsa modalidade do bem. Para tanto, porém, é necessário que se alcance um amplo, profundo e convincente entendimento do que realmente é o bem.

A teoria do Bem segundo Sócrates – que será adotada por Platão – identifica a relação entre "felicidade" e "bem": somente o Bem traz efetiva felicidade. Tal afirmação, entretanto, confunde a felicidade, que é um fenômeno psicológico, com o Bem, que é um valor ético. É em virtude do fato de a felicidade ser psicológica, e não ética, que o homem procura o que lhe dê felicidade, independentemente de seu valor ético, caracterizando o vício.

Sócrates reconhecia a variedade das virtudes, como coragem, temperança, generosidade etc., mas entendia que tais designações se referiam à "virtude vulgar", expressando um código de conduta socialmente acatado. A verdadeira virtude é matéria de intensa convicção do conhecimento pessoal dos verdadeiros valores morais. Assim, existe apenas um princípio por trás de suas várias manifestações. Quem apreendeu esse princípio com a segura visão do conhecimento não pode, assim, aplicá-lo em certas situações e não em outras. Conhecimento efetivo do que é bom para a alma se revela em atitudes corretas em todas as situações da vida. Assim, na vida do filósofo, as aparentes linhas divisórias entre um e outro tipo de excelência moral desaparecem. Em toda a sua conduta será exibida uma excelência firme, segura e certa da verdadeira "escala do Bem". Em princípio, toda virtude é uma; trata-se do conhecimento de o que é o Bem.

Isso conduz a uma dificuldade: como tal conhecimento pode ser adquirido? O conhecimento não é inato, tem de ser adquirido. Homens destacados, como Péricles, não transmitiram sua excelência aos filhos. Por outro lado, os sofistas pretendiam "ensinar o Bem" como se fosse algo técnico, mediante cursos. Porém, o que os sofistas podiam ensinar era uma especialidade profissional, não o conhecimento do Bem. Como, então, este pode ser adquirido? Não é claro se Sócrates alcançou uma solução final para esse problema. De acordo com Platão, Sócrates se impressionou com a doutrina órfica, segundo a qual a alma pode recuperar a lembrança de sua esquecida origem divina, reconhecendo-a (*anamnesis*), mediante a qual fatos sensíveis particulares sugerem a asserção de um princípio universal que os transcende. O matemático pode, traçando um diagrama e propondo questões pertinentes, levar o aluno a reconhecer uma proposição universal. A verdade, assim aprendida, é alcançada por um descobrimento pessoal, sendo simplesmente estimulado pelo professor. Assim, as indagações de Sócrates conduzem ao reconhecimento das implicações morais subjacentes. Esse é o ponto a partir do qual Platão desenvolveu sua própria teoria da filosofia, definindo-a como tendo sido criada pela atuação de mentes aplicadas na conjunta perseguição da verdade.

A mente grega não diferenciava os princípios da conduta privada e da pública. O respeito de Sócrates pelas leis não o privava, todavia, da mais severa crítica do princípio democrático, postulando a soberania do povo, que não tem conhecimento do Bem nem imagina que tal conhecimento seja uma necessária qualificação para a direção dos negócios públicos. Os juízos sobre a democracia ateniense de Sócrates, como em *Górgias* e na *República*, são muito mais severos que os pessoais de Platão, conforme visto no *Político* e nas *Leis*. Sócrates considerava inadmissível a recusa de superioridade intelectual ou de caráter para a qualificação dos dirigentes. Expressou, assim, julgamentos negativos a respeito de todos os homens públicos famosos de Atenas, de Temístocles a Péricles, com exceção, em parte, de Aristides, o justo. Esses estadistas tornaram Atenas poderosa e encheram-na de obras públicas e monumentos, mas nada fizeram para a moral do povo e para incutir-lhe idéias morais. É interessante observar que no *Meno*, de Platão, Nito adverte expressamente Sócrates de que a depreciação dos heróis nacionais era algo perigoso – prevendo o futuro julgamento de Sócrates.

Teoria do Conhecimento e Método Científico

De acordo com *Fédon*, a constatação, por Sócrates, de que Anaxágoras formulara juízos dogmáticos a respeito da natureza, o levou a desistir da inspeção direta das coisas e, em vez disso, a buscar a verdade por via dialética, ou dialogal, examinando, criticamente, nossos conceitos e nossas teorias. A verdade tem de ser buscada por sucessivas críticas de nossas noções. Como nos mostra o *Fédon*, Sócrates parte de uma proposição que se apresenta inicialmente como verdadeira. É sua hipótese de partida. Essa hipótese é em seguida submetida a questionamento e, por esse processo, se chega a uma proposição irrefutável e, portanto, verdadeira.

A concepção da realidade, por Sócrates, se formou em função do fenômeno de mudança a que estão sujeitas as coisas. Como algo passa a ter características que antes não tinha e perde características que tinha? Os jônios explicam o fenômeno da mudança supondo que as coisas se compõem de elementos e, conforme predominem uns ou outros elementos, se modificam. O elemento ou os elementos primordiais concebidos pelos jônios, como monisticamente água ou ar, ou, pluralisticamente, os quatro elementos de Empédocles (água, ar, fogo e terra), resultavam de suposições arbitrárias, e por isso eram desdenhadas por Sócrates. Leucipo e Demócrito, todavia, propuseram uma hipótese correta, a atômica, que foi confirmada pela física moderna, embora não previssem os desdobramentos subatômicos descobertos.

O espiritualismo de Sócrates, mantido e reforçado por Platão, o levou a ignorar a hipótese atômica, de caráter monista, segundo a qual a própria alma se comporia de átomos. Em seu lugar, Sócrates introduziu uma explicação dualista distinguindo a matéria da alma, baseando-se em duas suposições fundamentais. Por um lado, na teoria das formas – que se tornou, com Platão, a teoria das idéias. Por outro, no princípio da racionalidade da realidade, subordinando esta a uma teleologia perfeccionista. Sócrates derivou essa visão teleológica de sua análise de perfeição do corpo humano e, em geral, da ciência médica.

As coisas são meras aproximações efêmeras de formas. Estas são entendidas a partir da matemática, notadamente a geometria: as formas puras do triângulo, do círculo, do cubo. São também entendidas a partir da ética: a forma pura da justiça. As coisas ou os atos, na realidade, são aproximações imperfeitas dessas formas. As coisas mudam conforme possam se aproximar de uma certa forma e venham a se aproximar de outra. Esse processo, na realidade, é comandado teologicamente por uma racionalidade universal, que faz cada coisa tender para seu estado ótimo.

Platão[7]

A Vida de Platão

Filho dos atenienses Ariston e Perictione, de ilustres famílias, Platão nasceu em 347 a.C. e faleceu em 427 a.C., com 80 ou 81 anos. Seu pai traçava sua descendência desde Codrus, mítico rei de Atenas no século XI a.C., e sua mãe era da linhagem de Solon, irmã de Charmides e prima de Crítias, esses dois futuros líderes do grupo dos Trinta Tiranos. A juventude de Platão transcorreu, assim, em um ambiente aristocrático, no qual era tradicional o estudo da literatura e da filosofia. Como aristocrata, prestou seu serviço militar na cavalaria. Diz-se que seu nome era, como o de seu avô, Aristocles; Platão seria um apelido que lhe teria sido dado por causa da largura de seu peito.

Platão pensava em se dedicar à política e também à literatura, tendo na juventude composto poemas líricos e dramáticos. Antes de conhecer Sócrates, freqüentou cursos do heracliteano Cratylus. O conhecimento e a presença de Sócrates, a partir de seus 20 anos, modificaram sua vida, levando-o a queimar as tragédias que estava escrevendo. Em Sócrates ele encontrou o inigualável modelo de perfeição humana e resolveu segui-lo. A influência de Sócrates e, mais tarde, o repúdio pela conduta criminosa dos Trinta, cujo líder, Crítias, era seu tio, o levou a desistir de suas pretensões políticas. A condenação a morte de Sócrates, em 399 a.C., definitivamente afastou Platão da política, convencendo-o de que, para se tornar governável, a cidade teria, antes, de se reformar e se encaminhar para a virtude.

---

7. ZELLER, E. *Outlines of the History of Greek Philosophy*. Nova York: Meridian, 1964 [1955].

Depois da morte de Sócrates, Platão, com alguns outros membros do círculo de Sócrates, se refugiou em Megara, junto a Euclides, filósofo que adotava o monismo eleático. Nos 12 anos seguintes, Platão viajou extensamente, tendo visitado a Itália e a Sicília em 387 a.C., onde encontrou Dionísio I e iniciou uma amizade de toda a vida com Dion, genro de Dionísio. Ligou-se igualmente a Archytas, filósofo pitagórico e matemático de Tarento, que governou sua cidade por sete vezes.

Em seu retorno de Siracusa, Platão foi colocado por Dionísio I em um navio espartano, que o desembarcou em Egina, e lá o vendeu como escravo. Foi, todavia, prontamente resgatado por um rico cirenaico, Aníqueris, que por ele pagou 20 ou 30 minas e o devolveu a Atenas.[8] Alguns meses depois de seu retorno a Atenas, adquiriu o jardim junto ao santuário de Academus, uma milha fora dos muros de cidades, nele instalando sua escola de filosofia. Dedicou-se aos estudos e à Academia pelo restante de sua longa vida, com apenas duas interrupções.

Essas duas suspensões foram sua segunda e terceira viagens a Siracusa. A segunda ocorreu depois da morte de Dionísio I, em 367 a.C. Dion o chamou para que intentasse educar o jovem Dionísio II para se tornar um rei filósofo. O jovem dirigente ficou fascinado por Platão mas, ao mesmo tempo, desenvolveu crescente ciúme da amizade de Platão por Dion, o que o levou a compelir este a sair de Siracusa. Dionísio II buscou, ao mesmo tempo, reter Platão, combinando honrarias com restrições à sua liberdade. Platão, todavia, logrou seu consentimento para retornar a Atenas.

Alguns anos mais tarde Platão visitou Siracusa pela terceira vez, atendendo à promessa que lhe fez Dionísio II de que, se viesse, restauraria Dion. Entretanto, a promessa não foi cumprida e Dionísio II manteve Platão como prisioneiro. Graças à intervenção de Archytas, de Tarento, Platão foi liberado para retornar a Atenas.

Dion, que se havia refugiado em Atenas, em estreitas relações com a Academia, planejou uma pequena expedição e, em 357 a.C., conseguiu apoderar-se do poder em Siracusa, expulsando Dionísio II. Seu breve governo, entretanto, a despeito de sua formação platônica, foi

---

8. LAÉRCIO, D. *Vida de los Filósofos más Ilustres*. Buenos Aires: El Ateneneo, 1947, p. 203.

tirânico, terminando ele assassinado por um dos membros atenienses de sua expedição. Platão, em sua sétima carta, nega qualquer envolvimento com o assassinato de Dion, que ele deplora profundamente.

Diálogo e Ensino

O conhecimento e a admiração que temos da obra de Platão provêm de seus diálogos, da *Apologia* e de suas cartas. Platão, todavia, à moda de Sócrates, sempre deixou claro que o mais importante, para ele, eram seus ensinamentos orais na Academia. Considerava a palavra escrita uma rigidificação do pensamento, enquanto sua expressão oral era sua livre e viva manifestação.

Toda a obra escrita de Platão chegou até nós. Excluindo sete diálogos que, desde a Antiguidade, são considerados espúrios, trinta e seis deles são admitidos como genuínos – Thrasyllus os organizou em grupos de nove tetralogias, sendo que as cartas figuram como o trigésimo sexto diálogo. A pesquisa moderna, segundo Zeller, concluiu que quatro deles – Alcibíades, Hiparco, Erastae e Theages – são espúrios. Das 16 cartas, são reconhecidamente autênticas a sexta, a sétima e a oitava. Na Antiguidade, entretanto,[9] somente se contestava a autenticidade da 12ª carta.

Um longo e secular estudo do conteúdo lingüístico e estilístico dos diálogos de Platão conduziu a um consenso básico a respeito de sua cronologia. Distinguem-se, assim, quatro fases (três, para Werner Jaeger) na obra platônica:

(1) O período socrático – com *Apologia, Crito, Euthyphro, Laches,* os dois *Hippias* e *Ion.* Segundo Thrasymachus, a maior parte da *República* pertenceria a essa fase;

(2) Período de transição – com *Lysis, Symposium, Cratilus, Euthydemus, Menexus* e *Górgias*;

---

9. PLATÃO. *Oeuvre Complete*. v. II. Tradução de León Robin. Gallimard: Bibliothèque de la Pléiade, p. 1617.

(3) Período de maturidade – com *Meno, Protágoras, Fédon*, conclusão da *República* e *Fedro*;

(4) Obras da velhice – *Parmênides, Theatetus, Sofista, Estadista* e as inacabadas *Filósofo, Philebus, Timaeus, Crítias, Hermócrates* e *Leis*.

Tendências Filosóficas

De acordo com Zeller, o pensamento de Platão foi predominantemente influenciado por quatro filósofos ou correntes filosóficas: Heráclito, Sócrates, os pitagóricos e os eleatas. Demócrito, que representa a posição mais oposta à de Platão, exerceu, assim mesmo, certa influência na cosmologia do *Timaeus*, no qual os átomos de Demócrito são substituídos por figuras geométricas.

A filosofia de Heráclito, com a qual Platão teve contato antes de conhecer Sócrates, lhe transmitiu uma noção permanente: a do eterno fluxo das coisas. Daí a constatação, por Platão, de que o mundo sensível, por sua impermanência, é uma aparência das coisas eternas. Sócrates levou Platão a se relacionar com a dimensão do absoluto. Por outro lado, a teoria pitagórica dos números o induziu à teoria das formas, embora Platão a apresente como procedendo de Sócrates. Parmênides e os eleatas levaram Platão à convicção de que o mundo dos sentidos (sujeito ao eterno fluxo heracliteano) é mera aparência.

No que se refere ao mundo prático, a filosofia política de Platão e sua ética, influenciadas por Sócrates e pelos pitagóricos, o levou a preferir o sistema político aristocrático de Esparta, com sua nítida divisão entre governantes e governados. Suas idéias também foram influenciadas por sua experiência com a corte de Siracusa. Platão se opunha à democracia extrema que, desde a morte de Péricles, prevalecera em Atenas.

No seu conjunto, a filosofia de Platão é um sistema idealista, apoiado no nítido dualismo entre mente e matéria, Deus e mundo, corpo e alma. Atribui o ser propriamente dito somente ao mental e vê no mundo material somente uma pálida imitação do mundo das idéias, daí extraindo suas conclusões com rigorosa lógica.

Metodologicamente, Platão persegue a obtenção do conhecimento por meio da dialética. O pensamento é sempre superior e mais correto que a percepção sensorial. Esta não nos proporciona conhecimento, apenas opiniões, por meio das aparências. A matemática, ao contrário, proporciona preparação válida para o pensamento dialético.

Platão admite a influência de um dom divino. No *Meno*, admite tal influência na formação de opiniões corretas. Em *Fedro* reconhece que "o maior dos bens se torna nosso por meio da inspiração, em virtude de um dom divino". No *Symposium*, é Eros que dá à mente as asas com as quais pode se alçar ao reino do belo e do verdadeiro.

Central, no sistema platônico, é o lugar ocupado pela teoria das idéias, no seu tríplice significado ontológico, lógico e teleológico. O princípio dos dois mundos encontra aplicação na sua antropologia com a relação entre corpo e alma nos animais e especialmente no homem. Neste, a natureza da alma é mais cuidadosamente pesquisada, nos seus vários aspectos e funções. Esse dualismo comanda a ética, a política e a estética de Platão. Só mais tarde e relutantemente Platão se ocupou do mundo visível. No *Timaeus* ele apresenta um esquema de sua física, considerando-a, entretanto, meramente probabilística.

Teoria das Idéias

A dialética, para Platão, é a arte de conduzir uma discussão e de desenvolver um conhecimento científico por questionamentos e respostas, assim levando à captura conceitual daquilo que é.

Sócrates procurou alcançar o Bem sem buscar resolver esse problema. Para Platão, se o Bem é um objeto do conhecimento, deve elevar-se acima da esfera da opinião subjetiva. Deve ser algo definitivo, real e imutável. Isso se aplica a tudo o que seja objeto de conhecimento. Assim, o mundo heracliteano de coisas que passam a ser e deixam de ser, com sua eterna mutabilidade, não pode ser objeto de conhecimento. Outro mundo deve haver, o qual, como o ser de Permânides, seja permanente e durável, sem o que não pode haver conhecimento. O mutável é o mundo das percepções sensíveis.; o permanente, o do pensamento. Este se atém ao que é geral e comum a todas as coisas. Essa qualidade comum, que desde Aristóteles chamamos de *conceito*, foi denominada por Platão de *idéia*. É na matemática que essa teoria se revela mais claramente. As coisas apresentam formas geométricas de modo imperfeito. Nenhuma vara é totalmente reta. Mas a idéia geométrica de linha reta o é. O mesmo se aplica ao triângulo, ao círculo etc.

As idéias, para Platão, não são, como para Aristóteles, meros objetos do pensamento, mas efetivas realidades. Na filosofia platônica as idéias têm, assim, tríplice significação:

(1) *Ontologicamente,* representam o ser real, a coisa em si mesma. As coisas sensíveis o são pelo que participem de sua idéia.

(2) *Teleologicamente,* as idéias tem significação paradigmática. Tudo o que venha a ser tem seu fim no ser.

(3) *Logicamente,* as idéias nos permitem trazer ordem ao caos dos seres individuais, para reconhecer o similar e distinguir o dissimilar. O aspecto lógico da teoria das idéias se torna particularmente importante para Platão na sua velhice.

Antropologia de Platão

Platão, como Sócrates, considera o homem a coisa mais importante do mundo. Como ele, participa na convicção da imortalidade da alma, sustentando um dualismo alma-corpo. Considerava a alma preexistente ao nascimento e pós-existente, depois da morte. Adotou a teoria órfico-pitagórica de transmigração da alma. Daí sua teoria da recoleção, da lembrança de existências anteriores. As reencarnações da alma dependem de sua conduta, que será objeto de julgamento depois da morte.

Platão entendia, inicialmente, que a alma era uma substância simples, como exposto no *Fédon*. Por outro lado, nela diferencia, na *República*, três dimensões: a da razão, a da vontade e a dos desejos. Já no *Timaeus*, entretanto, Platão considera, posteriormente, que somente a dimensão racional, localizada na cabeça, era eterna, enquanto a vontade, localizada no peito, e o desejo, no abdôme, seriam partes transientes da alma. O corpo, para Platão, era um mero veículo da alma e, de fato, um obstáculo para o livre desenvolvimento de suas capacidades.

Ética Platônica

A ética de Platão, por um lado, é absolutamente baseada na autonomia da razão e, sob esse aspecto, independente da religião corrente. Por outro lado, ele postula uma concepção religiosa própria, monoteísta, em que Deus é identificado com a Idéia do Bem. Opondo-se a Protágoras, Platão entende que "Deus é a medida de todas as coisas". Cabe ao homem intentar ser semelhante a Deus e se aproximar de sua perfeição. Essa religiosidade monoteísta levou Platão, em suas últimas obras, a condenar veementemente o ateísmo, julgando-o passível de condenação à morte. Esse monoteísmo se tornou, para Platão, o caminho para a boa conduta ética.

As idéias de Platão a respeito do Bem e do Mal variaram de uma posição idêntica à de Sócrates, em *Pitágoras*, de acreditar na prática do mal decorrente da ignorância do Bem e não de deliberação específica, a uma posição diferente, no *Górgias*. Neste, o Mal é visto como uma doença da alma, que deve ser tratada por uma medicina da alma, que é a filosofia. Na *República*, Platão reconhece quatro virtudes: sabedoria, coragem, prudência e justiça, esta última tendo por função preservar proporções corretas entre as três outras.

O dualismo radical de Platão o levou ao desprezo do corporal e, em última análise, a considerar a morte como momento de liberação, pela alma, de suas amarras corporais, permitindo-lhe direto acesso ao absoluto.

Teoria do Estado

Platão, fiel à tradição grega nesse aspecto, considerava a política e a ética como duas facetas da mesma realidade: política é ética coletiva ou de Estado, e ética é política individual. O objetivo do Estado é a realização coletiva e individual do Bem e, para tanto, o Estado deve prover uma educação dos cidadãos para o bem. As graves deficiências dos Estados existentes, independentemente da melhor ou da pior qualidade de suas respectivas constituições, decorriam do deficiente nível ético dos cidadãos. A condenação e a execução de Sócrates manifestou, de forma suprema, as deficiências do Estado ateniense, incorrigíveis por via meramente constitucional. Importava, assim, reformular completa e radicalmente a estrutura do Estado e seu funcionamento. Para esse fim Platão compôs a *República*.

A *República* é concebida como o Estado tendencialmente ideal, aquele que mais se aproxima da *idéia* de Estado. Seu objetivo é a realização coletiva e individual do Bem. Para isso, Platão sustenta a necessidade de se distribuir a cidadania por três estratos, cada qual correspondendo a uma das dimensões da alma: (1) o estrato racional dos filósofos e dirigentes; (2) o estrato relativo à coragem, correspondente aos guerreiros; e (3) o estrato da apetitividade correspondente aos produtores de bens e aos comerciantes. Esse estrato é o dos dirigidos e seus membros são submetidos a uma disciplina menos severa. Sumamente rigorosa é a disciplina dos filósofos, que não podem ter bens individuais e são submetidos a um regime educativo por etapas etárias, até atingirem, aos 50 anos, o saber e a experiência necessários para governarem. Quase tão rígida é a disciplina dos guerreiros. Essas duas classes superiores são submetidas a um regime de comunhão de bens, de mulheres e de crianças. Tudo é concebido para o bem do Estado, ao qual todos têm de se dedicar desinteressadamente, pois as recompensas lhes seriam dadas na outra vida.

O dualismo radical de Platão o levou a considerar como negativo tudo o que é corpóreo, que tende a cercear a liberdade da alma, e como superior o que é mental e ultra-sensorial. Mais tarde, no *Politicus*, Platão substituiu o dirigente filosófico pelo monarca, o entendendo como o político dotado para a arte de governar, não restringido por leis, mas orientado por seu saber e por seu sentido do Bem, que conhece e determina o que é melhor para o Estado. É a preconização do despotismo ilustrado.

No seu diálogo tardio, *Leis*, Platão recolhe para o Estado o que de melhor existe nos regimes monárquico, aristocrático e democrático. As formas pervertidas desses regimes são, respectivamente, a tirania, a oligarquia e o governo pela massa. Nesse novo Estado não se adota mais o comunismo de bens, mulheres e crianças. Nele se institui, à semelhança do Sinédrio pitagórico, um Conselho de Estado, guardião da leis, que cuidadosamente supervisiona casamentos e a vida dos lares e assegura concessão apropriada de terras para todos. As atividades produtivas e o comércio eram confiados a metecos (não-cidadãos) e a escravos. Nessa obra, entretanto, Platão mantém sua tese de que o Estado deve se destinar a preparar as almas para a vida eterna. Para tanto, o Estado é concebido praticamente como uma teocracia, fundada em um elaborado sistema educativo. Mantém-se a crença na transmigração das almas e o controle moral e religioso sobre a arte e a poesia. A melhor coisa para o homem é tornar-se "um brinquedo de Deus". A religião se torna o princípio regulador do Estado e da vida, sendo o ateísmo considerado um crime anti-social, passivo de pena de morte.

Física de Platão

Tanto ou mais que Sócrates, Platão considerava o mundo sensível, mutável e perecível, como algo de insuscetível de conhecimento científico, uma vez que este requer a nitidez imutável das idéias. Daí sua longa desatenção a questões físicas. Mudou de atitudes na sua velhice e passou a se ocupar do cosmos no *Timaeus*. Tudo indica que contribuiu, para essa mudança, a crescente influência do atomismo de Demócrito, o filósofo ao qual Platão mais radicalmente se opunha. Para contrabalançar essa influência, Platão resolveu elaborar sua própria cosmologia.

A partir da convicção central, para Platão, de que não pode haver conhecimento verdadeiro das coisas empíricas, o *Timaeus* foi concebido em termos meramente probabilísticos, como jogo e recreação. Para estabelecer uma relação válida entre as idéias – únicas efetivas realidades – e os inumeráveis objetos sensíveis que se referem a cada idéia, Platão concebeu uma terceira dimensão – entendida como o que não tem forma, o que tudo recebe – como massa plástica subjacente ao conjunto da natureza. Esse substrato é finalmente descrito como algo extenso, que preenche o espaço. Antes da criação, o mundo consistia nessa matéria informe. Para estabelecer a relação entre o mundo das idéias e a matéria e formar um mundo ordenado – o cosmos – a partir de seu caótico estado originário, dá-se a intervenção da mente. Para esse efeito Platão apresenta o mito do demiurgo. Este não criou o mundo do nada, mas a partir dessa matéria informe preexistente.

O primeiro problema desse demiurgo criador é o concebimento da alma do mundo. Essa criação se fez de acordo com o padrão dos seres vivos. É algo invisível, mas participa do pensamento e da harmonia das idéias eternas. Ocupa uma posição intermediária entre as idéias e o mundo material, conectando-os reciprocamente. Essa alma é dotada de movimento próprio e o transmite ao mundo. A partir dessa matéria o demiurgo criou toda a estrutura do mundo. Deu aos seres vivos o formato mais adequado para suas formas de existência. Tudo o que existe no universo foi criado por ele.

A natureza fundamental do mundo visível foi construída por meio de formas e de números. De acordo com os princípios da estéreo-matéria, criada por Theaetetus, o demiurgo conferiu aos elementos quatro das cinco formas sólidas. À terra, o cubo; ao fogo, a pirâmide; ao ar, o octaedro; e à água, o icosaedro (poliedro de 20 faces). A quinta forma, de dodecaedro, que se aproxima da esfera, foi usada para constituir a forma do universo como um todo. Essas figuras estereométricas são subseqüentemente redutíveis a superfícies; estas, a linhas; e elas, a pontos. Com isso, Platão substituiu os átomos de Demócrito por pontos e outras figuras geométricas.

O mecanismo é regulado por leis dos processos de combinação e separação, rarefação e condensação, aquecimento e esfriamento. Faz parte das causas concomitantes na criação do mundo, sendo a verdadeira força criativa, a razão que opera visando a fins. Essa concepção teleológica da natureza, por parte de Platão, se opõe frontalmente à explicação causal, mecânica, de Demócrito. O universo de Platão é um grande ser vivo, compreendendo seres mortais e imortais; a parte visível é cópia da parte apreensível pelo pensamento, imensa, bela, magnífica, perfeita.

Em sua concepção teleológica do universo, Platão emprega, de modo extensivo, sua doutrina das transmigrações. Assume uma série progressivamente deteriorada de criações: mulher, a partir do homem, e as diferentes espécies de animais, derivando as mais baixas das mais altas, também a partir do homem.

Aristóteles[10]

Vida (384-322 a.C.)

Nasceu em Stagira, na península Chalcidica, Macedônia. Filho de Nicomachus, médico do rei Amyntas III, pai de Felipe II, membro da guilda dos Asclepíades. Foi introduzido, bem jovem, às práticas médicas por seu pai. Este faleceu quando Aristóteles era ainda jovem, sendo confiado à tutela de Proxenus, provavelmente parente de seu pai. Tornou-se, aos 18 anos, discípulo de Platão na Academia. Lá permaneceu por 20 anos, até a morte de Platão. Quando Espeusipo, sobrinho de Platão, assumiu a direção da Academia, Aristóteles se afastou, embora sem romper com ela, acompanhado de Xenócrates, e fundou um ramo da Academia em Assus, Troas, que Hérmias, tirano de Atorneus, dera de presente aos platonistas Erastus e Coriscus. Lá Aristóteles lecionou por três anos. Foi aí que os discípulos de Platão lograram, com Hérmias, o que aquele não conseguira fazer na Sicília. Hérmias deu sua sobrinha e filha adotiva Pythias em casamento a Aristóteles. Foi quando também Teofrasto se tornou discípulo de Aristóteles. Por sugestão de Teofrasto, ele se mudou, em 343 a.C., para Mitylene, cidade próxima a Eresus, cidade nativa de Teofrasto. ·

No ano seguinte, Aristóteles foi convidado por Felipe – por sugestão de Hérmias – para ser preceptor de Alexandre. Aristóteles lecionou Alexandre até este partir para a Pérsia. Seu escrito *Sobre a Monarquia* foi dedicado a Alexandre. Ele retribuiu seu preceptor reconstituindo sua cidade natal, que tinha sido destruída por Felipe.

Aristóteles advertiu Alexandre a não tratar igualmente helenos e bárbaros, presumidamente no tratado perdido *Alexandres*, ou *Colonização*. As relações entre Aristóteles e Alexandre se esfriaram depois da execução do sobrinho de Aristóteles, Calístenes, suspeito de conspirar

---

10. ZELLER, E. *Outlines of the History of Greek Philosophy*. Nova York: Meridian, 1964 [1955]. MCKEON, Richard. *The basic works of Aristóteles*, Nova York: Random House,1941; MONDOLFO, Rodolfo. *El pensamiento antigo*, vol. II, Buenos Aires: Lousada, 1942; JAEGER, Werner. *Aristoteles*, México: FCE, 1946.

contra Alexandre. Aristóteles manteve, não obstante, excelentes relações com Antipater, que dirigia a Macedônia na ausência de Alexandre. Em 335 a.c., Aristóteles se estabeleceu em Atenas e fundou sua própria escola, o Liceu, na parte oeste da cidade, antes da porta de Diochares. A denominação "peripatéticos" provém ou do pórtico ou do hábito de discutir caminhando. A escola se fundou sob patrocínio macedônico. Como a Academia, era um *Thiasus*[11] dedicado às musas.

O Liceu, sob a direção de Aristóteles, tornou-se uma grande organização científica, com importante biblioteca, amplo corpo de professores e um regular regime de conferências, a eles se devendo os escritos pedagógicos de Aristóteles. Cercado de numerosos discípulos, se manteve lá por 12 anos, até um ano antes de sua morte.

Depois da morte de Alexandre, em 323 a.C., o sentimento antimacedônico de Atenas levou Aristóteles, acusado de impiedade, a se retirar da cidade, para que, com sua morte, não se repetisse o crime praticado contra Sócrates, e se transladou para Chalcis, na Eubea. Lá viveu em uma propriedade de sua falecida mãe e, alguns meses mais tarde, faleceu (322 a.C.), vítima de uma moléstia estomacal.

Obra

O número total de obras de Aristóteles é estimada por Hermipo de Alexandria (cerca de 200 a.C.) em 400; o peripatético Ptolomeu (1-2 a.C.) estima em mil. A obra que chegou até nós foi organizada por Andrônico de Rodes (cerca de 60-50 a.C.). Possuímos apenas fragmentos das obras publicadas pelo próprio Aristóteles, marcadas por um estilo extremamente fluente. São principalmente discussões científicas em forma de diálogos, nas quais Aristóteles ocasionalmente é o principal debatedor.

O estudo comparativo da obra de Aristóteles permite distinguir as mais antigas das posteriores. Assim, se diferenciam três fases: (1) o período platônico, quando Aristóteles estava na Academia; (2) o período de transição, quando lecionou em Assus, Mitylene e mais tarde na corte de Felipe; e (3) o período final, quando dirigiu o Liceu.

---

11. *Thiasus* era uma associação de pessoas para o cultivo de um deus.

Período da Academia (367-347 a.C.)

Dois tratados, com forte influência platônica, pertencem à segunda metade desse período: *Eudemus* ou *Da Alma* e *Protrepticus*. O primeiro recebeu o nome de um amigo, Eudemus, de Chipre, que morreu em Siracusa, em 354 a.C., lutando a favor de Dion. O diálogo, escrito logo após sua morte, corresponde ao *Fédon* de Platão e partilha a doutrina da recoleção de vidas prévias, com tom pessimista. Contesta, todavia, a teoria platônica de que a alma é uma harmonia: para ele, a alma é uma substância e a harmonia, uma qualidade.

O *Protrepticus* não é um diálogo, mas sim uma carta dirigida ao príncipe Themison, de Chipre, buscando orientá-lo. O trabalho culmina com uma descrição da eudemonia filosófica. Preserva o dualismo platônico e a teoria órfica de que o corpo é a tumba da alma. Exerceu larga influência nas filosofias cínica e estóica, e no *Hortensius* de Cícero, livro que converteu Santo Agostinho ao cristianismo.

Período de Transição (347-335 a.C.)

Nesse período Aristóteles começou a se afastar de Platão. As idéias dessa nova fase estão contidas em um diálogo, exposto em três livros, no qual Aristóteles dirige o debate. O primeiro livro contém uma descrição histórica do desenvolvimento da filosofia, da sabedoria órfica e da egípcia à persa. Sustenta a teoria da recorrência periódica dos sistemas filosóficos e situa Zoroastro antes de Platão (Zoroastro deve ter vivido cerca de 628 a 551 a.C). O segundo livro contém uma crítica da teoria das idéias, que foi muito discutida na Academia. No terceiro livro Aristóteles explica seu próprio sistema e filosofia da religião, desenvolvendo a teoria do primeiro motor imóvel. Nele manifesta sua crença na divindade do cosmos e da mente.

Pertence a esse período o primeiro esboço da *Metafísica*, compreendendo os primeiro, segundo e último livros da obra em sua forma final. Nele sustenta que o platonismo só pode ser salvo abdicando de seu dualismo e da separação entre as idéias e as coisas. Também pertence a esse período a *Ética a Eudemo*, escrito a partir de uma conferência dada em Assus. Sua idéia dominante é a de que o bom senso, que é uma intuição transcendental, reconhece o Bem como o mais alto dos bens e como norma incondicional, reguladora da conduta moral. Também em Assus foi escrita a primeira versão de *Política*, em que o bem é entendido como o último objetivo da política. Nele se critica a *República* de Platão e se expõem as três formas boas de governo e seus opostos: as boas são monarquia, aristocracia e timocracia; as más são tirania, oligarquia e democracia.

Também pertencem a essa fase as teorias básicas da *Física* e *Cosmologia*. Nelas se encontram as teses sobre matéria e forma, ato e potência, e a teoria de movimento. Nessa fase, sustentou a teoria do éter como quinto elemento, e as idéias da mônada, da eternidade e da finitude espacial do mundo.

Período do Liceu (335-322 a.C.)

Os últimos 13 anos de vida de Aristóteles correspondem a suas grandes pesquisas abrangendo a totalidade do saber de sua época e, em larga medida, constituindo essa sabedoria. Ao mesmo tempo, ministrou conferências no Liccu que formaram a base de seus escritos pedagógicos, que foram preservados. Não foram publicados em sua vida, embora ele deva ter iniciado a organização dos mesmos. Depois de sua morte, esses textos ficaram pertencendo ao Liceu, circulando entre seus membros. Foram publicados pela primeira vez por Andrônico de Rodes por volta de 60 a 50 a.C..

A Filosofia de Aristóteles

Historicamente, Aristóteles é, por meio de Platão, o neto de Sócrates. A relação Sócrates-Platão-Aristóteles, diversamente da relação Zenon-Cleanto-Crisipo, não é de perfeita continuidade e sim de sucessivas inovações. Assim, Aristóteles, com sua preocupação empírica, rejeitou o dualismo platônico e mostrou como as idéias, longe de serem realidades por si, são produtos da mente humana, conceitos a respeito da natureza das coisas. O que existe são as coisas. Ocorre, apenas, que a ciência se faz a partir do universal, e não do tópico.

Aristóteles distinguia três ciências: teoréticas, práticas e as políticas. As teoréticas compreendem três partes: Física, Matemática e Filosofia primeira (Metafísica), também concebida com teologia. A ciência prática se subdividia em ética e política, embora o conjunto se denominasse Política. Para nós parece mais apropriado classificar essa obra em quatro grupos: Lógica, Metafísica, Física e Ética.

Lógica

A obra aristotélica em lógica, por ele denominada Analítica, e que veio a ser agrupada sob a designação de *Organon*, compreende seis tratados: categorias, interpretação, analítica *priori*, analítica posterior, tópica e sobre refutações sofísticas. Para Aristóteles, Analítica era uma ciência específica, tendo por objeto a análise da metodologia científica.

O conhecimento científico, em sentido estreito, consiste na dedução do particular a partir do geral, do condicionado a partir de suas causas. Esse conhecimento dedutivo requer, cronologicamente, um curso oposto, em que se procede, por induções, a determinação do que é geral a partir da observação de diversos particulares.

É pelo imperativo de se inferir o geral do particular, mediante apropriado encaminhamento indutivo, que Aristóteles, opondo-se a Platão, sustentou a verdade da percepção. Os sentidos, enquanto tal, nunca são deceptivos. Os erros provêm do falso relacionamento ou combinação daquilo que os sentidos nos transmitem. A lógica de Aristóteles contém, assim, ademais da condução da prova, a indução da prova, a indução do geral a partir do particular. A analítica posterior tem por objeto precisamente a inferência indutiva. É dela que derivam os conceitos e os juízos.

Nas proposições ou juízos, Aristóteles só considera os juízos categoriais. Estes se dividem em três grupos: (1) em função de qualidade (afirmativa ou negativa); (2) em função de quantidade (geral, particular ou indefinida) e, no tocante às proposições explicativas (geral, particular ou singular); e (3) em função de sua modalidade (afirmação de existência, de necessidade ou de mera possibilidade). Distingue, por outro lado, dois tipos de oposição: a contraditória e a contrária. Conclui que é somente a partir de combinações de conceitos no juízo que emerge o contraste entre o verdadeiro e o falso.

Aristóteles foi o primeiro pensador a descobrir que a inferência é a forma básica na qual todo o pensamento se baseia e progride, dando-lhe a denominação que hoje empregamos. A silogística apresentada na primeira *Analítica* contém uma exposição exaustiva das inferências categóricas nos seus três elementos, em que o segundo e o terceiro devem sua validez à dedução do primeiro. As provas se compõem de inferências. Uma prova só é completa quando o que deve ser provado seja deduzido da primeira hipótese, mediante os estágios intermediários.

Os princípios gerais somente são alcançáveis por indução. Aristóteles reconhece a impossibilidade de uma completa observação de cada caso particular. Para sanar essa dificuldade ele assume, tal qual Sócrates, como base para a indução, aquelas hipóteses que, pelo número ou autoridade dos que as sustentam, parecem derivadas da experiência.

A definição de algo deve conter todas as suas características gerais, assim como as específicas. Todos os nossos conceitos se inserem em uma ou mais modalidades de categorias. Aristóteles enumera dez dessas categorias: *substância, quantidade, qualidade, relação, onde, quando, posição, possessão, atividade* e *passividade.*

Metafísica

Ciência das primeiras causas, do ente como tal, o eterno incorpóreo e imóvel, causa de todo o movimento e forma do mundo.

Aristóteles inseriu em sua *Metafísica* uma crítica definitiva à teoria das idéias de Platão. Ele mostrou como a idéia não é algo de substancial, que as propriedades não podem existir fora das coisas que elas qualificam, e que as idéias não dispõem de força motriz, sem a qual não podem gerar fenômenos. Somente o particular é real, dispondo de substância.

Matéria e Forma

Para compreender a mudança, Aristóteles distingue um substrato, matéria, que recebe qualificações de diversas formas.

A forma, para Aristóteles, não é apenas a essência de cada coisa, mas seu último fim e a força que realiza essa finalidade. A partir desse entendimento, Aristóteles enumera quatro tipos de causalidade: material, formal, eficiente e finalística. As três últimas causas, por sua natureza e em casos particulares – como a relação da alma com o corpo e de Deus com o mundo – se concentram em uma. A única distinção primária é entre matéria e forma. Essa distinção envolve outra, entre potência e ato. A matéria é potencial, mas dispõe de características próprias.

Motor e Movido

A relação de forma e matéria contém a idéia de movimento e mudança. O movimento nada mais é que a realização do potencial. Ele pressupõe duas coisas: um elemento motor e um movido. O motor só pode ser o atual, a forma; o movido, o potencial, a matéria. A relação entre ambos tem de ser eterna, porque tanto seu começo como seu desaparecimento só são possíveis pelo movimento. Assim, nem o tempo nem o mundo podem ser pensados separadamente do movimento; eles não têm nem começo nem fim. A esse respeito, todavia, Aristóteles julga necessário introduzir o conceito do primeiro motor imóvel, que ele considera ser o pensamento divino. Observe-se que o primeiro motor de Aristóteles não é um agente cronológico, porque o mundo não teve começo. Ele é apenas causa eficiente do movimento, co-eterno com o mundo.

Física

Na física, Aristóteles trata de explicar a natureza, aquilo que se move e muda e o porquê disso. Os estados de movimento e de repouso são qualidades originárias. Aristóteles entende por movimento, em geral, qualquer mudança, qualquer realização de um potencial. É nesse sentido que enumera quatro tipos de movimento:

- o substancial, que é o de se tornar um ente e deixar de sê-lo;
- o quantitativo, que é o crescimento ou o decréscimo;
- o qualitativo, que é a transformação de uma substância em outra; e
- o espacial, que é a mudança de lugar.

Para Aristóteles o conceito de mudança inclui esses quatro tipos; o de movimento, apenas os três últimos.

Aristóteles mostrou como o ilimitado não pode ter atualidade, mas apenas potencialidade, presente na infinita multiplicabilidade dos números e divisibilidade das magnitudes. Define o espaço de algo como a fronteira do corpo que imediatamente o cerca; e o tempo, como o número do movimento com respeito ao antes e ao depois. Daí concluiu que, fora do mundo, não há espaço nem tempo e que o espaço vazio é impensável – conforme sustenta na sua crítica aos atomistas. Sustenta que o tempo, como qualquer número, pressupõe uma alma que o conte. Sustenta que o movimento espacial, em especial o movimento circular, é o único movimento uniforme e perpétuo que pode haver sem começo nem fim.

Todavia, entendia que somente o movimento espacial não seria suficiente para explicar os fenômenos. Sustentava que a matéria é qualitativamente diferente. Contesta a teoria platônica da construção matemática dos elementos, bem como o atomismo de Demócrito.

Mantém a tese de que os elementos experimentam mudanças qualitativas, as qualidades de um modificando as de outros. Essa relação de atividade e passividade somente é possível quando dois corpos são parcialmente similares e parcialmente diferentes, dentro do mesmo gênero. Para Aristóteles, as misturas físicas originam substâncias novas. Por outro lado, entendia que o processo da natureza não deve ser entendido como uma atividade física (ou meramente física), mas como algo que tende a um fim. A finalidade e o objetivo de todo o tornar-se é o desenvolvimento do potencial em atual, a incorporação da forma na matéria.

Assim, em Aristóteles, como em Platão, a explicação teleológica da natureza predomina sobre a física. A natureza não faz nada sem um propósito, ela "sempre busca o melhor", e "faz as coisas se tornarem tão belas quanto possível".

O verdadeiro fundamento dos objetos naturais é sua causa final. As causas materiais, como em Platão, são entendidas como condições necessárias, mas não como suas causas positivas. A resistência que essas causas intermediárias oferecem à ação finalística da natureza e sua limitação ao sucesso desta resultam na gradual ascensão, ocorrente na escala dos entes terrestres, dos menos aos mais perfeitos. O mundo celeste, entretanto, é de natureza diferente.

A teleologia de Aristóteles não é antropocêntrica nem é devida a um criador fora do mundo, mas é imanente à natureza. Em substituição à teoria platônica da alma do mundo e do demiurgo, Aristóteles sustentava uma teleologia imanente à própria natureza.

Estrutura do Universo

Aristóteles sustenta a eternidade do Universo. Se o mundo tivesse uma origem, não poderia durar para sempre. Na própria Terra, somente os entes particulares nascem e morrem; os gêneros, diversamente, não são originados.

É básica, para Aristóteles, a distância entre o mundo sublunar e o superlunar. Este se compõe de estrelas imperecíveis e de permanente regularidade, constituídas por éter, o quinto elemento ou quintessência. As coisas sublunares são compostas de quatro elementos. Estes mantêm entre si uma dupla oposição: (1) o leve, relativamente ao pesado, derivado de seus característicos movimentos retilíneos, e (2) ao quente o frio, o seco ao úmido, decorrente de diferentes contribuições de qualidades básicas. Daí se segue a unidade do mundo, também assegurada pelo primeiro motor.

Aristóteles sustenta a esfericidade do mundo, entendendo que a Terra, também esférica, está no centro do universo. Em torno dela se acumulam, em capas esféricas concêntricas, água, ar e fogo (a flama rende a forma extrema do fogo).

Depois vêm as esferas celestes, cuja matéria é tanto mais pura quanto mais distantes estejam da Terra. A última dessas esferas é o céu das estrelas fixas, cuja revolução diária é produzida pela divindade, que o configura mesmo não ocupando espaço. O movimento de cada esfera consiste em uma movimentação completamente uniforme em torno de seu eixo. De acordo com Aristóteles, cada esfera comunica seu movimento àquela que circunda. A esfera extrema carreia todos as outras em torno delas na sua revolução diária.

Entre as esferas de cada planeta, há outras tantas se movimentando para trás. Estima seu número em 22. Com a adição desse número, em 36 as esferas calculadas por Calippus, totalizando 56 esferas celestes, incluída a das estrelas fixas.

Para Aristóteles, as estrelas são seres animados, dotados de uma razão superior à humana, mas o filósofo assumiu isso como probabilístico. A fricção com o ar causada pelo movimento das esferas celestes, particularmente as que estão abaixo do Sol, produz luz e calor. Essa questão é tratada por Aristóteles *Metereologia*.

12

PENSAMENTO HELENÍSTICO

Introdução

O período denominado "helenístico" corresponde, no âmbito da cultura helênica, aos anos que vão de Alexandre à conquista do Egito por Augusto, do século III ao século I a.C. Durante muito tempo, foi considerado como uma fase de decadência da cultura grega; mas a presente avaliação desse período é completamente diferente.

Trata-se de uma fase extremamente criativa, caracterizada, por exemplo, por grande evolução nas artes plásticas, introduzindo dimensão de movimento, realismo psicológico e físico e contextualização histórica, em oposição à imobilidade ática, à eterna serenidade clássica, à idealização platônica dos personagens e ao precedente anacronismo, respectivamente. Foi também, politicamente, um período de construção de grandes reinos e de formação de grandes metrópoles (como na globalização de nossos dias), em oposição à reduzida pólis clássica. Finalmente, foi uma fase de grandes inovações científicas e tecnológicas. Inventos relacionados com a máquina a vapor, com as bombas de sucção e outros, notadamente nesse centro do período helenístico que foi Alexandria, poderiam ter revolucionado o curso da história se, por circunstâncias diversas, entre as quais ressaltam os efeitos da escravidão – que então se expandiu –, essas extraordinárias invenções não ficassem restritas à produção de efeitos prodigiosos nos templos e a aplicações militares e médicas.

Neste capítulo procederemos, inicialmente, a uma abordagem geral da astronomia grega, que foi predominantemente helenística Em seguida, haverá uma breve discussão das duas grandes filosofias morais geradas nesse período, a epicúrea e a estóica. Ambas exerceram uma influência permanente sobre o pensamento romano e ocidental, sucessivamente.

Um dos aspectos mais relevantes do mundo helenístico é o fato de que, de certa forma, ele gerou um modo de pensar e de agir que se reveste de larga permanência e corresponde a um paradigma que volta a se repetir, dentro das novas condições de nossa época, na transição da civilização ocidental clássica para o que conviria denominar civilização ocidental tardia, correspondente a nosso tempo. Estamos, realmente, em muitos sentidos, vivendo uma época neo-helenística, em que a Europa equivale à Grécia dos séculos III a I a.C. e os Estados Unidos, a Roma dos séculos II a I a.C.

Astronomia Grega[1]

Desde tempos remotos os gregos usaram o nascimento e o pôr de certas estrelas como referência do calendário. As teorias cosmológicas dos pré-socráticos eram especulativas, mas continham algumas visões astronômicas verdadeiras. Durante o século V a.C. foram propostos alguns conceitos básicos para a astronomia.

Parmênides defendia a esfericidade da Terra, assim como o fato de que a Lua recebe sua luz do Sol. Empédocles sustentava as mesmas idéias e inferiu as causas do eclipse solar. Assim procedeu Anaxágoras.

A atividade astronômica do século V a.C. se concentrou no nascer e no pôr de estrelas e na descrição de constelações, com importações da Babilônia, como o zodíaco. Ademais, se aprofundou em observações de solstício e equinócio e no estabelecimento dos ciclos lunares e solares, tendo a esse respeito se destacado Meton.

Demócrito levantou a hipótese da existência da vários planetas. Eudoxus de Cnidus (cerca de 390-340 a.C.) foi o primeiro a construir um sistema matemático para explicar o aparente movimento dos corpos

---

1. Cf. MILTON K. MUNITZ *Theories of The Universe*. London: The Free Press, 1957.

celestiais, a teoria das esferas homocêntricas, que foi incorporada por Aristóteles. Elaborou, ainda, uma descrição das constelações, com informações a respeito de seu levantar e pôr. Ele foi o primeiro a reconhecer os cinco planetas.

Callipsus, de Cyzicus, corrigiu a teoria de esferas concêntricas de Eudoxo, acrescentando mais duas esferas para, respectivamente, o Sol e a Lua, e uma mais para cada um dos planetas. Propôs a duração de 365 1/2 dias para o ano.

Heraclides Ponticus (século IV a.C.) afirmou que a Terra rotaciona em terno de seu eixo e, segundo alguns, que Mercúrio e Vênus rotacionam em torno do Sol.

Aristarco de Samos (primeira metade do século III a.C.) sustentou a hipótese heliocêntrica. Segundo ele, o Sol e as estrelas permanecem imóveis e o que gira é a Terra. Esta, segundo ele, tem um movimento de rotação, em torno do seu eixo, e de transladação circular, em torno do Sol.

Hiparco (cerca de 190-126 a.C.) foi o primeiro a construir uma teoria do movimento do Sol e da Lua, a teoria do sistema epicíclico-excêntrico. Compôs um catálogo de estrelas e uma teoria do movimento dos cinco planetas. Com isso, tornou possível prever a posição de todos os corpos celestes conhecidos em um determinado momento.

Plolomeu – Claudius Plolomacus – (cerca de 127-148 a.C.) trabalhou em Alexandria. Seu principal trabalho, *Almagest* (título em árabe), dividido em 13 volumes, é um completo texto de astronomia. Baseia-se na teoria epicíclica-excêntrica de Apolônio e Hiparco e apóia-se em cálculos trigonométricos. Sua adesão a Hiparco se restringe, entretanto, à teoria do Sol e dos eclipses. No restante, introduziu importantes correções na teoria da Lua e criou, ele próprio, a primeira teoria viável dos cinco planetas (volumes 9 a 13). O *Almagest* é uma obra-prima com exposição clara e ordenada e com importante fundamentação matemática. Essa obra teve a maior e mais durável repercussão e se tornou referência astronômica por mais de mil anos.

Estoicismo

Visão Geral

Escola fundada por Zenon de Citium (334-262 a.C.), sucedido por Cleanthes de Assus (331-232 a.C.) e por Chrysippus de Cilicia (cerca de 280-206 a.C.) – o terceiro e mais importante sucessor. Os três representam o estoicismo antigo. Deles só subsistiu um curto hino a Zeus, de Cleanthes. No restante, depende-se de doxografia, de citações isoladas e de fontes secundárias. Esses elementos, todavia, proporcionam um satisfatório entendimento do sistema.

O mundo, para os estóicos, é um organismo cujas partes interagem em benefício do conjunto. Está impregnado por uma razão divina (*logos*), e todo o seu desenvolvimento está ordenado pelo fado e é identicamente repetido de uma fase do mundo para outra, em um eterno ciclo, cada fase terminando por uma conflagração (*ekpyrosis*).

Somente corpos existem e podem interagir. Os corpos são infinitamente divisíveis, não contendo vazio. No seu mais baixo nível o mundo contém um princípio ativo, deus, e uma matéria passiva, ambos corpóreos. A partir disso são gerados, em nível mais alto, os quatro elementos: ar, fogo, terra e água. A interação desses elementos é análoga à que ocorre entre deus e matéria. Ar e fogo, isolada ou conjuntamente, são uma força racional denominada respiração (*pneuma*), enquanto terra e água constituem o substrato passivo sobre o qual aqueles atuam, cada qual totalmente se interpenetrando, graças a não segmentada estrutura do corpo e à sua capacidade de se misturar completamente.

A maior parte das análises físicas é empreendida nesse nível mais alto, a *pneuma* se tornando o conceito-chave tanto em física como em biologia. A qualidade de uma coisa é constituída por sua *pneuma*, que tem o papel adicional de lhe dar coesão e, assim, uma identidade essencial. Nos objetos inanimados essa *pneuma* unificadora é denominada *hexis*, um estado. Nas plantas é chamado de natureza (*physis*). Nos animais, alma e qualidade da alma, como justiça, são partes da *pneuma* e também são corpóreas, por isso produzem efeitos.

Também são admitidos objetos incorpóreos: lugar, vazio (que cerca o mundo), tempo e *lekta*, que significa o "exprimível". Estes incorpóreos não existem, *strictu senso*, faltando-lhes a propriedade corporal da interação. Têm, todavia, uma presença objetiva no mundo e são, pelo menos, algo.

Os universais, identificados com as formas de Platão, são tratados como conceitos (*ennoemata*), ficções convenientes que, entretanto, não chegam a ser "algo".

Ética

A ética estóica se baseia no princípio de que somente a virtude é boa, o vício sendo mau. Coisas usualmente vistas como valiosas são consideradas indiferentes (*adiaphora*). Algumas, como saúde, riqueza e honra, são tidas como preferidas (*proegmena*), seu oposto sendo rejeitável (*apoproeqmata*). Buscá-las é apropriado (*kathekon*), porém não é ato de virtude, mas sim um passo na direção de nosso eventual fim (*telos*), que é o de "viver em conformidade com a natureza".

Cada pessoa tem um papel específico a desempenhar no mundo. O progresso moral (*prokope*) consiste em aprender esse papel. Esse progresso envolve a expansão da própria afinidade (*oikeiosis*), estendendo aos outros e à humanidade o auto-interesse. Esse é o caminho estóico para a justiça.

Os estóicos entendiam, entretanto, que na sua integridade a justiça e outras virtudes só são encontradas no sábio. Este é totalmente bom, por isso é extremamente raro. Talvez apenas Sócrates tenha sido plenamente sábio.

O estoicismo combinava uma visão providencialmente predeterminada da vida humana, causada pelo fado, com uma afirmação de livre arbítrio moral.

A epistemologia estóica sustentava a capacidade humana de alcançar a verdade. A crença é entendida como concordância (*synkatathesis*) com uma impressão (*phantasia*), ou seja, ao se assumir como verdadeiro o conteúdo proporcionado por uma dada impressão. A certeza provém, por meio de uma impressão cognoscitiva (*phantasia kataleptika*), de uma representação perceptiva autocertificada do fato externo. A partir de tais impressões adquire-se concepção genérica (*proleseis*) e se alcança racionalidade.

É prerrogativa do sábio alcançar um estado em que todas as cognições se tornam mutuamente apoiadas. Os demais se encontram em estado de mera opinião (*doxa*) ou ignorância. De qualquer sorte, a impressão cognitiva serve como critério de verdade para todos.

Lógica

A lógica estóica é proposicional, distintamente da lógica de termos de Aristóteles. A proposição simples (*axioma*) é a primeira portadora da verdade ou da falsidade.

As palavras são corpos (porções vibráteis do ar), como o são os objetos externos, mas expressões predicativas (por exemplo, "Sócrates anda.") são *lekta* (algo exprimível).

Fases

O estoicismo teve uma segunda fase, a Escola do Meio, que se desenvolveu sobretudo em Rodes, com Panaetius e Posidonius, e influenciaram Cícero. Panaetius (cerca de 185-110 a.C.) moderou algumas posições clássicas do estoicismo, propondo uma ética mais pragmática e menos referida ao puro sábio. Posidonius relacionou o estoicismo com Platão e Aristóteles.

A terceira fase foi a única que deixou importantes escritos que chegaram até nós. É representada, sobretudo, pelo jovem Sêneca (1-65 d.C.), Epíteto (cerca de 55-135 d.C.) e Marco Aurélio (121-180 d.C.). Foi predominantemente influenciada por Panaetius. O estoicismo perdeu preeminência a partir do século II a.C.

Epicurismo

Fundado por Epicuro (341-271 a.C.), com assistência de seus discípulos Metrodoro (cerca de 331-278 a.C.), Hermaco – que sucedeu Epicuro na direção da escola – e Polyaenus. Epicuro fundou a escola em Mitilene, transferindo-a depois para Lâmpsaco e finalmente para Atenas (306 a.C.), no jardim de sua casa. Os membros viviam coletivamente, afastados da política, mas não se opunham ativamente a ela. Eram devotados à discussão filosófica e ao culto da amizade. As cartas de Epicuro e de seus três discípulos foram convertidas em uma antologia.

Epicuro escreveu muito, mas subsistiram apenas três breves epístolas: *Carta a Heródoto*, sobre física, *Carta a Pythocles*, sobre astronomia, e a *Carta a Meneceu*, sobre ética. Subsistem também fragmentos de seu *opus magnus*, *Sobre a Natureza*. No demais, depende-se de citações, de doxografia e de escritos de seguidores subseqüentes.

A física de Epicuro é atomista, baseada em Demócrito. O existente se compõe de corpos e espaço, ambos infinitos. O espaço é um absoluto vazio no âmbito do qual se movem os corpos. Estes são constituídos por invisíveis partículas indivisíveis, os átomos. Os átomos são o mínimo absoluto, a última magnitude possível. Nos corpos os átomos se apresentam sob a forma de agregados, o que corresponde à molécula.

Os átomos como tal têm somente propriedades primárias: formato, tamanho e peso. Todas as propriedades secundárias, como cor, são decorrentes da composição atômica. Os átomos estão em constante e rápido movimento, com a mesma velocidade; nada, no vazio, os detêm. São governados, em seu movimento, por três princípios: peso, colisão e desvio mínimo de reta.

Nosso mundo, como todos os infinitos outros, é composto pela acidental colisão de átomos, de duração limitada. Não há nenhuma mente divina por trás do cosmos. Os deuses devem ser entendidos como seres ideais, modelos da boa vida epicúrea e totalmente desligados das coisas do mundo.

A teoria epicúrea do conhecimento se baseia no princípio de que "todas as sensações são verdadeiras". Denegação desse fato é um ceticismo auto-refutado. As sensações são verdades representacionais, não proposicionais. A visão decorre de um fino fluxo de átomos que colide com o olho, *eidola*. Inferências desses dados garantidos da natureza dos objetos externos envolvem juízos, e apenas nestes pode haver erro.

Existem três critérios da verdade: (1) sensações, (2) sentimento (critério subjetivo) e (3) *prolepsais*, isto é, concepções genéricas adquiridas de forma natural. A ética epicurista é hedonista. O prazer é nosso objetivo natural, ao qual estão subordinados todos os outros valores, inclusive a virtude. A dor é o único mal.

A filosofia tem por tarefa nos mostrar como o prazer pode ser maximizado. O prazer físico requer, para ser durável, um estilo simples de vida, em que se satisfaçam apenas nossas necessidades naturais, com apoio de amigos com idênticas idéias. A dor física, quando inevitável, pode ser compensada pelo prazer mental, que excede o corporal porque abrange o presente, o passado e o futuro. O prazer máximo consiste em se atingir um estado katastêmico e em livrar-se de interferências negativas, no estado de *ataraxia*.

Epicuro enfatizava que a morte não deve ser temida, pois ela nada mais é que deixar de existir. Ninguém se preocupa pelo fato de que não existia antes de nascer. Portanto, também não deve se preocupar por deixar de existir depois da morte.

13

PENSAMENTO MEDIEVAL

Introdução

O pensamento medieval resulta da lenta penetração do cristianismo no mundo romano e de seu desenvolvimento, a partir da dissolução do Império Romano, do século V ao XV.

Diversamente das demais religiões monoteístas, que tiveram início a partir de um grande fundador, como Moisés (cerca de 1304-1237 a.C.), Zoroastro (final do século VII ao princípio do século VI a.C.) e Maomé (570-632 a.C.), o cristianismo foi se configurando no curso de um período que vai de Jesus Cristo a São Paulo (6 a.C.-65 a.C.). Teve, em seguida, uma fase de lenta difusão e gradual consolidação dogmática, que corresponde à primeira fase da patrística, de Tertuliano (155-220 d.C.) e Orígenes (182-254 d.C.) ao Concílio de Nicea (325 d.C.). Este, sob a (interferente) presidência de Constantino, fixou os dogmas básicos da nova religião, sintetizados no *credo*, em uso até hoje. Santo Agostinho (354 d.C., Tagesta – 430 d.C., Hippona) deu, sob a influência do neoplatonismo, definitiva formulação ao cristianismo.

O pensamento cristão, depois de sua evolução no âmbito do Império Romano, passou, no curso da Idade Média, por duas principais fases, que correspondem à filosofia da Patrística e à da Escolástica, nesta incluída a influência de filósofos árabes como, notadamente, Avicenas e Averroes, e do judeu Maimônides.

Na Patrística inicial, ademais dos pensadores já referidos, devemos mencionar Justino Mártir (cerca de 100-165) e Clemente de Alexandria (150-217). Na Patrística nova sobressaem, além dos referidos, Gregório de Nisa (335-394), Ambrosio de Milão (337-397), Isidoro de Sevilha (cerca de 600), São João Damasceno (cerca de 675-749) e o venerável Beda (por volta de 700).

A Patrística corresponde ao período em que o cristianismo, depois de uma fase inicial de insurgência contra a filosofia clássica, vista como fundamento do paganismo, a ela se ajustou, buscando compatibilizar o dogma cristão com as exigências da racionalidade. O Concílio de Nicea, já mencionado, sistematizou a dogmática cristã e Santo Agostinho lhe deu, a partir de uma perspectiva neoplatônica, a mais alta expressão filosófica.

O período escolástico, que se segue ao da patrística e vai de cerca de 800 ao século XV, é marcado pelo intento de dar um fundamento racional à verdade revelada, esta entendida como absoluta e incontroversível. Esse intento conduziu, com a Baixa Escolástica, no século XIV, ao reconhecimento de que a verdade revelada, que por ser divina se sobrepõe às verdades da razão, escapa, no essencial, ao raciocínio humano e se fundamenta apenas na fé.

A Escolástica se desdobra por três períodos: Escolástica inicial, do século IX ao XII; Alta Escolástica, no século XIII; e Escolástica Tardia, do século XIV ao Renascimento.

Uma das características interessantes da Idade Média é o contraste entre a extrema mobilidade dos *"scholars"*, que lecionam em várias cidades de distintos países, independentemente de seu país de nascimento e a completa fixação do homem medieval comum ao local onde nasceu.

O período da Patrística, como dito anteriomesnte, foi uma fase de racionalização e consolidação dos dogmas cristãos, ajustando-se sua formulação ao legado da cultura clássica, a partir de uma perspectiva neoplatônica. Essa tarefa implicava na superação da brecha que separava a visão imanentista do divino e do humano, própria do pensamento clássico, do transcendentalismo absoluto do cristianismo. À eternidade do mundo dos jônios e de Aristóteles, se contrapunha o criacionismo bíblico, concebendo o mundo como algo que teve um começo e terá um fim. A uma ética da boa conduta neste mundo se segue uma ética salvacionista, dirigida para o destino *post-mortem* da alma humana. A evolução dogmática do cristianismo, a partir do século II, foi seriamente afetada por uma seqüência de heresias, que se prolongaram até o século IV. Nos seus aspectos mais relevantes, as heresias se dirigiram a duas principais questões: a da Trindade e a da natureza do Cristo,[1] negando, logicamente, a possibilidade de que um só deus pudesse ser três pessoas independentes e, no tocante ao Cristo, denegando a possibilidade de a natureza humana Dele ser também concomitantemente divina. Os padres da Igreja combateram essas heresias em defesa dos dogmas cristãos, valendo-se da mais arguta dialética. Foi Santo Agostinho, entretanto, quem melhor encaminhou essa defesa, erguendo um monumento de ortodoxia que configurou a dogmática cristã de forma permanente.

Santo Agostinho

Aurelius Augustinus foi convertido ao cristianismo por Santo Ambrósio, bispo de Milão, em 386, depois de uma juventude dissipada e de um trânsito por várias filosofias helenísticas. Foi batizado em 387, ordenado sacerdote em 391 e designado bispo de Hippona em 396. O pensamento de Santo Agostinho repousa sobre dois pilares: (1) total relevância da Igreja, como responsável pelas Graças por meio dos sacramentos e pela ortodoxia da revelação; e (2) o princípio da absoluta e imediata certeza da autoconsciência humana, ponto de partida da filosofia.

Precursor de Descartes, na formulação da dúvida metódica, Agostinho extraiu da sua capacidade de duvidar a certeza de sua própria existência: *cogito, ergo sum*. A investigação filosófica de Agostinho, menos exercida, via de regra, de forma direta, mas como coadjuvante de suas reflexões teológicas, parte de sua introspecção. A dúvida é uma afirmação de quem duvida. Essa certeza fundamental se estende a todos

---

1. Veja CRAVERI, M . *L'Eresia*. Milão: A. Montaderi, 1996; DANIELOU, J. *L'Eglise des Premiers Temps*. Paris: Seuil, 1985 [1963].

os atos da consciência. Revela, ao que duvida, que ele dispõe de memória, da capacidade de conhecer e de vontade. A introspecção leva à idéia de Deus como algo de imediatamente implicado na certeza que a consciência tem de si mesma. Todo conhecimento racional é, em última análise, conhecimento de Deus. O completo conhecimento de Deus, entretanto, não é alcançável pela mente humana.

Introspectivamente, a consciência se dá conta de que a realidade psíquica se compõe de três elementos: memória, *intellectus* e *voluntas*. Essa tripartição da mente apresenta uma equivalência com a da Santíssima Trindade. Do mesmo modo em que a alma humana é uma unidade a partir do ser, da vida e do conhecimento, Deus é uma substância divina que existe em três pessoas: Pai, Filho e Espírito Santo.

Agostinho assume a tese da criação do mundo por Deus, a partir do nada. Em sua importante investigação sobre o tempo, Agostinho sustentou que só o presente é imediato. O passado só existe na memória; o futuro, na expectativa. O tempo, assim, é simultâneo à criação do mundo. Existe em função da concomitância e da sucessividade dos acontecimentos no universo.

Buscando sintetizar o essencial da contribuição de Agostinho, Abbagnano[2] a resumiu em quatro principais pontos:

(1) Continuidade entre o domínio da filosofia e o da teologia. Deus é o fundamento de tudo.

(2) Teoria da iluminação divina. A inteligência humana só pode funcionar em virtude da ação iluminadora de Deus e não pode encontrar conhecimento certo fora das regras imutáveis da ciência divina.

(3) Primazia da noção do bem sobre a da verdade, da vontade sobre a inteligência, tanto no homem como em Deus.

(4) Reconhecimento, na matéria, de uma realidade positiva e não de mera potencialidade (Aristóteles).

---

2. ABBAGNANO, N. *Dicionário de Filosofia*. Tradução de Alfredo Bosi. São Paulo: Mestre Jou, 1982.

Em sua principal obra, *Cidade de Deus*, escrita ante a contemplação da dissolução do Império Romano, Agostinho sustentou a precariedade de todas as construções humanas e a única e eterna permanência do reino de Deus.

Principais Obras

- *Confissões*
- *Contra Acadêmicos* (refutação do ceticismo)
- *De Beata Vita*
- *De Ordine*
- *De Quantitate Animae*
- *De Trinitate*
- *De Immortalitate Animae*
- *De Civitas Dei*

Escolástica

A filosofia escolástica, em suas três fases sucessivas, constitui a expressão típica do pensamento medieval. Defrontando-se, a partir da Patrística, com um conjunto de dogmas cristãos bem definido e com a elaboração filosófica deles por Santo Agostinho, o pensamento medieval buscou formular, filosoficamente, a compatibilidade entre a revelação e a razão. As verdades reveladas, por sua origem divina, eram absolutas e incontroversas. Mas a razão humana também fora criada por Deus e deveria, por isso, conduzir, racionalmente, às mesmas proposições da revelação.

Essa posição da Escolástica de situar a filosofia como um pensamento ancilar da teologia não foi um obstáculo para os escolásticos se ocuparem de muitos problemas de caráter exclusivamente filosófico, embora os grandes dogmas do cristianismo fossem o objeto preferencial de suas cogitações.

Ao se considerar a evolução do pensamento medieval, no século XII ao XIV, é importante levar em conta que essa evolução acompanhou e foi influenciada em grande medida pelo crescente conhecimento que se foi obtendo do pensamento clássico, notadamente o de Aristóteles.

A Escolástica inicial tinha conhecimento das obras de Boécio (470-525), Marciano Capella (fim do século IV ao início do século V) e Casiodoro (cerca de 490-585) e de parte dos diálogos de Platão, dos escritos neoplatônicos e, de Aristóteles, apenas de alguns tratados lógicos menores. Foi sobretudo a partir da tradução dos filósofos árabes Alkendi (?-870), Alfarabi (?-950) e, sobretudo, Avicenna (980-1037) e Averroes (1176-1195), ademais do filósofo judeu Maimônides (1195-1204) e de suas discussões de Aristóteles, que o Ocidente passou a conhecer a obra do estagirita. Esse conhecimento foi decisivo e conduziu a Alta Escolástica, a partir de Alberto Magno (cerca de 1200-1280), a se transladar da influência neoplatônica para a peripatética.

Escolástica Inicial

A Escolástica inicial, compreendendo o período que vai do início do século IX ao século XII, foi marcada pela grande controvérsia dos universais. Nela estava em jogo a problemática, já debatida por Aristóteles, mas de que os medievais não tinham notícia, relativa à natureza dos conceitos universais, como homem, mundo, animal. O que são tais idéias? Platão as considerava seres imateriais reais, de que os específicos, o indivíduo Sócrates, um determinado cavalo etc., seriam reflexos. Aristóteles, contrariamente, entendia todas as idéias como representações mentais, a partir das características específicas de cada coisa, somente as coisas tendo existência real.

A controvérsia dos universais mobilizou inicialmente duas correntes, a dos realistas e a dos nominalistas. Realistas, como João Escoto Erigeno (810-877), Santo Anselmo (1033-1109) ou Guilherme de Champeaux (1070-1121), entendiam que os universais tinham absoluta realidade, embora não corpórea, e eram, como tal, detectados pela mente. Nominalistas como Roscelino de Campiegne (1050-1120) sustentavam que os universais eram meramente palavras, *flatus vocis*, somente existindo as coisas apreensíveis pelos sentidos humanos. Essa posição já fora adotada por Boécio e por Marciano Capella.

Essa controvérsia encontrou sua superação na posição assumida pelo genial e infortunado pensador Pedro Abelardo (1079-1142), que sustentou que os universais não são coisas nem apenas palavras. A palavra (*vox*) é um conjunto de sons que só adquire sentido tornando-se um predicado (*sermo*) mediante o pensamento conceitual (*conceptus*). O universal é o predicado conceitual (sermanismo) ou o próprio conceito (conceptualismo).

Uma das mais interessantes contribuições desse período foi a proposta de demonstração *a priori* da existência de Deus, intentada por Santo Anselmo, fundada em sua concepção realista dos universais. Para ele, nascido em Aorta, no Piemonte, abade de Bec, na Normandia, que faleceu como arcebispo de Canterbury, Inglaterra, deve-se partir da fé para compreender *"neque enim quaero intelligere ut credan, sed credo ut intelliger"*. Em sua *Monologia* e, mais elaboradamente, em seu *Proslogium*, Anselmo desenvolveu o argumento de que sendo Deus o mais perfeito dos entes que se possa conceber, ele necessariamente existe porque, se assim não fosse, poder-se-ia conceber um ente ainda mais perfeito que existisse.

Não menos notável, nesse período, é a contribuição de Abelardo no que diz respeito às incontornáveis exigências da razão. Para ele, a dialética, como modo de resolver controvérsias pela contraposição de argumentos, segundo o preceito do *sic et non*, proporciona critérios para determinar a aceitabilidade racional de qualquer proposição. Enquanto para Anselmo a razão tinha por objetivo tornar compreensível a verdade revelada, para Abelardo ela determinava a credibilidade de qualquer proposição. As verdades reveladas, por isso, somente são aceitáveis porque, segundo Abelardo, são compatíveis com critérios de racionalidade. Estavam postuladas as condições para o futuro caminho independente da verdade racional e da ciência constituída por esta.

Alta Escolástica

Como precedentemente indicado, a Alta Escolástica se estendeu pelo século XIII e tem, como figuras centrais, São Tomás, precedido de seu mestre Santo Alberto Magno. O pensamento medieval, com a Alta Escolástica, se alinha integralmente com Aristóteles, nele introduzindo apenas modificações substitutivas de seu imanentismo ontológico, tanto em relação ao mundo como em relação ao homem. O mundo, para

Aristóteles, não teve começo nem terá fim. Essa posição foi modificada pelos escolásticos, substituída pela visão bíblica. Esse mesmo mundo, para Aristóteles, recebera sua dinâmica de um primeiro motor, concebido, todavia, não em termos cronológicos (portanto, não como seu criador), mas como causa eficiente, operando desde a eternidade. Para os escolásticos, o mundo foi criado por Deus *ex nihil* e terá um fim. O homem, para Aristóteles, era animado por uma alma que, todavia, constituía a forma de que o corpo era a matéria, ambos mortais. Para os escolásticos, o homem se compunha de duas substâncias distintas, a corpórea (perecível) e a espiritual (imortal). Dessa distinta antropologia filosófica derivava uma ética igualmente distinta. A ética aristotélica é uma disciplina descritiva e normativa baseada nos princípios de bem viver neste mundo, o que significa a prática de virtudes que otimizem, individual e socialmente, o exercício da liberdade racional. Essas virtudes são entendidas como o meio termo sensato entre dois excessos. Assim, a coragem é meio termo entre a covardia e a temeridade. A Escolástica preconiza uma ética de salvação da alma, em que a prática das virtudes cristãs seja acompanhada pela obediência a Deus e pela disposição de aceitar a graça divina.

Alberto Magno (cerca de 1200-1280)

Alberto de Bollstäd, de família nobre, nasceu em Lauingen do Danúbio, sendo educado no castelo paterno. Estudou na Universidade de Pádua artes liberais, medicina, ciências da natureza e Aristóteles, cuja influência estava começando a se dar. Cursou teologia na Universidade de Bolonha e, sob a influência do geral dos dominicanos, o alemão Duque Jordanus, ingressou na ordem. Foi professor de teologia em Paris, onde teve Sto. Tomás como discípulo. Participou de uma comissão que condenou o Talmude.

A atividade intelectual de Alberto Magno se concentrou na discussão de Aristóteles, que considerava a expressão máxima do saber humano. Entendia existirem duas verdades reciprocamente compatíveis: a humana, da qual Aristóteles era o principal formulador, e a da revelação divina. O aristotelismo de Alberto Magno era bastante tributário de traduções de pensadores árabes, como Alfarabi, Avicena e Averroes. Entretanto, teve influências neoplatônicas como a do *Líber de Causis*, que erroneamente atribuía a Aristóteles. Dessa obra recolheu a tese emanacionista, contrária à visão aristotélica de uma natureza submetida à mudança contínua. Recolheu, de Abelardo, o senso da experiência, dando-lhe ainda maior amplitude.

Tomás de Aquino (1225-1274)

Tomás, da família dos condes de Aquino, nasceu no castelo familiar de Rocasecca, perto de Aquino. Estudou no mosteiro beneditino de Monte Cassino. Depois, na Universidade de Nápoles, de 1239 a 1244. Tornou-se dominicano e seguiu os cursos da ordem em Paris. Depois de três anos de estudo lá, sob a direção de Alberto Magno, acompanhou este à Colônia, onde estudou com ele por quatro anos. Voltou a Paris em 1252, ali iniciando sua atividade docente. Em Colônia escreveu *Reportatio*, sobre as conferências de seu mestre. Depois de seu regresso a Paris, escreveu seus comentários sobre *Sentenças*, de Pedro Lombardo, e dois tratados filosóficos, *De Ente et Essencia* e *De Pricipiis Naturalis*.

A partir de 1256, foi conferencista como mestre em teologia. Datam desse período (1256-1259) *De Veritate* e a primeira parte de *Summa Contra Gentiles*. Seu principal trabalho, *Summa Theologiae*, é de 1269.

Pressuposto básico de São Tomás de Aquino é o de que as grandes verdades religiosas só nos são dadas pela revelação. Como a inteligência humana também é dada por Deus, as verdades desta coincidem com a revelação. Para São Tomás, existem cinco vias demonstrativas da existência de Deus:

(1) Tudo que se move é movido por algo. Para explicar o movimento, tem-se, assim, que admitir a existência de um primeiro motor, Deus.

(2) Tudo o que existe tem uma causa. A série de causas requer, assim, uma causa primeira, Deus.

(3) Tudo o que existe é contingente. A série de contingências requer uma causa necessária, Deus.

(4) As coisas apresentam variados níveis de perfeição. Para que tal ocorra, é necessário admitir um ser dotado de perfeição absoluta, Deus.

(5) O conjunto de coisas existentes e que têm uma finalidade requer uma ordenação finalística do mundo, Deus.

A verdade da fé é compatível com a da razão, mas a supera. Quando se opõem, isso resulta de um erro da razão ou, no limite, da impossibilidade de a razão alcançar a verdade revelada. O trabalho de Sto. Tomás constitui uma dupla síntese: a da verdade revelada, a partir das sentenças da fé, e a da razão, a partir de Aristóteles.

Sto. Tomás sublinha a diferença entre o conhecimento *quid* do conhecimento *quia*. O primeiro vai da essência à existência; o segundo, do efeito à causa. *Quid* é inacessível ao homem, notadamente com relação a Deus; *quia* é alcançável.

Sto. Tomás corrigiu as posições de Aristóteles pelas da revelação. Assim o Deus unicamente primeiro motor de Aristóteles se converte no Deus criador. A alma, forma do corpo, se converte em substância espiritual eterna.

Baixa Escolástica

O pensamento medieval experimentou, no século XIV, uma crise significativa, que conduziu ao reconhecimento de inúmeras incompatibilidades entre a razão e a fé. É certo que a nova orientação da Baixa Escolástica decorreu, predominantemente, de uma evolução teórica que conduziu a uma visão mais independente dos dogmas cristãos. Por isso requeria, para a preservação da crença, ante as críticas da razão, a afirmação da prioridade da verdade revelada e, decorrentemente, da relativa impotência da razão humana. Não se pode olvidar, entretanto, na análise dessa nova orientação do pensamento, dos terríveis efeitos da Peste Negra, que avassalou a Europa de 1347 a meados do século XIV, reduzindo em cerca de um terço sua população. Esta, estimada por J. C. Russell em 73,5 milhões em 1340, caiu em 1450 para 50 milhões.[3]

---

3. BORDAS, J.P.; DUPOQUIER, J. (eds.) *Histoire des Populations de L'Europe*. Paris: Fayard, 1997, p. 185.

A peste atingiu sobretudo as cidades e os grandes conventos, particularmente os dominicanos. Gerou um profundo pessimismo, que se refugiou nas crenças religiosas. Talvez não seja mera coincidência o fato de que a dizimação infligida pela peste aos dominicanos corresponda à emergência do predomínio filosófico dos franciscanos.

O novo pensamento surgiu com Rogério Bacon (1220-1292), um de seus maiores expoentes. A ele se seguiram Duns Scoto (cerca de 1266-1308) e, mais radicalmente, Guilherme de Ockham (1285-1349). A característica geral do pensamento medieval, nessa nova fase, é de contestar a validade da teologia natural, que supostamente conduziria, pela razão, à justificação das verdades da fé. A Baixa Escolástica sustenta que somente a fé fundamenta as verdades reveladas. Por outro lado, essa nova corrente intelectual enfatiza a importância da experiência e sua insubstitubilidade, com matéria de fato.

Roger Bacon (cerca de 1220-1292)

Nascido em Ilchester, Inglaterra, fez seus primeiros estudos superiores em Oxford, com Robert Grosseteste (cerca de 1168-1253), bispo de Lincoln e chanceler da universidade (aproximadamente em 1215-1221), que introduziu na Europa os trabalhos científicos dos árabes.

Bacon ensinou filosofia aristotélica, com influências neoplatônicas, de 1242 a 1250, em Paris. Transferiu-se para Oxford em 1251, tornando-se franciscano em 1257. Sob a influência de Grosseteste, dedicou-se à experimentação em diversos domínios da física e da alquimia. Esses experimentos, misturados com idéias mágicas e com astrologia, suscitaram conflitos com as autoridades eclesiásticas. Passou a última parte de sua vida em uma masmorra.

O papa Clemente VI (cerca de 1291-1352), beneditino, tinha grande apreço por Bacon e solicitou que lhe mandasse sua obra. Bacon, que só a tinha de cabeça, se dispôs a escrevê-la, redigindo para o papa um esquema que denominou *Opus Maius*, e complementou com mais dois escritos, *Opus Minus* e *Opus Tertium*. Enviou esses textos com uma lente de aumento e um mapa-múndi, feitos por ele mesmo. O papa faleceu antes de receber a encomenda.

A grande preocupação de Bacon era a *sciencia experimentalis*, dotada de tríplice prerrogativa: (1) gera completa certeza; (2) atinge novas verdades; e (3) proporciona poder. Em *Opus Maius*, Bacon elaborou uma enciclopédia, na qual analisou as condições para um estudo sério das línguas filosóficas. Apresentou, também uma exposição do método matemático e exemplos de sua aplicação às ciências sagradas e profanas. A obra contém, ainda, tratados de geografia, de astrologia e de ótica e uma descrição do método experimental. Bacon concluiu *Opus Maius* com uma ética.

Duns Escoto (1266-1308)

Nascido na Irlanda, iniciou seus trabalhos como *"scholar"* e professor em Oxford. Depois de 1304 atuou em Paris, granjeando alta reputação. Em 1308 se transferiu para Colônia, onde morreu pouco depois.

Duns Escoto afirmou que as verdades reveladas superam as limitações da mente humana. Ele admitiu a demonstração da existência de Deus a partir dos efeitos, mas considera tal esclarecimento de caráter comprobatório. Inclinou-se a favor de Santo Anselmo, que foi do possível ao necessário.

A filosofia, todavia, não pode demonstrar muitos dos atributos de Deus, só atingíveis pela fé. É o reino da *credibilia*. São predicados absolutamente certos mas não sustentáveis pela razão. O caráter principal da divindade é a infinitude, que se contrapõe à finitude de tudo o que é criado.

Não há uma subordinação da vontade aos inteligíveis, como sustentam os sistemas intelectuais, mas sim uma subordinação dos universais à vontade divina, que os cria. Deus, como ser infinito, está situado além da verdade e do bem, sendo o fundamento destes.

Os universais, embora subordinados a Deus, são reais, e por isso o saber de essências não é meramente lógico, mas ontológico. O entendimento real não é somente o universal nem somente o individual. Duns Scoto não concebia, assim como São Tomas, a *materia signata* como único princípio de individuação. A individualidade do ser é a *haececitas*, que é uma forma individual.

Por outro lado, toda criatura tem uma matéria. Distinguem-se três tipos de matéria: (1) matéria-prima prima, criada imediatamente por Deus; (2) matéria-segunda prima, que constitui o substrato da geração e da corrupção; e (3) matéria tertio-prima, que é a matéria propriamente dita, plasmável.

O pensamento de Duns Escoto, por seu voluntarismo, pela teologia como saber prático e pela infinitude de Deus, como seu traço fundamental, gerou uma tradição escotista, que se tornou muito antitomista e de tendência agostiniana, embora com elementos aristotélicos.

Guilherme de Ockham (cerca de 1285-1349)

Guilherme de Ockham nasceu pouco antes de 1300, em Ockham, Condado de Surrey, perto de Londres. Fez seus estudos na Universidade de Oxford de 1312 a 1318. Comentou as *Sentenças* de 1318 a 1320. Chamado a Avignon por acusações heréticas, teve, após quatro anos, algumas de suas teses condenadas. Opôs-se ao papa João XXII a respeito do poder temporal da Igreja e apoiou o imperador Luiz da Baviera, junto ao qual se refugiou, primeiro em Pavia, depois em Munique. Morreu entre 1349 e 1350.

Ockham deu uma continuação radical às posições de Abelardo, embora provavelmente não o tenha lido. Ockham só reconhecia como válida uma proposição que seja imediatamente evidente ou que decorra, de maneira essencial, de outra imediatamente evidente.

Considerava que somente o particular/individual existe. Para ele, os universais são construções da mente, embora não necessariamente arbitrárias, quando exprimem propriedades ou características das coisas. Sustentava um nominalismo conceitual.

As proposições se compõem de termos (pensados, falados ou escritos) que são os universais. Esses termos só podem entrar nas proposições, objeto da ciência, se tiverem uma significação. Essa significação consiste em tomar o lugar do objeto, e chama-se *suppositio*. Há três casos de *suppositio*: (1) quando o termo significa o próprio nome: o homem é uma palavra – *suppositio materialis*; (2) quando o termo significa indivíduos reais: o homem corre – *suppositio personalis*; e

(3) quando significa algo de comum: o homem é uma espécie – *suppositio simplex*.

Passa-se da lógica à metafísica quando se busca compreender a que corresponde esse dado comum.

Alguns consideram que os universais têm existência real, outros, que são concepções do pensamento. Para Ockham, a única realidade é a do indivíduo. Os termos com os quais formamos nossas proposições são sinais que têm lugar na linguagem dos indivíduos correspondentes. Tudo repousa na função de *suppositio personalis*. Trata-se de um nominalismo conceitual.

Fé e Razão

O longo caminho percorrido pelo pensamento medieval corresponde, de certa forma, a distintas modalidades de relacionamento da fé com a razão. A fé sempre era considerada superior à razão, porque se baseia na verdade revelada por Deus. O cristianismo se inicia como uma contestação à filosofia clássica, considerada como fundamento do paganismo. Em Tertuliano se encontra, inicialmente, essa condenação da filosofia a que se seguirá, com ele próprio, um intento de ajustar a verdade revelada aos critérios da racionalidade. A patrística conduziu à sistematização dos dogmas cristãos, com o Concílio de Nicea (325) e Sto. Agostinho (354-430).

A Alta Escolástica, com Alberto Magno e Sto. Tomás de Aquino, representou o momento de absoluta convicção na compatibilidade entre fé e razão. A verdade revelada por Deus pode ser confirmada pela razão humana, porque esta, também criada por Deus, recebeu Dele o dom de poder alcançar a verdade.

Com a Escolástica tardia do século XIV, se iniciou um movimento que teve, a longo prazo, o maior alcance histórico. Roger Bacon enfatizou a exigência da experimentação. Duns Escoto e Ockham salientam as limitações da razão humana e de como, por isso, as grandes verdades reveladas não podem ser fundamentadas pela razão e só encontram na fé sua fundamentação.

O profundo fideísmo do pensamento medieval tardio, subestimando a razão em benefício da fé suscitou, entretanto, a tendência a uma dicotomização da verdade: a verdade indubitável, procedente da fé, e a verdade relativa, procedente da razão. Na medida, entretanto, em que, no curso da história, desde o Renascimento (Pomponazzi) e, decisivamente, com a Ilustração (de La Mettrie, David Hume), a crítica racional dos dogmas foi minando a credibilidade destes, a verdade revelada foi perdendo terreno para a verdade racional, em um processo que encontra sua culminação no pensamento ocidental contemporâneo.

14

RENASCIMENTO

Características Gerais

A representação do Renascimento – período da civilização ocidental que vai de fins do século XIV ao princípio do XVII – experimentou, de Jacob Burckhardt (1818-1897) a nossos dias, considerável mudança.[1] Para o autor da grande obra *A Cultura do Renascimento na Itália* (1860), esse momento histórico constituiu uma ampla e profunda ruptura com a Idade Média. De um mundo teocêntrico se passou para um mundo voltado para a realidade circundante do homem. Universalista e comunitário, o cristão medieval de um determinado condado ou paróquia tornou-se uma personalidade individual. Transitou-se do sagrado para o profano. Contestando essa visão do Renascimento, Erwin Panofsky, em *Renaissance and Renaissances in Western Art*, de 1960, sustentou a ocorrência de uma continuidade entre a Alta Idade Média e o Renascimento.

Essas visões opostas do Renascimento conduziram, contemporaneamente, ao reconhecimento de que, sem prejuízo dos elementos de continuidade entre a Idade Média e o Renascimento, invocados por Panofsky e outros, profundas diferenças separam o homem renascentista do medieval, como observou, entre outros, Eugênio Garin.[2] O medieval

---

1. JAGUARIBE, H. *Um Estudo Crítico da História*. v. II, cap. 16.
2. GARIN, E. Moyen *Age et Renaissance*. Paris: Gallimard, 1954.

vivia na dialética teocêntrica entre providência e livre arbítrio; o renascentista, na dialética totalmente distinta, antropocêntrica, de *virtu* e *fortuna*.

Do ponto de vista do entendimento do homem e do mundo, o Renascimento se caracterizou por acentuar a denegação de validade às concepções medievais da harmonia entre a fé e a razão, que encontra sua expressão máxima em Sto. Tomás de Aquino, mas já fora contestada pela Baixa Escolástica. O Renascimento adotou a idéia, formalmente desenvolvida por Pomponazzi (1462-1525) das duas verdades, a revelada e a científica. Nicolau de Cusa (1401-1464), o maior pensador do Renascimento, sustentava a incomunicabilidade entre a fé e a razão, aquela prevalecendo sobre esta, mas não sendo redutível nem por esta alcançável.

Essa incomunicabilidade marcou a história do pensamento ocidental. No curso do tempo, do século XV ao XVIII, a verdade racional foi se tornando cada vez mais relevante e terminou por se sobrepor à fé. O cientificismo se impôs com o positivismo do século XIX. Com formulações mais complexas e relativistas, a verdade científica tornou-se hegemônica a partir do século XX.

Com o Renascimento emergiu uma nova concepção do mundo, copernicana, galileana, consciente da condição da Terra como um dos planetas do sistema solar e deste como parte do cosmos. Nesse contexto, a posição do homem passa a ser vista a partir de uma dupla perspectiva: a religiosa e a científica. Subsiste, no Renascimento, profunda fé religiosa, que se manifesta não apenas na filosofia, como com Cusa ou Giordano Bruno, mas também na mística de Eckardt ou de San Juan de la Cruz. Por outro lado, se desenvolveu uma versão humanista do homem, cuja relevância e dignidade independem da religião mas decorrem de sua liberdade racional, com Pico della Mirandola e, ainda mais radicalmente, com Pomponazzi.

Como o século V a.C., na Grécia e o período que, com algumas interrupções, vai em Roma de Augusto (63 a.C.-14 a.D.) a Marco Aurélio (121-180) ou, posteriormente, com a Ilustração do século XVIII, o Renascimento foi um dos mais extraordinários momentos da história.

O gênio renascentista tem importantes precedentes no "Outono da Idade Média", para usar o belo título de Huizinga. Filosoficamente, com

Roger Bacon, (cerca de 1220-1292), Duns Escoto (cerca de 1266-1308) e Ockham (cerca de 1285-1349); na literatura, com Dante (1265-1321) e Petrarca (1304-1374); na pintura, com Simone Martini (cerca de 1284-1344) e Gentile da Fabriano (cerca de 1370-1427). Foi, entretanto, em Florença que o Renascimento alcançou suas expressões mais altas, no curso do *quattrocento*. De fins do século XV ao XVI se expandiu para Roma e Veneza e, desde o século precedente, por grande parte da Europa, como Países Baixos, Alemanha, França, Inglaterra e Península Ibérica.

A fase instauradora do Renascimento, em Florença, estava vinculada ao patrocínio dos Médicis e apresenta dois momentos principais correspondentes ao principado de Cosimo, de 1434 a seu falecimento em 1464, e ao de Lorenzo o Magnífico, de 1469 a 1475, conjuntamente com seu irmão Giuliano e, depois, sob sua autoridade exclusiva, até seu falecimento em 1492.

Nesses dois períodos floresceram, de forma extraordinária, as artes plásticas e os humanistas. Destacaram-se, no período de Cosimo, Poggio Bracciolini (1380-1451), Leonardo Bruni (1369-1444) e Marsilio Ficino (1433-1499), fundador da Academia Platônica de Florença, Brunelleschi (1377-1446), Ghiberti (1378-1455), Donatello (1386-1461), Michelozzo (1396-1472), Benozzo Gozzoli (1430-1490) e Masaccio (1401-1428). A fase correspondente ao principado de Lorenzo o Magnífico, foi marcada pelo idoso Marsilio Ficino (mestre de Lorenzo), Pico della Mirandola (1463-1474), Angelo Poliziano (1354-1494), Piero della Francesca (1415/20-1492), Verrochio (1435/6-1488), Botticelli (1445-1494) Leonardo da Vinci (1452-1519), então jovem, assim como Michelangelo (1475-1564).

Descobrimentos e Reforma

Ademais de um momento de suprema excelência nas artes plásticas e em outras manifestações do espírito, esse período registrou duas outras ocorrências da maior relevância histórica: os descobrimentos marítimos e a Reforma de Lutero.

Os descobrimentos marítimos, iniciados por Portugal e por Castela, constituíram uma manifestação típica do espírito renascentista, nos quais a *virtu* dos navegadores desafia a *fortuna* adversa de mares desconhecidos, apoiada pelos conhecimentos científicos e técnicos acumulados na época, em que a Escola de Sagres foi o principal centro. A viagem às Índias, de Vasco da Gama, que nelas chegou em 1499, e a descoberta da América por Colombo, em 1492, constituem os pontos mais altos dessa grande gesta.

A Reforma de Lutero, diversamente, é um movimento anti-humanista que buscou, em um retorno independente às fontes da escritura, restaurar o primado da religião. Com suas 95 teses apostas à porta da Igreja de Todos os Santos, em Wittemberg, em 31 de outubro de 1517, Lutero denegou a autoridade do papa, condenou a prática da coleta de fundos para o Vaticano e declarou validade exclusiva para *sola scriptura* e *sola fide*.

Esses dois grandes acontecimentos condicionaram, decisivamente, o subseqüente curso da história. A descoberta de um novo mundo e de seus nativos afetou profundamente o antropocentrismo europeu. O caminho marítimo para as Índias abriu novas facilidades para o comércio, deslocando inicialmente para os países Ibéricos e, depois, para Holanda, Inglaterra e França, o predomínio comercial que era detido por Veneza. A Reforma de Lutero, por seu lado, abriu uma profunda brecha no mundo cristão, que se dividiu entre católicos e protestantes, gerando terríveis conflitos no fim do século XVI e na primeira metade do século seguinte e separando, até nossos dias, uma Europa católica de outra, protestante.

Novas Idéias

A grande relevância do Renascimento consistiu em uma decisiva mudança no modo de entender a realidade física. Passou-se de uma visão racional-qualitativa, que vinha desde os jônios, a uma visão racional-quantitativa. Essa nova perspectiva da natureza física do mundo se refletiu na filosofia da época. Três grandes cientistas, Copérnico (1473-1543), Galileu (1564-1642) e Kepler (1571-1630), modificaram o entendimento do universo. Relevante, igualmente, foi a contribuição dos filósofos Nicolau de Cusa (1401-1464), Pietro Pomponazzi (1462-1525) e Giordano Bruno (1548-1600).

Os Cientistas

Nicolau Copérnico (1473-1543)

Nascido em Torun, na Vístula, Polônia. Entrou em 1491 na Universidade de Cracóvia. Aceitava, inicialmente, o geocentrismo ptolomaico. A eleição de seu tio materno Lucas Waczenrode (1445-1497) para bispo de Ermeland (Warmia) proporcionou-lhe a designação para cânone da Catedral de Frauenburg em 1497, assegurando-lhe a subsistência. Submeteu-se a longas estadas na Itália, em 1497, onde estudou grego por três anos e meio. Esteve em Roma em 1500, de onde voltou para assumir seu posto, em 1501. Retornou à Itália, ingressando na Universidade de Pádua, onde estudou direito e medicina. Em 1503, foi admitido no doutorado em direito pela Universidade de Ferrara. Passou cerca de quatro anos na Universidade de Pádua e voltou à Polônia em 1503. Foi assessor de seu tio até sua morte em 1512, quando voltou para a Catedral de Frauenburg. Sua fama de astrônomo se espalhou. Em 1514 recusou convite para opinar sobre a reforma do calendário, por entender que eram insuficientes os conhecimentos de então.

Em Frauenburg, as observações astronômicas de Copérnico o tornaram crescentemente crítico do sistema ptolomaico, que requeria a adoção de inúmeros epiciclos para conciliar o geocentrismo com as observações astronômicas. Concluiu que havia algo de errado no sistema.

Entrando em contato com o heliocentrismo de autores gregos, resolveu tentar aplicar a doutrina a suas observações astronômicas, concluindo que estava certo, depois de muitos anos de estudo. Não publicou os resultados. Somente anos mais tarde, por influência de seu aluno Georg Joachim Rhäticus (1514-1576), resolveu publicar, em 1543, sua grande obra *De Revolutionibus Orbium Coelestium*. Embora sem êxito imediato, suas idéias foram se tornando predominantes, ganhando a aceitação de Kepler e de Galileu.

Em 1530, Copérnico pôs em circulação seu manuscrito *Commentariolus*, em que suas idéias são expostas, mas sem diagramas ou cálculos. Em 1540 Rhäticus levou à publicação a obra de Copérnico *Narratio Prima de Libres Revolutionum*, em Leipzig.

Copérnico descobriu que as órbitas de Mercúrio e Vênus são mais próximas do Sol, seguidas pela Terra, por Marte, por Júpiter e por Saturno, com o círculo de estrelas fixas externas.

Galileu Galilei (1564-1642)

Nascido em Pisa, filho do músico Vicenzio Galilei. Em 1581 entrou na Universidade de Pisa, estudando medicina. Observações do movimento pendular de uma lâmpada, na Catedral de Pisa, o estimularam a estudar matemática e ciência. Ostilio Ricci foi seu professor.

Em 1585, por falta de recursos, teve de abandonar a universidade antes de se formar. Voltou para Florença, fez conferências na Academia e em 1586 publicou um ensaio descrevendo o equilíbrio hidrostático, descobrimento que o tornou famoso na Itália. Em 1589, um tratado sobre o centro de gravidade dos sólidos valeu-lhe o honroso mas pouco lucrativo posto de professor de matemática na Universidade de Pisa.

Em 1592 solicitou e obteve a cadeira de matemática na Universidade de Pádua, onde permaneceu por 18 anos, lá realizando a maior parte de seus trabalhos. Formulou a lei do movimento de aceleração uniforme – idêntico para todos os corpos, independentemente do respectivo peso. Também elaborou a lei da queda parabólica, com seu componente inercial. Entretanto, parece não ter base a lenda de que fez cair corpos da Torre de Pisa para comprovar suas idéias.

Retornando a Pádua, Galileu, que já estava convicto do heliocentrismo de Copérnico, mas não o publicava por prudência, aperfeiçoou o telescópico, inventando a telescopia de lentes curvas, com capacidade de aumento de 32 vezes, boa para uso astronômico. O uso do telescópio lhe permitiu inúmeras descobertas astronômicas, a começar pela irregularidade das faces da Lua. Suas observações astronômicas foram publicadas em 1610, no *Sidereus Nuncius*.

Em 1610 deixou seu posto vitalício em Pádua para aceitar o de primeiro filósofo e matemático do grão-duque da Toscânia. Em 1632 publicou seu grande *Dialogo dei Massimi Sistemi*, com o *imprimatur* dos censores. A autoridade eclesiástica, todavia, o considerou herético, por causa do heliocentrismo. As vicissitudes de Galileu com a Inquisição terminaram em uma condenação branda, em 1633. A sentença de prisão foi comutada para detenção na própria casa na sua propriedade de Avatri, em Florência, onde passou os últimos oito anos de sua vida. Isso não obstante, continuou seus trabalhos e em 1634 concluiu seu *Discorsi e dimostrazioni matematiche interna a due nuove scienze*, em que resume e sintetiza sua obra. Sob muitos aspectos é sua mais importante publicação. Cego, em 1637, continuou suas elaborações. Faleceu quando ditava a seus discípulos, Viviani e Torricelli, sua teoria do impacto.

É interessante observar que Galileu não incorporou a descoberta de Kepler a respeito da órbita elíptica dos astros. No desconhecimento da gravidade de Newton, Galileu supôs que a rota inercial dos astros em torno do Sol teria de ser circular.

Desde 1610 Galileu se deu conta da possibilidade de usar lentes para pequenas coisas. Em 1624, viu o microscópio de Cornelis Drebbel e prontamente o aperfeiçoou. Sua maior contribuição foi para a mecânica, compreendendo a força como agente mecânico. Embora não tenha formulado a interdependência entre movimento e força, seus escritos sobre dinâmica e suas soluções para problemas dinâmicos implicam o reconhecimento dessas leis. Com isso, ele preparou o terreno para Newton.

Galileu foi o primeiro a reconhecer que matemática e física, antes concebidas separadamente, são interligadas. Compreendeu que o livro da natureza está redigido em matemática.

Seu *Dialogo sopra due massimi sistemi del mondo Telemaico e Copernicano*, de 1632, apresentava tal evidência de procedência copercaniana que constituiu um momento decisivo para o heliocentrismo.

Johannes Kepler (1571-1630)

Nascido em Weil, Württemberg. Formado por Tübingen (BA e MA), pensava ser pastor, mas tornou-se professor de matemática em Graz, em 1594. Kepler absorveu o heliocentrismo de Copérnico, dando-lhe brilhante desenvolvimento.

Exerceu astrologia = *Calendarium und Prognoctium*, anos 1591-99 de 1595. Por razões religiosas teve de abandonar sua cidade e foi para Praga.

Entre as múltiplas contribuições de Kepler para a óptica e a astronomia, a mais relevante foi sua descoberta da órbita elíptica, em vez de circular, como se pensava, de todos os planetas. Esse trabalho foi publicado em Praga em 1609.

Os Filósofos

Nicolau de Cusa (1401-1464)

Nicholas Kryfts nasceu em Kues, Merck. Doutor em leis em 1423, tornou-se conhecido com *De Concordantia Catholica* de 1432, escrito para o Concilio de Basilea, defendendo a posição conciliaria contra o papa. Mais tarde, convenceu-se de que somente este poderia assegurar a unidade da Igreja em seus entendimentos com os ortodoxos. Juntou-se ao papa em 1437; tornou-se cardeal em 1448 e bispo de Brixon desde 1450.

O pensamento de Cusa refletia influências originárias de Ockam, recebidas de seus mestres de Heidelberg e do neoplatonismo, procedentes de Proclo = *Elementos de Teologia, Comentário ao Parmênides* e *Teologia Platônica*.

Adotou a concepção neoplatônica da passagem de um patamar superior da realidade ao inferior, com uma visão cada vez mais profunda do mesmo universo. Essa concepção está contida em *De Docta Ignorancia* ("ignorância consciente"), de 1440.

Nicolau de Cusa quis agregar, à matemática clássica, a "matemática intelectual", que denominou "transmutação geométrica" (1450). Trata da questão dos limites; de como um poliedro, com lados cada vez menores, se aproxima do círculo

A "ignorância consciente" é o estado de espírito que, insatisfeito com o conhecimento racional, quer se aproximar do conhecimento intelectual ou sintético. Daí sua tese da coincidência dos contrários no infinito.

Afastou-se da cosmologia de Aristóteles. Contestou a oposição entre o mundo estelar e o sublunar, bem como a concepção de que a Terra está no centro do cosmos. Todos os astros têm a mesma estrutura. A Terra se movimenta em um cosmos infinito que, por isso, não tem centro. Sua principal categoria de análise é a díade *complicatio-explicatio*. A primeira se refere ao que está unido e a segunda, ao disperso. Deus é todas as coisas em estado de *complicatio*; o mundo, todas as coisas em *explicatio*. Deus e o universo são ambos um máximo. Deus é o máximo absoluto, o poderoso *possent* em que todo o poder (posse) chegou ao ser. O universo é o máximo passivo.

Máximo não significa maior, mas o supremo qualitativo. O universo é o máximo *contractum*. Deus é a quididade absoluta do mundo e o universo sua quididade contracta. É a *explicatio* em vias de realização.

Concebeu, com Plotino, que tudo está em tudo. Os quatro elementos não existem em forma pura, como supunha Aristóteles, mas de forma mista. Há em cada um deles algo dos três outros.

Para ele, o conhecimento é o movimento inverso à *explicatio*, mediante o qual a diversidade se reduz, na alma, à unidade. Para atingir o saber da unidade suprema é necessário privar-se de determinações positivas, desprendendo-se do conhecimento dos contrários e se aproximando ao conhecimento, pela inteligência especulativa, à intuição intelectual. Isso é a *docta ignorancia*; sabedoria, não ciência. Isso é possível porque o homem é uma imagem do divino, um microcosmo no qual se reflete, diminuído mas totalmente presente, o macrocosmo da realidade.

Pietro Pomponazzi (1462-1525) e a Escola de Pádua

Nascido em Mantua, foi professor da Universidade de Pádua e da Universidade de Bolonha. Representa o aristotelismo alexandrino no Renascimento. Sustentou a teoria das duas verdades, a da fé e a da razão. Pela fé, a imortalidade da alma; pela razão, sua mortalidade conjunta com a do corpo.

Para Pomponazzi, a mortalidade da alma não invalida a ética; a virtude é válida por si mesma e a humanidade tem um fim ético. Era favorável à religião por razões morais e tinha posição estóica.

Em seu trabalho *Sobre o Destino – O Livre Arbítrio e a Predestinação*, de 1520, sustentou a incompatibilidade entre livre arbítrio e providência. No *Livro Das Causas e dos Admiráveis Efeitos Naturais ou Encantamentos*, de 1556, defendeu que quase todas as ocorrências são naturais.

Aquelas que parecem milagrosas ou encantadas resultam de um conhecimento insuficiente da natureza e das causas.

O aristotelismo de Pádua, entretanto, era clássico e não acompanhou a emergência da ciência moderna com Copérnico, Galileu e Kepler.

Giordano Bruno (1548-1600)

Nascido em Nápoles, entrou para a ordem dominicana em 1565. Suspeito de heresia, deixou a ordem em 1576. Estudou e lecionou em Genebra, mas a abandonou por causa do calvinismo. Passou por Toulouse, Paris, Inglaterra, diversas universidades alemãs e Praga. Em 1591 retornou a Veneza, onde foi detido pela Inquisição em 1592. No ano seguinte foi transferido para a Inquisição romana, permanecendo detido até ser levado à fogueira em 1600.

Bruno foi uma confusa mistura de hermetismo (de Hermes Trismegistus) e de Nicolau de Cusa, Ficino e Agrippa von Nettesheim, este último sustentando uma concepção organicista do universo.

Bruno aliava um neoplatonismo, carregado de magia, à adesão a Copérnico. Adotava, concomitantemente, posições contraditórias:

- Hierarquia da realidade: Deus, inteligência, alma do mundo e matéria com Plotino;
- Heliocentrismo de Copérnico com a infinidade de mundos;
- Identidade de Parmênide; e
- Atomismo de Demócrito.

15
SÉCULO XVII

Introdução

O século XVII, seguindo-se a um dos períodos mais brilhantes da história, o Renascimento, apresentou um perfil muito diferente, mais compacto e mais denso. Nesse século, o ressurgimento da religiosidade contrastou com o semipaganismo precedente, e o espírito científico, com a explosão artística dos dois séculos anteriores. A Idade do Barroco, para denominar o século por uma de suas marcantes características, correspondeu, no plano sociopolítico, ao momento de consolidação das grandes potências européias e, no plano da filosofia e da ciência, a uma absoluta confiança no pensamento racional para o alcance da verdade e na experiência, para a apreensão do real.

O milagre do Renascimento italiano fora possibilitado, ademais de por outras condições, pelo vácuo internacional de poder no curso do *quattrocento*. As duas potências que exerceriam papel predominante, no cenário internacional do século XVII, Espanha e França, estavam internamente imobilizadas. A França permaneceu paralisada pela Guerra dos Cem Anos, de 1338 a 1453. Seguiram-se os terríveis conflitos entre católicos e huguenotes nos reinados de Henrique II (1547-1559) com o massacre de Saint-Barthélémy de 1572 e de Henrique III (1574-1589), só superados com o sábio reinado de Henrique IV (1589-1610). Com ele se criaram as condições para uma importante atuação internacional da França, que atingiu seu ápice com Luís XIII (1610-1643) e com o cardeal Richelieu, que dirigiu a política francesa de 1624 até seu falecimento em 1642. Esse bom momento continuou com Luís XIV.

A Espanha, envolvida com as guerras de reconquista até a tomada de Granada, em 1492, se consolidou com a união, em 1469, de Isabel de Castela com Fernando de Aragão. Exerceu, com Carlos I (1519-1558) e sobretudo com Felipe II (1556-1598), um papel hegemônico na Europa, até perdê-lo para a França, na segunda metade do século.

A influência internacional da Inglaterra, no século XVII, foi moderada e consistiu, sobretudo, em resistir à hegemonia espanhola (Invencível Armada, 1588) e francesa (Liga de Augsburgo, 1688). A guerra civil de 1642 a 1646, com a queda do último Tudor e o advento de Cromwell, contribuiu para internalizar a ação pública inglesa, a *"glorious revolution"*, conduzindo Guilherme de Orange (1650-1702) ao trono britânico, em 1689. Isso marcou o início de um predomínio que se desenvolveu no século XVIII.

Ideologicamente, o século XVII correspondeu a um maior distanciamento entre religião e ciência. A religião passou, com a Reforma e a Contra-Reforma, por um poderoso recrudescimento. A ciência, na continuação da linha de Copérnico e Galileu, atingiu o mais alto nível com Newton. Esse também foi o século de uma nova filosofia, definitivamente separada da Escolástica e marcada por total confiança no pensamento racional, com sentido empírico – com Hobbes, Locke e Leibniz –, ou racionalista, com Descartes, Gassendi, Pascal e Spinoza.

Religião

Contrastando com o individualismo e o semipaganismo do Renascimento, o século XVII foi profundamente teocêntrico e religioso. A nova religiosidade já era notada, no âmbito do catolicismo, desde meados de século XVI e se tonrou particularmente acentuada com os movimentos da Reforma e da Contra-Reforma. Ordens religiosas como a dos Capuchinhos de 1525, restaurando a austeridade franciscana, acompanhados pelas Ursulinas, de 1535, e pela Ordem do Oratório, fundada por Felipe Néri (1515-1595), buscaram recuperar a pureza da fé e das práticas cristãs.

Deve-se à Reforma de Lutero (1483-1546) o grande impulso a uma nova religiosidade, que se expandiu no curso da segunda metade do século XVI e marcou o século XVII. A partir da fixação, nas portas da igreja do castelo de Wittenberg, em 1517, de suas 95 teses, contestando, notadamente, a venda de indulgências, Lutero se encaminhou para o completo rompimento com a Igreja de Roma e fundou um movimento religioso tendo por princípio a pura fé (*sola fide*), o direto acesso, por todos os cristãos, às escrituras (*sola scriptura*) e o princípio de que a inerente pecaminosidade do homem só lhe permitiria a salvação pela Graça de Deus: *sola gratia* e *solis Deo gloria*.

O protestantismo, sob forma luterana e sob outras inspirações, dominou, no século XVII, grande parte da Alemanha, a Suíça, a Holanda, a Grã-Bretanha e, por influência desta, a América do Norte. Exerceu, na segunda metade do século XVI, a maior influência na França, com os huguenotes, gerando grandes conflitos nos reinados de Henrique II (1547-1559) e Carlos IX (1560-1574). A convivência pacífica entre as duas correntes foi alcançada apenas sob o reinado de um ex-huguenote, Henrique IV (1589-1610).

A Reforma produziu, na Igreja Católica, a reação da Contra-Reforma, que teve na ordem jesuíta, fundada por Santo Inácio de Loyola (1491-1556) e aprovada pelo papa Paulo IV, em 1540, seu principal agente de contestação e contenção do protestantismo. O conflito religioso, com forte impregnação política, conduziu à sanguinária Guerra dos Trinta Anos, de 1615 a 1648, encerrada, pela exaustão dos combatentes, com o tratado de Westfalia.

O dogmatismo sectário da época não impediu, entretanto, a emergência de um pensamento religioso moderado, como o do cardeal Bellarmino (1542-1621), do catolicismo, e de Richard Hooker (1554-1600), do protestantismo anglicano.

A distinção entre verdades da fé e verdades da razão, já desenvolvida pela Escolástica tardia do século XIV e acentuada, no Renascimento, por Tomas de Cusa e por Pomponazzi, se expandiu, com o racionalismo do século XVII, nas filosofias de Hobbes, Gassendi e Leibniz. Não obstante, o racionalismo de Descartes, em contradição com seu próprio método, era impregnado de fideísmo. Foi a fé em Deus que o levou, a partir da dúvida metódica, a crer na objetividade do mundo. A harmonia dos mônadas e das esferas, com Leibniz, também foi devida à crença em Deus.

Artes

Não se pode discutir o pensamento do século XVII sem uma alusão, ainda que muito sucintamente, a seus aspectos artísticos. A cultura do barroco foi extraordinariamente rica, apresentando o contraste entre um aspecto nela predominante, marcado pelo sentido da grandeza, e outro, oposto, de caráter intimista. Era uma cultura do Estado, com poderosas monarquias absolutistas, mas foi também o período em que surgiram parlamentos independentes. Era uma cultura de afirmação dogmática de verdades religiosas, no dramático conflito do catolicismo com o protestantismo, mas era também a cultura do relativismo de Hobbes. Era a cultura da grandeza, com Versailles, o Escurial, a força titânica de Rubens ou dramática de Caravaggio, mas também do intimismo de Vermeer e dos irmãos Le Nain.

Depois da inexcedível perfeição formal da escultura e da pintura do Renascimento, a Idade do Barroco, como a helenística vis-à-vis o classicismo ático, tentou captar o movimento na imobilidade do mármore ou da tela, como Bernini, com o Êxtase de Santa Teresa, ou o dinamismo das telas de Rubens.

O fim do século, com prolongamento até meados do seguinte, teve o primeiro grande momento da música ocidental, definitivamente superando a polifonia medieval e renascentista com Albinoni (1671-1750), Vivaldi (1678-1741) Telemann (1681-1765), Bach (1685-1750) e Marcello (1686-1739).

Na literatura, Shakespeare foi tanto parte do Renascimento quanto do barroco, assim como Cervantes (1547-1616), Lope de Veja, (1562-1635) e Calderon de La Barca (1600-1681). Típicos do século XVII foram Corneille (1606-1684), Racine (1639-1699), La Fontaine (1621-1695) e Molière (1622-1733), e os grandes predicadores Vieira (1608-1697) e Bossuet (1627-1704).

Filosofia

Thomas Hobbes (1558-1679)

Nascido em Malmesbury, estudou em Oxford. Foi preceptor do filho de Lord Cavendish. Opondo-se a Cromwell, permaneceu na França de 1640 a 1651, retornando à Inglaterra de Carlos II. Manteve contato pessoal com Galileu, Descartes e Gassendi. Autor prolífero, abordou todos os grandes temas filosóficos da época. Escreveu, entre outros *The Elements of Law* (1640); *Human Nature*, compreendendo um estudo da natureza humana; *De Cive* (1642); o famoso *Leviathan* (1651); *De Corpore Politica* (1656), sobre a sociedade; e *De Homine* (1658).

Hobbes desenvolveu um empirismo racionalista e materialista, que compreende a sensação como base do conhecimento e aquilo que o torna possível. Todavia, a ciência, para ele, surge quando se submete o conhecimento sensível a um tratamento racional e matemático. Por outro lado, defendia que a linguagem, criada pelo homem, constitui a base de toda concepção conceitual, a partir da qual se logram as definições gerais que permitem o conhecimento científico. Para a concepção materialista de Hobbes, a realidade é entendida como uma corporeidade, regida por leis causais, às quais também se acha submetido o espírito, que assim é compreendido de forma físico-fisiológica.

A ética de Hobbes é comandada por uma teoria das paixões, o fator atrativo sendo o prazer e o amor e o repulsivo, a dor e o ódio. Daí importa reduzir os conflitos passionais a uma ordenação racional, para possibilitar a convivência dos indivíduos na sociedade, o que requer, além de uma consciência ética racional, uma reguladora intervenção do Estado. A filosofia de Hobbes culmina, assim, no *Leviathan*, com a concepção de que a delegação ao rei dos direitos dos cidadãos permite a este assegurar convenientes condições de convívio social. São centrais, para essas idéias, as teses de *homo homini lupus* (o homem é lobo do homem) e da *bellum omnia omnes* (a guerra de todos contra todos).

Pierre Gassendi (1592-1655)

Nascido em Champtercier, Provença, filho de pais pobres. Estudou em Digne e Aix, tornando-se sacerdote. Foi professor de filosofia em Aix, em 1617. Viajou por Flandres e Holanda (1628-1633) e assumiu em 1634 o posto de Prevost da Catedral de Digne. Em 1645 foi designado professor de matemática do Colégio Real de Paris. Suas principais obras foram *Exercitationes Paradoxicae Adversus Aristoteles*, de 1624, e *Syntagma Philosophiae Epicuri*, de 1659.

Gassendi restaurou, com importantes modificações próprias, o atomismo de Epicuro. Opôs-se a Aristóteles e em parte a Descartes, e foi partidário de Galileu e de Tycho Brahe. O atomismo de Gassendi explica o mundo material, mas não se aplica à alma humana nem a Deus. Ao contrário, é a providência divina que opera de forma que a cega combinação dos átomos seja submetida a uma ordem universal. Nesse ordenamento das combinações atômicas Gassendi vê uma prova de existência de Deus, que é a primeira e a última causa de tudo. Os átomos se movem no vazio do espaço e no curso do tempo. O espaço e o tempo não são acidentes da substância, mas sim condições inalteráveis da possibilidade do movimento e da perduração.

Ele defendeu uma ética de base epicurista, voltada para as condições de se atingir a felicidade no mundo sem prejuízo dos mandamentos cristãos, para a salvação eterna. Gassendi repeliu o ceticismo e sustentou a validade das imagens do mundo transmitidas pelos sentidos. Essas imagens só se tornam objeto da ciência quando analisadas e coordenadas pelo entendimento.

René Descartes (1596-1650)

Nascido em La Haye, Touraine, em família de pequena nobreza. Seu pai, Joachim, foi conselheiro no parlamento da Bretanha e sua mãe, Jeanne Brochard, era filha do Tentente-General de Poitiers. Foi o terceiro filho do casal. Estudou no Colégio de La Fleche, dirigido pelos jesuítas.

Em 1616 foram aprovados em Poitiers seus exames jurídicos. Seus recursos pessoais lhe asseguravam satisfatórias condições de vida. Em

1618 se alistou no exército do príncipe Maurício de Nassau, em luta contra os espanhóis. Em 1619 desligou-se de Nassau e se alistou no exército católico de Maximiliano da Baviera. Foi em 1619, em uma aldeia alemã próxima de Ulm, que teve a intuição de um novo método científico, que desde então o orientaria. Passou, nesse período, por uma fase mística, juntando-se à Ordem Rosacruz.

De 1619 a 1626 viajou pela Itália e residiu em Paris de 1626 a 1628, estudando matemática e óptica. Escreveu então um opúsculo, que ficou incompleto: *Regulae ad Directionem Ingenii*, publicado em 1701, dos quais a *Logique de Port-Royal* (v. IV, cap. II, 1664) traduz as regras XII e XIII. Buscando maior isolamento, fixou-se na Holanda, em fins de 1628, lá permanecendo até 1649.

Em 1629 escreveu o *Traité du Monde*, em que expôs suas idéias sobre o mundo e o homem, mas, depois da condenação de Galileu, não publicou, por prudência, esse tratado, que só apareceu postumamente, em 1677.

O *Discurso do Método*, seguido por três ensaios, *Meteoros*, *Dióptica* e *Geometria*, surgiram em 1637. Datam de 1641 suas *Meditationes de prima philosophia, in quibus Dei existencia et animae humanae a corpore distinctio, demonstratur*. Nesse trabalho se encontra o essencial do pensamento de Descartes. Para sua publicação, Descartes tomou todas as precauções junto às autoridades religiosas. Em 1674 publicou *Princípios da Filosofia*, que contém sua suma e sintetiza sua obra.

O êxito de Descartes mobilizou contra ele os aristotélicos holandeses, notadamente o teólogo Voetius, o que levou o Senado de Utrecht a proibir sua filosofia, em 1642. Em 1649 aceitou o convite da rainha Cristina, da Suécia, para ser seu tutor filosófico. As aulas eram às 5 da manhã, e o frio afetou Descartes, que morreu quatro meses depois.

Método

Descartes se opôs à fragmentação do saber e à pluralidade de métodos procedentes da escolástica.

Sustentou que a verdade científica é uma e que todas as ciências devem ser estudadas a partir do mesmo método universal, ilustrado pela matemática. Assim, afirmava que são três as operações a serem realizadas no estudo científico: *intuitus*, *deductio* e *enumeratio*.

Para ele, é fundamental o momento da intuição, que consiste na apreensão direta de uma verdade. *Deductio* não é silogística, mas uma inferência do *intuitus*. Procede, analítica e sinteticamente, no encadeamento de dependências derivadas da intuição. *Enumeratio* é a fase corretiva de possíveis erros. Consiste na análise das etapas percorridas, para encurtá-las e reduzi-las ao essencial.

Nenhuma qualidade sensível pode ser objeto dessas operações, porque tais qualidades são confusas. Somente termos claramente concebidos e cujas conexões sejam distintamente discerníveis podem ser objeto de *intuitio*, complexos ou simples. Se complexos, devem ser decompostos em seus elementos simples. Todos os indefiníveis a que nos referimos e que usamos em nossos pensamentos são denominados por Descartes "naturezas simples", isto é, o que é imediatamente designado por termos como unidade, independência, universidade, causa, existência, substância, movimento, ponto, reta, igualdade, formato, magnitude, saber, dúvida, vontade, semelhante, diversos, etc. Descartes acreditava que o número dessas naturezas era muito pequeno. Assim como as letras do alfabeto permitem a formação de inumeráveis palavras, a variedade de objetos naturais pode ser reduzida a diferenças de combinação e diferenças das naturezas combinadas. Destarte, a física e a química se tornam ciências de número, peso e medida. Dessa maneira, Descartes esperava alcançar um sistema unitário e exaustivo de leis aplicáveis universalmente à natureza, que substituíssem tentativas explicatórias de fatos isolados, como na ciência medieval. Essa metodologia não contém, todavia, a certeza do que existe. Essa certeza tem de ser adquirida inequivocamente. Daí o empreendimento da dúvida metódica.

No *Discurso do Método*, Descartes desenvolveu um intento de dúvida metódica, para concluir que ao duvidar, isto é, ao pensar, ele se reconhecia como existente: *cogito ergo sum*. Para chegar a constatações válidas a respeito das outras coisas existentes, Descartes apelava para Deus. Constatou a existência de Deus e seus atributos por via ontológica. O homem finito só pode ter consciência do infinito porque o infinito existe. Apenas a partir da existência do infinito poderiam os homens, como seres finitos, terem consciência do infinito. Essa mesma via ontológica nos permite discernir os atributos de Deus. Em vista desses atributos, podemos ter certeza de que Deus não nos engana e, assim sendo, que nossas intuições do mundo real são verdadeiras.

É interessante se observar como, depois da mais rigorosa elaboração de seu método e o depurado esforço dubitativo, que leva ao *cogito ergo sum*, Descartes racionalizou suas convicções religiosas, não submetendo-as a nenhuma análise crítica e utilizou o já reconhecidamente falacioso argumento ontológico para postular a existência de Deus e seus atributos, desta forma prejudicando toda a sua construção subseqüente.

É igualmente interessante observar que a fidedignidade de nossas experiências sensíveis, que Descartes defendia que provinham de Deus, deve ser validamente inferida a partir do processo evolutivo. A longa evolução da vida, das protobactérias primordiais aos animais e ao homem se deu por meio de um processo de adaptação seletiva. Os dados proporcionados por nossos sentidos têm a validez correspondente à nossa adaptabilidade ao meio ambiente. Eles não revelam a natureza última das coisas, mas sim as aparências válidas. Graças à nossa constatação dessas aparências válidas asseguramos nossa existência no mundo. Essas aparências são as que correspondem a nossas necessidades existenciais. Outros seres vivos possuem aparências distintas, de conformidade com suas respectivas necessidades existenciais.

A distinção kantiana entre fenômeno e número corresponde a essa relação entre o homem e seus dados sensoriais. O desenvolvimento da física vem permitindo ultrapassar as aparências sensoriais para se lograr um conhecimento válido de níveis mais profundos da realidade. A física subnuclear está se aproximando de um conhecimento numênico da realidade, e talvez o alcance por meio da teoria das cordas.

Física

Descartes distingue na realidade duas naturezas, *res extensa e res cogitans*. A física de Descartes se refere à *res extensa* e distingue espaço de movimento. O movimento requer espaço, mas espaço não requer movimento. Deve-se a Deus, portanto, a existência de corpos em movimento. Este é sempre retilíneo, e são os choques que modificam o curso do movimento. Segundo Descartes, há sete leis de choque, conforme, relativamente a dois corpos duros, um seja maior que o outro, um seja mais veloz, ou um se encontre em repouso quando receba o choque.

O conceito de vértice ou torvelinho é fundamental na física de Descartes. O sistema solar procede de um desses vértices, em cujo centro está o Sol. Corpos quase iguais no momento formativo foram, ao se moverem, por atrito, se tornando esféricos. Do atrito desses corpos formou-se uma substância sutil, o primeiro elemento, "preenchedor" de todos os interstícios. As esferas constituem o segundo elemento. A luz é parte dessa matéria sutil que escapa do vórtice. O primeiro elemento produz, assim, a luz, que escapa do vórtice, e o que nela continua, que é a matéria dos céus. O terceiro elemento é formado por agregações de partículas do primeiro, formando uma crosta, que explica as manchas do Sol e os diversos corpos sólidos existentes na Terra.

É interessante a contradição entre a tese de Descartes da divisibilidade da matéria, que o leva a rechaçar os átomos de Demócrito por indivisíveis, e sua posterior aceitação de partículas do primeiro elemento, que são justamente átomos.

Fisiologia

O *Tratado do Mundo*, de 1629, termina com um capítulo sobre o homem. Descartes concebe o animal – e o corpo humano – como uma máquina. Para ele, o que distingue o homem do animal é sua alma pensante.

A filosofia de Descartes se apóia nos descobrimentos de Harvey (1578-1657) a respeito da circulação do sangue e de como este é propulsionado pelas contrações do coração. Descartes inverte, erroneamente, a formulação de Harvey, sustentando que são as dilatações do sangue, por causa do aquecimento do coração, que produzem as contrações deste.

Moral

Descartes entendia que uma ciência ética só seria possível depois de se lograr um perfeito conhecimento de todas as outras ciências. Como, todavia, o homem necessita imediatamente de uma moral, Descartes formulou uma "moral provisória". Esta contém três princípios:

(1) O conformismo social, por sua utilidade. Implica aceitar religião, costumes e leis que sejam razoáveis.
(2) Manter firmeza e resistência nas convicções, assumindo-as como corretas, porque pior que o erro é a instabilidade da conduta.
(3) Procurar vencer a si mesmo, antes mudando de desejos do que tentar mudar o mundo.

Essa moral consiste na arte de viver feliz. Em sua obra posterior, *As Paixões da Alma*, de 1646, Descartes retomou a temática ética, dando-lhe sua formulação final. Essa ética confirma a moral provisória, mas agrega sua teoria das paixões, com suas conseqüências éticas positivas e negativas, conforme sejam controladas pela vontade ou que a dominem.

Blaise Pascal (1623-1662)

Nasceu em Clermont-Ferrand, na província francesa de Aurvergne. Revelou, desde a juventude, excepcional talento matemático e físico. Data de 1640, nos seus 17 anos, seu *Essai pour les Coniques*, e de 1651 o *Tratado sobre o Vazio*. Uma crise espiritual o levou a um retiro em Port-Royal, em 1654, onde escreveu as famosas *Cartas Provinciais*, anônimas, defendendo Arnoud e seus companheiros dos jesuítas. Entre seus inventos está a máquina de calcular (1642-4).

Pascal foi um gênio místico-matemático. Suas *Pensées*, compostas majoritariamente entre 1657 e 1658, são uma reflexão crítica sobre as possibilidades da razão, fora do plano meramente matemático-físico, para alcançar verdades absolutas. Estas só podem ser atingidas, como mostrou Santo Agostinho, pela fé. Embora tenha permanecido no campo católico, a religião de Pascal, profundamente agostiniana, se aproxima dos jansenistas.

É famosa sua aposta, baseada no cálculo de probabilidades, a respeito de Deus, tendente a afirmá-lo, porque se Deus existe, é a certa e, se não existe, vale tanto quanto a posição de negá-lo.

John Locke (1632-1704)

Nascido em Wrington, Somerset, Inglaterra, de uma família anglicana de classe média. Estudou teologia e filosofia em Oxford, mas se interessou por medicina e ciências naturais. Analisou as obras de Descartes, Gassendi, Boyle e Hobbes.

A serviço do conde de Shaftesbury foi, depois de um período dogmático, um militante defensor das causas liberais e da tolerância a partir de 1667, apoiando a monarquia constitucional. Por razões políticas refugiou-se na França e na Holanda, retornando à Inglaterra depois da *Glorious Revolution* de 1688, acompanhando a carreira política de Shaftesbury como seu secretário. Foi eleito membro da Royal Society em 1668.

Seus principais livros são *Essay Concerning Human Understanding* (1671) e *Two Treatises on Government* (1690), em que são apresentadas as idéias políticas de Locke.

A teoria do conhecimento de Locke se opõe às idéias inatas, por considera-las inexistentes. Para ele, mente é uma *tabula rasa*. Tudo provém das experiências externa (sensação) e interna (reflexão). Locke distinguia, na percepção do real, qualidades primárias – extensão, figura, movimento, número etc. – das secundárias – cor, sabor, sonido e odor. O conhecimento se diferencia da crença, embora a gere. Ele decorre da percepção de determinada concordância ou da discordância entre as coisas; é uma direta tomada de consciência de um fato.

Idéias são objetos mentais representativos de características da realidade ou representativos de objetos ideais. O conhecimento é alcançado por meio das seguintes etapas: (1) coletar evidências; (2) analisar as evidências, para determinar sua probabilidade; e (3) assumir, em relação às evidências, um grau de aceitação adequado à probabilidade de sua correspondência ao real.

Locke distinguia a teologia natural (filosófica) da revelada (evangélica). Acreditava na existência de milagres como prova de Deus.

Sua ética se baseava, por um lado, na lei natural, e, por outro, na revelação cristã.

Seu segundo tratado sobre o governo se baseia na teoria da lei natural, no estado de natureza. Para corrigir as limitações desse estado, os homens ajustaram entre si, contratualmente, regras de governo. Para garantir a liberdade, Locke preconizava a divisão de poderes entre um legislativo eletivo e um executivo monárquico, mas regulados pela Constituição.

Baruch Spinoza (1632-1677)

Spinoza, que aos 22 anos latinizou seu nome para Benedito, nasceu em Amsterdã, em uma próspera família de judeus portugueses que se havia mudado para a Holanda por causa da Inquisição.

Sua independência de pensamento o levou a se indispor com a sinagoga de Amsterdã, o que provocou sua expulsão em 1656. Passou, a partir de 1666, a residir em várias outras cidades holandesas, assegurando sua existência como exímio polidor de lentes e mantendo contato com muitos intelectuais de seu tempo, como Leibniz, Huygens, Oldenberg. Foi convidado para ensinar na Universidade de Heidelberg, mas recusou a oferta para preservar sua independência intelectual. Sua única obra publicada em vida foi *Princípios da Filosofia de Descartes* (1663), trabalho no qual buscou reformular o pensamento de Descartes em termos, segundo o próprio Spinoza, de ordem geométrica. Seus amigos, após sua morte, publicaram em 1677 *Opera Póstuma*, contendo *Ethica Ordine Geometria Demonstrata*, os inacabados *Tractatus de Intellectus Emendatione* e *Tractus Politicus*, uma *Gramática Hebraica e sua Correspondência*.

A filosofia de Spinoza se propôs a alcançar o bem supremo, entendido como produto do conhecimento de Deus, como unidade do conjunto do universo. Daí sua tese, *"Deus sive natura"*. A identidade de Deus com a natureza não é concebida por Spinoza de forma mística, mas sim como um conhecimento racional, a ser elaborado com rigor geométrico, o que gerou o ponto de partida cartesiano.

Spinoza identificou quatro tipos de representação da realidade: (1) a transmitida verbalmente; (2) a procedente de experiências imprecisas;

(3) a decorrente de uma relação de causa e efeito; e (4) a que proporciona um conhecimento intuitivo direto, como ocorre com as verdades matemáticas. É esse último tipo de conhecimento que Spinoza empregou em sua filosofia.

A ontologia de Spinoza, como a de Descartes, consiste no reconhecimento de *substâncias*, seus *atributos* e seus *modos*. Substância é definida, em sua *Ética*, como aquilo que é por si mesmo e é concebido por si mesmo. Atributo, para ele, é aquilo que o intelecto percebe como essência de uma substância. Modo, por sua vez, se trata do que ocorre em outra coisa por meio da qual é concebido. Spinoza afirmava, como Descartes, que somente Deus é substância.

Em sentido amplo, reconhecia duas substâncias criadas, substância extensa e mente. A substância divina contém, para Spinoza, uma infinidade de atributos. Dessa infinidade de atributos a mente humana só pode compreender dois: extensão e pensamento.

Spinoza via o ser humano como um modo finito de Deus, nele existindo simultaneamente, como modo de pensar e modo de extensão. Sustentava que todo o modo de extensão é idêntico ao modo do pensamento, ou seja, este é a idéia do modo de extensão. Por isso entendia que a mente humana e o corpo humano são a mesma coisa, concebidos a partir de diferentes atributos. Existe, assim, completo paralelismo entre mente e corpo. Estendido à natureza, esse paralelismo conduziu Spinoza a um pampsiquismo, em virtude do qual cada modo de extensão tem certo grau de animação.

Em sua concepção da natureza, Spinoza adotou uma posição "necessitarista". As coisas não poderiam ter sido produzidas de modo diferente do que foram. Essa necessidade decorre de seu entendimento de que a existência de Deus é fundamental, sua essência requerendo sua existência (argumento ontológico), pelo que é necessário tudo o que deriva de Deus. Somente Deus é totalmente livre; o homem, todavia, pode alcançar uma relativa liberdade. Em sua *Ética*, Spinoza sustenta que os apetites humanos podem ser guiados pela razão. A fortitude, ou firmeza de caráter, permite esse controle. Ela conduz a dois tipos de virtude: *animositas* – ou consistência determinada pela razão – e *generositas* – quando esse ditado racional conduz a querer o bem dos outros. Na verdade, o altruísmo é socialmente benéfico, o que lhe dá sustentabilidade.

A mente humana é parte da infinita inteligência divina, portanto o conhecimento adequado é um aspecto eterno desse intelecto infinito. Daí resulta um estado de felicidade e paz de espírito, produzindo uma espécie de feliz imortalidade.

Grottfried Wilhelm Leibniz (1646-1716)

Nascido em Leipzig, estudou direito, filosofia e matemática em Leipzig, Iena e Aldorf. Esteve a serviço do eleitor de Mainz em 1667. Nesse posto advogou a candidatura do eleitor, em 1669, para a sucessão da coroa polonesa e empreendeu gestões junto a Luís XIV, para motivá-lo a uma coligação européia contra os otomanos, invadindo o Egito. Ainda em Paris, em 1673 foi eleito membro da Royal Society de Londres e em 1700 membro estrangeiro da Academia de Ciências de Paris.

Quando retornou à Alemanha, ingressou no serviço do duque de Brunswick-Lünebury, transladando-se em 1676 para Hanover, onde permaneceu por 40 anos. O duque se desinteressou de Leibniz a partir de 1692, quando foi elevado ao status de eleitor. A eleitora Sophia e sua filha Sophia Charlotte continuaram prestigiando Leibniz. Em 1700 foi fundada, com influência das idéias de Leibniz, a Academia de Ciências de Berlim, da qual foi o primeiro presidente. Porém, a morte de Sophia Charlotte, em 1705, o privou desse posto. Ficou em Viena de 1712 a 1714, onde obteve os títulos de conselheiro-imperial privado e de *freihers*.

A disputa com Newton, a respeito de quem inventou o cálculo diferencial (ambos separadamente), somada à negligência que se fez em torno dele "amarguraram" o final da vida de Leibniz.

Leibniz foi um dos mais extraordinários gênios universais, dominando matemática, física, cosmologia, biologia, humanidades e direito. Ademais da invenção do cálculo diferencial (1666) destacam-se entre as obras de Leibniz: *Discours Metaphysique* (1686), *Système Nouveau de la Nature* (1695), *Nouveaux Essais sur L'Entendement Humain* (1701-1704) e *Monadologia* (1714).

O pensamento enciclopédico de Leibniz e seu espírito de compatibilizar diferentes idéias e posições o conduziu a uma visão contínua da matemática, da física, da metafísica e do divino. Assim, a física de Leibniz, sistematizada em *Monadalogia*, tem uma inspiração neoplatônica e uma íntima associação entre a reflexão matemático-física e a teológica, Deus sendo responsável pela contínua criação de mônadas e por sua harmonia preestabelecida, com o que se formou o melhor dos mundos possíveis.

A *Monadologia* de Leibniz, ademais da inspiração platônico-cristã, deriva de sua concepção da infinita divisibilidade da matéria. Essa divisibilidade exclui a possibilidade da existência de átomos individuais como componentes últimos da matéria. Em substituição, Leibniz sustentava a diferença entre matéria-prima e matéria segunda. A primeira é pura massa, inerte e passiva; a segunda é a matéria real de que se compõe o mundo, individualizado por um sem número de mônadas que constituem o princípio ativo da matéria. As mônadas, inextensas, são a substância básica – algo como os átomos de Demócrito – e se diferenciam por suas qualidades. Pertencem a dois tipos: percepção, que significa primeiramente um princípio ativo, e apercepção, ou consciência, característica das mônadas superiores. As mônadas são impenetráveis – não têm janelas –, se originam da criação divina e só podem desaparecer por aniquilação divina. As diversas categorias de minerais, vegetais, animais e humanos decorrem das diferenças de qualidade entre mônadas e da ordem mundial provinda de uma harmonia preestabelecida por Deus. O mundo resultante é o melhor possível.

Pensamento Científico

Isaac Newton (1642-1727)

Nascido em Woolsthorpe, Lincolnshire, Inglaterra. Cursou a Universidade de Cambridge, se formando em 1665. Tornou-se membro do Trinity College em 1667 e professor de matemática em 1669. Eleito em 1671 para a Royal Society, foi eleito presidente em 1703 e reeleito até seu falecimento. Em 1696 foi designado diretor da Casa de Moeda

(*Warden of the Mint*). Em seus anos mais tardios manteve atividades políticas e públicas.

De caráter irascível, manteve uma acerba disputa com Leibniz, invocando sua precedência na invenção do cálculo infinitesimal, que descobriu entre 1664 e 1667. Leibniz afirmava que sua invenção foi em 1666. Na verdade, foram descobertas independentes por ambos.

Sua obra principal é *Philosophiae Naturalis Principia Mathematica*, de 1687. Também escreveu importantes trabalhos sobre a luz, concebendo-a corpuscularmente e, depois, ondular-corpuscularmente, como veio a ser reconhecido mais tarde. Seu trabalho *Optic* foi publicado em 1704.

Newton teve grande interesse em religião, estudando os padres da Igreja e discutindo questões teológicas a partir de uma posição antitrinitária. Seus escritos teológicos foram publicados somente em 1950 por H. Mclachlan, sob o título *Theological Manuscript*.

As descobertas de Newton em ótica consistiram, inicialmente, na constatação de que a luz solar, de aparência branca, é constituída por um espectro que vai do infravermelho ao ultravioleta. A partir desse entendimento da luz, Newton extraiu várias inferências, atribuindo 186.000 milhas/s à velocidade da luz.

Para fins ópticos, inventou o telescópio de espelho côncavo magnificador e o doou à Royal Society. As grandes descobertas astronômicas de Newton dizem respeito à gravidade universal e às leis do movimento e constituem uma decisiva e genial interpretação do movimento das esferas. São suas teses básicas:

a) Gravidade: matéria atrai matéria na razão direta de massa e na inversa do quadrado da distância.

b) Movimento

    (1) Todo o corpo continua em estado de repouso ou em movimento retilíneo uniforme se uma outra força não o afetar.

    (2) Mudança de movimento é proporcional à força que o imponha e se dá na direção da linha reta em que tenha sido impulsionada.

    (3) A ação recíproca de dois corpos um no outro é sempre igual e dirigida no sentido contrário.

A física de Newton dominou seu campo respectivo e fez as idéias Descartes e de Leibniz se tornarem obsoletas. As teorias de Newton prevaleceram incontestadas até a relatividade de Einstein.

Epílogo

Os processos históricos se desenvolvem em um misto de continuidade e de rupturas. Estas, mais no entendimento de seus contemporâneos que na realidade dos fatos – como na afirmação, pelos próceres do Renascimento, de completa ruptura com a Idade Média –, marcam sua diversificação sobre um amplo fundo de continuidade. Essa relação continuidade-ruptura se observa no trânsito do Renascimento para o século XVII, com a oposição de um novo fideísmo ao semipaganismo do cinquecento, enquanto a continuidade, entre muitas outras dimensões, se dá no plano da ciência, de Copérnico a Newton.

O trânsito do século XVII para o seguinte apresentou a mesma relação de continuidade e de ruptura. Houve continuidade nas ciências naturais de Newton a Laplace, com expansão do conhecimento científico para a química, com Lavoisier, e para a biologia, com Buffon. Passou-se a ter, sobretudo, uma nova visão da sociedade, que se tornou contemplada em uma perspectiva histórica, de Vico a Voltaire. Finalmente, houve uma expansão da crítica racional, do plano estritamente científico para o religioso, o social e o político.

O marquês de Fontenelle (1657-1757) foi, em todos os sentidos, o homem típico da transição do século XVII para o seguinte. Fisicamente porque, centenário, viveu de meados do século XVII a meados do século XVIII. Espiritualmente porque foi, em seus escritos, o analista das mudanças de gosto e de idéias do século de Bossuet para o de Voltaire.

16

A ILUSTRAÇÃO

Introdução

A Ilustração constitui, com o Renascimento, uma das épocas mais brilhantes da história. Nela, alguns dos aspectos mais atraentes do *ancien regime* – de que nos falaria Talleyrand – se conjugam com o advento da modernidade. Foi o século das luzes da razão, que transborda dos tratados científicos do século precedente para iluminar a totalidade da vida e da sociedade. Foi o século do antidogmatismo e da tolerância, com Voltaire, mas foi também o do extremo radicalismo da Revolução Francesa. Foi ainda, entre os dois extremos, o século do despotismo ilustrado, com monarcas como Frederico II da Prússia (1729-1781), José II da Áustria (1741-1790), Catarina II da Rússia (1719-1796), Carlos III da Espanha (1716-1788) e José I de Portugal (1714-1777), cujo reinado, de 1750 até sua morte, foi dirigido pelo marquês de Pombal (1699-1782), chefe do governo a partir de sua extraordinária atuação na recuperação dos efeitos do terremoto de Lisboa em 1755. Esses monarcas ou seus ministros, como Pombal, lograram compatibilizar o que subsistia do direito divino dos reis com uma administração ilustrada da sociedade, baseada na gestão racional do domínio público e no respeito aos direitos civis dos súditos.

Esse período, também denominado Iluminismo, corresponde a um conjunto de idéias, sentimentos e atitudes que influenciaram profundamente os setores educados da Europa, tendo a Inglaterra, a França e a Alemanha como centros de irradiação, do final do século XVII ao início do século XIX. Seu foco central era uma irrestrita confiança na razão e a exigência de racionalidade em todas as instituições e condutas humanas. Com Locke (1632-1704) na Inglaterra, Leibniz (1646-1716) na Alemanha e Fontenelle (1657-1757) na França surgiram as primeiras manifestações do espírito ilustrador. Depois, com Rousseau (1712-1778) na França e Goethe (1749-1832) na Alemanha, a Ilustração transitou para o Romantismo e se impregnou de muitos de seus ingredientes. A denominação Ilustração, para caracterizar o conjunto do período e seus principais representantes, não tem apenas sentido puramente cronológico, como sinônimo do século XVIII.

A Ilustração apresenta características muito diversas, em parte por causa das distintas culturas européias – inglesa, francesa e alemã – em parte devido a seus expoentes individuais, como Diderot, D'Alembert, Montesquieu, Rousseau, Voltaire, Hume e Kant. Entretanto, há profundas e importantes características comuns a todos os expoentes da Ilustração: a irrestrita confiança na razão e uma radical exigência e defesa da liberdade.

A razão, na Ilustração, se diferencia significativamente do que representou para o século XVII. Durante este, representara a capacidade humana de compreensão de princípios universais, a partir dos quais dedutivamente se podia atingir o conhecimento de Deus, da alma e do mundo. Esse racionalismo construtivo foi radicalmente contestado pela Ilustração, que em todos os seus expoentes mais representativos exigia que o conhecimento proviesse da experiência. A razão, na Ilustração, era a convicção de que, a partir dos dados da experiência, se podia construir, racionalmente, uma compreensão geral da realidade. A razão iluminista era contra os dogmas religiosos e filosóficos e contra a validade dos argumentos fundados apenas na autoridade. Era uma razão crítica que encontrou sua culminação na obra de Kant.

A liberdade, na Ilustração, não era apenas a liberdade racional-volitiva do espírito. Era a liberdade civil e política do cidadão, a liberdade pessoal da opinião e do direito de manifestá-la, a liberdade econômica do empreendedor e a da imprensa, como salientou Adam Smith (1713-1791).

A Ilustração teve sua manifestação mais típica com a edição da *Enciclopédia Francesa*. A iniciativa se deve ao livreiro André François le Breton, que se propôs, inicialmente, a publicar uma tradução francesa da notável enciclopédia de Ephrain Chambers, publicada em 1728 em Londres. Breton se associou a três outros livreiros, Briasson, Durand e David. Na sua seqüência, o projeto de tradução foi convertido no projeto de uma grande enciclopédia francesa original, que foi coordenada por Denis Diderot (1713-1784), coadjuvado por D'Alembert (1717-1783). A obra tem 17 volumes, com mais cinco suplementares, contendo 17.818 artigos e 11 volumes de ilustrações, com 2.885 gravuras, e foi publicada de 1751 a 1777. É uma abrangente coleção de todo o saber da época, com a contribuição de 146 autores, mobilizando os melhores espíritos do século. É interessante observar que esse extraordinário empreendimento, considerado subversivo pela Igreja e pelas autoridades francesas – o que valeu algumas prisões a Diderot – foi possível, a despeito de tudo isso, porque contou com a admiração dos espíritos ilustrados da época, dentre os quais algumas autoridades que, simulando oposição, secretamente apoiaram a obra. Contou, sobretudo, com o gênio enciclopédico de Diderot e sua incansável energia, como exprime seu lema: *labor improbus omnia vincit*.

O espírito da Ilustração se fez sentir em todos os domínios da cultura, na ciência, na filosofia, na história, na economia, com Adam Smith, na literatura e nas artes. No plano científico, Laplace (1749-1827), deu significativo avanço à astronomia de Newton com a descoberta da órbita elíptica de Júpiter, entre outros achados. Lavoisier (1743-1794) fundou a química moderna. Buffon (1707-1785) converteu dados fragmentários preexistentes em uma história natural sistemática. Na filosofia, ademais da contribuição de Diderot e dos *philosophes*, destacaram-se as obras de Hume (1711-1776) e de Kant (1724-1804). Na história, ocorrem a fundação da própria ciência histórica por Vico (1668-1744), as concepções historicistas de Herder (1744-1803) e estudos histórico-sociais. Nestes, avulta a figura de Edward Gibbon (1737-1794) e sua *História do Declínio e Queda do Império Romano* (1776-1788). Na literatura, sobressai o gênio apolíneo e multifacetado de Goethe (1749-1832). No domínio sociopolítico, em que é particularmente relevante a contribuição do século XVIII, destacam-se, além de Diderot, Montesquieu (1689-1755) e Rousseau (1712-1778). Na economia, avulta a sustentação do liberalismo econômico de Adam Smith.

A Ilustração foi um grande momento das artes. Na pintura, os retratos ingleses de Lawrence (1697-1775), Gainsborough (1723-1789), Reynolds (1723-1792) e Constable (1776-1832) atingiram o mais alto nível do gênero. A França teve um grande momento da pintura com Watteau (1684-1721), Chardin (1699-1779), Fragonard (1732-1806) e David (1748-1825). Na Espanha, surgiu um dos maiores pintores de todos os tempos: Francisco de Goya y Lucientes (1746-1828). A arte de Goya é omniabrangente, indo dos elegantes desenhos para tapeçaria aos grandes retratos e à antecipação, com os quadros negros, do expressionismo alemão após a Primeira Guerra Mundial. A escultura do século XVIII, por outro lado, alcançou o mais alto momento do classicismo com Canova (1757-1822) e Houdon (1741-1829).

Foi sobretudo na música que a arte da Ilustração chegou a um nível inexcedível, com os barrocos venezianos como Vivaldi (1678-1741), Marcello (1686-1739) e Albinoni, o "dilettante veneto" (1671-1750). Posteriormente, destacaram-se Bach (1685-1750), Telemann (1681-1767), Haydn (1732-1809) e Mozart (1756-1791). A juventude de Beethoven (1770-1827) transcorreu no final do século XVIII, sendo uma de suas obras mais belas os *Trios para Piano*, de 1795.

Constitucionalismo

Podem se encaixar nessa designação os pensadores ilustrados que, sob a influência de Locke, preconizaram a necessidade de se submeter a um regime constitucional democrático os governos e países civilizados. Entre tais pensadores destacam-se os já mencionados Montesquieu (1689-1755), Rousseau (1712-1778) e, na emergente nação norte-americana, Jefferson (1743-1826). No Brasil sobressaiu o talento multifacetado de José Bonifácio de Andrada (1763-1838).

Montesquieu (1689-1755)

Montesquieu, autor das *Cartas Persas* (1721), em que critica a sociedade européia, deve sua fama principalmente a *De L'Esprit des Lois* (1748). Trata-se de um tratado de sociologia e ciência política, relacionando a legislação dos povos às condições de sua respectiva cultura e momento histórico. Nessa obra apresenta como desejáveis regimes democráticos constitucionais que assegurem harmoniosamente a independência dos poderes Legislativo, Executivo e Judiciário, fixando o modelo para os modernos sistemas políticos ocidentais.

Jean Jacques Rousseau (1712-1778)

Nascido em Genebra, foi o pensador mais influente da Ilustração. Era músico, poeta, literato e filósofo moral e político. Exerceu grande influência sobretudo por causa de seu *Contrato Social* (1762), no qual sustenta, a partir do estado de natureza, que o homem é naturalmente bom e defende a formação de uma sociedade livre, regulada por um regime consentido pelos cidadãos. Suas idéias sobre a desigualdade social (1754), sobre educação em *Émile* (1761) e, também nessa obra, sobre moral e religião naturais, nas "Confissões de um Vicário Savoiano", suas *Les Rêveries du Promeneur Solitaire*, 1777, ademais de suas contribuições para a *Enciclopédia*, tiveram a maior influência sobre seu século e sobre o subseqüente Romantismo.

Thomas Jefferson (1743-1826)

Nos emergentes Estados Unidos se revestiu da maior importância a contribuição de Thomas Jefferson e seus escritos políticos, sustentando um ideal democrático de liberdade que teve significativa repercussão na Europa.

Os *Philosophes*

Julien Offray de Lametrie (1709-1751)

Nascido em Saint Malo, foi perseguido por seu ateísmo na França e se refugiou na Holanda. Depois, foi nomeado leitor real por Frederico II. Sustentava que todo o conhecimento vem das sensações. Para ele, só existe uma realidade, de caráter material: a natureza, que vai do mineral ao ser humano. Propôs uma moral hedonista social. Era formalmente agnóstico. Sua principal obra é *L'Homme Machine*, de 1742.

Paul Henri Thiery, Barão D'Holbach (1725-1789)

Nascido em Ederschein, logo se transferiu para Paris, onde passou o resto de sua vida. Foi colaborador da *Enciclopédia*. Sua obra de mais destaque foi *Systeme de la Nature ou les Lois du Monde Physique et Moral* (1770).

Sustentava uma concepção mecanicista e hilosoista do mundo. A matéria existente na natureza possui endogenamente, como um de seus modos de ser, o movimento. Todas as modificações da natureza, do mineral ao homem, provêm desse mecanicismo hilosoista.

Defendia um hedonismo social e uma expectativa de progresso histórico, mantendo uma militante crítica da religião e do autoritarismo.

Cientistas

Georges-Louis Leclerc, Conde de Buffon (1707-1788)

Nascido em Montbard, Côte d'Or, se formou em direito pelo Colégio Jesuíta de Dijon em 1726. Por influência de Lord Kingson e seu tutor botânico, se interessou por essa disciplina. Foi eleito membro da Royal Society em 1730.

A pesquisa botânica o levou a ser guardião do jardim do rei. Seu principal livro é *Histoire Naturelle, Générale et Particulière* (1749), com a primeira sistematização da história natural, dividido em 44 volumes. *Époques de La Nature*, de 1779, é outra importante contribuição à história natural.

Pierre Simon, Marquês de Laplace (1749-1827)

Natural de Beaumont-en-Auge, na Normandia. Ingressou aos 16 anos na Universidade de Caen, revelando seu talento para a matemática. Em 1767 tornou-se professor da École Militaire de Paris. É o autor do famoso *Teorema de Laplace*. Astrônomo, descobriu a órbita elíptica de Júpiter, com seu ciclo de 929 anos.

Suas principais obras são: *Mecanisme Céleste* (1799-1825) – dividida em cinco volumes –, *Exposition du Système du Monde* (1796); *Théorie Analytique des Probabilités* (1812); e *Essais Philosophiques* (1814).

Antoine Laurent Lavoisier (1743-1794)

Nascido em Paris, filho de um advogado adjunto ao Parlamento. Foi educado no Collége Mazarin, onde estudou matemática e astronomia. Ajudou J. E. Quettard (1715-1780) na elaboração do *Atlas Mineralógico da França*. Em 1768, foi nomeado químico adjunto da Academia. Tornou-se diretor dela em 1785.

Seu pai lhe comprou em 1772 um título de nobreza. Foi nomeado *régisseur dês poudres*, em 1775. No mesmo ano desenvolveu um projeto de agricultura científica em Fréchine. Escreveu *De la Richesse Territoriale de France* em 1791. Secretário e tesoureiro do comitê designado em 1790 para determinar critérios para pesos e medidas, introduziu na França o sistema métrico. Fundou as bases da química moderna.

Foi guilhotinado em 8 de maio de 1794. Na ocasião, seus juízes emitiram a famosa triste declaração: "a França não precisa de sábios".

Filósofos

David Hume (1711-1776)

Nasceu em Edimburgo, Escócia. Entrou aos 12 anos de idade na Universidade de Edimburgo, onde estudou até os 15. Depois, estudou jurisprudência. Leitor ávido e insaciável, teve uma crise de esgotamento em 1729, da qual custou a se recuperar. Dedicou-se ao comércio, mas, em 1734, retirou-se por três anos para a França. Lá compôs, em La Fleche, no Maine, seu *A Treatise on Human Nature*. Voltou para a Inglaterra em 1737, então publicando esse livro, que não teve repercussão. Seu livro seguinte, *Essays: Moral, Political, and Literary* (1741-1752), dividido em dois volumes, teve sucesso. Seu propósito de assumir uma cátedra na Universidade de Edimburgo foi rejeitado, sob acusação de heresia e ateísmo.

Passou um período dedicado à política e à diplomacia, viajando pela Áustria e Itália, de 1746 a 1749. Rumores a respeito de seu ateísmo o impediram de suceder Adam Smith em sua cátedra de lógica na Universidade de Glasgow. Em 1752, conquistou o cargo de diretor da Advocates Library, de Edimburgo. Retornou às atividades diplomáticas em 1763 sendo, de 1767 a 1768, subsecretário de Estado. Retirou-se em 1769 para Edimburgo, dispondo de recursos satisfatórios e lá viveu até falecer, em 1776.

Suas obras com mais destaque foram *A Treatise on Human Nature* (1739-1740) – dividida em três volumes –, *Essays: Moral, Political, and Literary* (1741-1752); *An Enquiry Concerning Human Understanding* (1748), *The Natural History of Religion* (1757), *History of England*, que trata do período romano a 1688 em seis volumes, e os póstumos *My Own Life* (1777) e *Dialogues Concerning Natural Religion* (1778).

Filosofia

Hume se opôs, como Locke, às idéias inatas e a uma metafísica racionalista dedutiva. Para ele, tudo provém da experiência, a partir dos sentidos. Nossas representações são adquiridas por meio das sensações transmitidas pelos sentidos e da reflexão. Essa é uma imagem da recordação de sensações originárias. As impressões são, assim, sensações ou reflexões. Da composição, do acréscimo e da redução das impressões emergem *idéias*.

A partir daí, Hume mostrou como todos os objetos de nosso entendimento são relações de idéias ou matéria de fato. Um conhecimento demonstrativo só é possível e válido com relação a idéias. Matérias de fato não são suscetíveis de demonstração, mas sim de evidência experimental. A partir dessas características, Hume desenvolveu sua crítica das idéias de causalidade e de substância. O que resta quando de algo se extraem todas as suas características? Não a presumida substância de Aristóteles, mas apenas nada. Não existem substâncias como suporte indiferenciado de atributos. Só existem atributos.

Por outro lado, a idéia de causalidade é um habito mental, não um imperativo lógico ou ontológico. O fato de determinado efeito resultar de determinada causa, em uma dada experiência, não postula, necessariamente, o princípio de que isso sempre ocorra. O que se pode inferir é um princípio probabilístico, mas não apodídico. Esse probabilismo regula, corretamente, nossa vida prática. Mas não é estritamente necessário, é habitual.

Hume negava a possibilidade de se provar a existência de Deus e de uma alma espiritual. Segundo ele, ambos só podem ser objeto de crença. Sua ética exclui a possibilidade de se determinar princípios morais por postulados da razão, assim como no campo político. O que determina a conduta são princípios de agrado e desagrado, concebidos no sentido da sociedade e das condições requeridas por formas confiáveis de convívio.

Hume concluiu sua investigação sobre o entendimento humano observando que, se um tratado de teologia ou metafísica não contiver um raciocínio abstrato relativo à quantidade e ao número e um raciocínio experimental relativo a um fato ou a uma experiência, esse tratado deve ser considerado inválido. A crítica de Hume foi decisiva para suscitar a obra de Kant.

É importante introduzir, entretanto, algumas qualificações à total denegação de substância por Hume. Existem "substâncias", a partir das quais se observam atributos; por exemplo, uma maçã, com seus atributos. A substância se diferencia em função do nível de profundidade da análise. A maçã, melhor analisada, revela ser um determinado composto de células, estas, de moléculas, que por sua vez são compostas de átomos, e estes, de partículas subatômicas. Estas provavelmente são constituídas de supercordas, que presentemente se apresentam como substância última, como o númeno de Kant.

Emannuel Kant (1724-1804)

Nasceu em Konisberg, onde morou por toda a sua vida. Foi educado no pietista Collegium Fredericianum, e ingressou em 1740 na Universidade de Konisberg. Lá estudou, sobretudo, latim, o sistema Leibniz-Wolff e as teorias de Newton.

Foi docente particular e depois, a partir de 1755, professor da Universidade de Konisberg. Em 1770 foi designado professor de lógica e metafísica, mantendo sua cátedra até poucos anos antes de sua morte. Era conhecido por seu rigoroso método de vida. Acordava às 5 horas, lecionava das 9 às 13. Almoçava por um longo tempo com amigos. Depois, passeava pela cidade, percorrendo oito vezes na ida e igual número na volta a avenida dos Titos. Voltando, dedicava-se a seus estudos e se deitava às 22 horas. É interessante observar a maior admiração, por parte desse homem tão sistemático, por Rousseau, dele tão diferente, em quem via um Newton do pensamento social.

Principais Obras

Período Pré-Crítico

1755   *História Natural Universal, Segundo os Princípios Newtonianos*
1756   *Monadologia Física*
1766   *Sonhos de um Visionário*
1770   *Dissertação sobre Forma e os Princípios do Mundo Sensível e da Inteligência*
1775   *Das Diferentes Raças Humanas*

Período Crítico

1781   *Crítica da Razão Pura*
1783   *Prolegômenos a toda Metafísica Futura que Pretenda Apresentar-se como Ciência*
1784   *Idéia de uma História Universal em Perspectiva Cosmopolita*
1785   *Fundamentação de uma Metafísica dos Costumes*
1788   *Crítica da Razão Prática*
1790   *Crítica do Juízo*
1793   *A Religião dentro dos Limites da Mera Razão*
1795   *Sobre a Paz Perpétua*
1797   *Metafísica dos Costumes*
1798   *O Conflito das Faculdades*

Kant pretendia, como declarou em 1793, organizar uma edição completa de sua obra. Isso só foi feito muito mais tarde, no século XX, pela Academia Prussiana de Ciências, em uma edição de 18 tomos. A obra filosófica de Kant está, no essencial, dividida em dois períodos: o pré-crítico e o crítico. Suas últimas obras, a partir de *Religião no Âmbito da Mera Razão* (1793), são textos pós-críticos, mas não contêm uma revisão de seu pensamento crítico.

Filosofia

Período Pré-Crítico

Na fase pré-crítica de Kant, destacam-se sua cosmologia em *História Natural Universal* – na qual sustenta uma teoria que veio a ser denominada Kant-Laplace, por causa da posterior contribuição autônoma deste último (1749-1827) e *Monadologia Física*.

Kant supunha que o Universo se originou de um estado inicial compreendendo inumeráveis pequenas partículas homogeneamente repartidas pelo espaço. A gravitação teria levado à formação dos corpos celestes e, por seu entrechoque, os colocou em órbita circular, formando o Sol e os planetas, estes menores e mais densos quanto mais próximos do Sol.

Em sua *Monadologia Física* buscou analisar melhor as mônadas de Leibniz. Sustentava que essas mônadas são forças e que é da composição dessa energia que se forma a matéria. Essa hipótese de Kant veio a ser confirmada, em outros termos, pela teoria das radiações.

Seu estudo das raças consistiu sobretudo em sustentar uma tese evolutivo-adaptativa, segundo a qual foi a adaptação evolutiva da espécie humana a distintas condições ecológicas que gerou as diferentes raças. Subjacente à visão kantiana das raças é a básica igualdade da natureza humana.

Período Crítico

Por influência de Locke e Hume, Kant se deu conta da inconsistência da metafísica dos seus dias e decidiu estudar as condições de que depende o conhecimento. Em seus *Sonhos de um Visionário*, Kant ao mesmo tempo confessa sua paixão pela metafísica e revela seu inicial ceticismo a respeito de seus resultados.

Para sua investigação crítica, Kant se deparava com as teses opostas do racionalismo (Leibniz e Wolff) e do empirismo (Locke e Hume). Qual dessas posições é mais válida? Essa investigação requereu de Kant 15 penosos anos de análise.

Crítica da Razão Pura

Contém um prólogo e uma introdução. Divide-se em duas partes:

1. *Doutrina transcendental dos elementos*

- Estética transcendental – trata da sensibilidade
- Lógica transcendental – faculdade do pensamento
- Analítica transcendental – trata do entendimento
- Dialética transcendental – trata da razão

2. *Doutrina transcendental do método*

Todo conhecimento começa com a experiência. Cronologicamente, a experiência precede todo conhecimento. Nesse processo, haverá algo que venha desde o sujeito conhecedor?

Importa averiguar se existe algo que possuamos antes de toda experiência, algo *a priori*. O conhecimento empírico é sempre *a posteriori*. Um conhecimento *a priori* é puro quando não se acha mesclado a nada empírico. Como distinguir conhecimento puro de empírico? Por dois caracteres: estrita *necessidade* e *universalidade*.

A experiência, como mostrou Hume, somente nos indica como algo é feito desta ou daquela maneira. Ela não confere estrita universalidade a suas proposições. Só podemos dizer que, em cada caso, algo resultou, porém não necessariamente tem de resultar.

Assim, a proposição "toda mudança tem causa", possui uma validade que não pode decorrer da experiência. Hume, por isso, denegava à experiência validade universal. Kant, ao contrário, proclamava sua validade universal, mas sustentando que não procede da experiência.

Importa, a esse respeito, distinguir inicialmente *juízos analíticos* de *juízos sintéticos*. Os primeiros têm validade *a priori*, os segundos, *a posteriori*. Ocorre, porém, como mostra Kant, que alguns juízos sintéticos têm validade *a priori*. O juízo matemático 7+5 = 12, por exemplo, é um juízo sintético *a priori*.

Essa é uma das questões centrais da *Crítica da Razão Pura*. Como são possíveis os juízos sintéticos *a priori*? Daí a tríplice questão:

- Como é possível uma matemática pura?
- Como é possível uma ciência natural pura?
- Como é possível uma metafísica que seja científica?

A filosofia transcendental é o sistema de todos os princípios de razão pura. A estética transcendental estuda os *a priori* da sensibilidade e a lógica transcendental *a priori* do entendimento.

Estética Transcendental

Os sentidos nos proporcionam sensações, a partir das quais identificamos uma rosa – cor, perfume, beleza –, por exemplo. Mas esses elementos são matéria-prima para a representação da rosa. Há, ademais, em nós, algo que ordena essas sensações em uma determinada unidade espacial e temporal. Esse algo não pode proceder da sensação; ele é a intuição de espaço e de tempo. Abstraindo todos os componentes sensíveis da representação da rosa sobra sua ocupação de um certo espaço, durante um certo tempo.

O espaço, segundo Kant, é a forma pela qual nos são dadas todas as manifestações exteriores dos sentidos. Não é inerente aos objetos: somos nós que levamos a representação espacial às coisas. Por outro lado, não podemos saber o que existe por trás da aparência fenomênica das coisas, ou seja, *a coisa em si*, ou número.

Da mesma forma, o tempo também nos é dado *a priori*. Observamos em nós diversos estados psíquicos, que transcorrem no tempo. Porém, o tempo não procede desses estados, mas é a condição de possibilidade de nossa apreensão deles. O tempo universal é necessário; é a forma *a priori* de nossa intuição interna.

Kant reconhece que o espaço e o tempo têm uma realidade empírica, ou seja, uma validade objetiva para todas as suas manifestações. Ambos têm uma idealidade. transcendental e são formas *a priori* de nossa sensibilidade.

Analítica Transcendental

Assim como Locke e Hume, Kant assumiu que nada há no entendimento que não provenha dos sentidos, exceto o próprio entendimento. Este é que dá inteligibilidade às intuições da sensibilidade, ordenadas segundo as formas *a priori* de espaço e de tempo. O entendimento converte as intuições em conceitos. Enlaçando os conceitos, gera juízos.

A formulação de juízos é objeto da lógica. Kant manteve a lógica de Aristóteles, mas a submeteu a um questionamento. Como nosso entendimento pode formar conceitos que se referem a um objeto determinado e com ele coincidem, permitindo-nos um conhecimento? Aristóteles já havia mostrado que o enlace de conceitos consiste na formação de um juízo e que a unidade de nosso pensamento decorre de uma determinada tabela de formas de juízo. Kant observou que o entendimento dispõe de quatro títulos de formação de juízos, cada qual compreendendo três formas de juízo:

(1) Quantidade dos juízos (alcance de sua validez): universais, particulares, individuais.
(2) Qualidade (validez ou não da relação): afirmativas, negativas, infinitas.
(3) Relação (tipo de relação): categóricas (incondicionadas), hipotéticas, (condicionadas), disjuntivas (excludentes).
(4) Modalidade (tipo de validez da relação): problemáticas (conjuntivas), acertórias (afirmativas), apodíticas (necessárias).

Kant intentou, a seguir, buscar, sobre cada uma das doze formas de juízo, o conceito que lhe corresponde, denominado categoria. Essa busca conduziu a uma tabela de categorias ou conceitos puros do entendimento.

(1) Quantidade: unidade, multiplicidade, totalidade.
(2) Qualidade: realidade, negação (não-realidade), limitação.
(3) Relação: substância e acidente, causa e efeito, comunidade (ação recíproca).
(4) Modalidade: possibilidade-impossibilidade, existência-não-existência, necessidade-contingência.

Possibilidade da Matemática e da Ciência Natural

A possibilidade da matemática decorre do fato de que espaço e tempo são uma intuição *a priori*. A matemática trata das determinações de espaço (geometria) e tempo (aritmética).

As ciências naturais são possíveis por motivos paralelos aos da matemática. A ordem da natureza e suas leis se explicam por que nosso entendimento enlaça os fenômenos segundo normas que nelas existem.

Dialética Transcendental

É possível a metafísica? A resposta é negativa. Trata-se de uma especulação não apoiada na experiência. Kant afirmou, no prólogo da edição da *Crítica da Razão Pura*: "tem a razão humana o singular destino, em certa espécie de conhecimentos, de se ver pressionada por questões de índole tal que não se as pode evitar, porque sua própria natureza as cria e que não pode resolver, porque não se encontram a seu alcance".

Assim, para Kant, as grandes questões metafísicas – Deus, alma, mundo – são de alta relevância, mas não podem ser abordáveis por via meramente racional.

Crítica da Razão Prática

O primeiro trabalho de Kant sobre o tema foi *Fundamentação da Metafísica dos Costumes* (1785), trabalho preparatório para a *Crítica da Razão Prática* (1788).

O POSTO DO HOMEM NO COSMOS

QUADRO 16.1 – A RAZÃO SEGUNDO KANT

RAZÃO

RAZÃO TEÓRICA	RAZÃO PRÁTICA
Aponta os conhecimentos com ajuda de intuições, conceitos, *Princípios ideais*	Aponta a determinação da vontade com ajuda de *Princípios práticos*

Máximas	*Leis práticas*
Válidas subjetivamente	Válidas universalmente
Imperativo hipotético	*Imperativo categórico*
Condicionado universalmente	Incondicionado universalmente
Válido	Válido

Imperativo Categórico

A única lei ética universalmente válida tem de ser formal e baseada em um princípio *a priori*, aplicável a todos os homens: atuar de forma que cada ação praticada possa ser erigida em princípio universal de conduta.

A lei moral universal é algo que devemos seguir. Para tanto, deve postular uma conduta que possamos cumprir no exercício de nossa liberdade.

Bem e Mal

O dever de agir não decorre do que seja o bem. O que é bem é a vontade moral. O que é bem é o que se pratica por dever. O ser humano é cidadão de dois mundos, o fenomênico e o moral. No primeiro, tudo o que faz é um minúsculo degrau de uma cadeia de conexões necessárias. No segundo, pertence ao reino da liberdade, acima do espaço e do tempo.

História

Giambattista Vico (1668-1744)

Nascido em Nápoles, filho de um livreiro pobre, freqüentou várias escolas, porém, para seus estudos básicos, foi sobretudo um autodidata. Formou-se em direito pela Universidade de Nápoles, em 1694. Nela foi professor de retórica de 1699 a 1741. Em 1735 foi nomeado historiador real.

A grande obra de Vico foi a concepção de uma ciência histórica distinta das ciências naturais. Antecipando genialmente o pensamento historicista alemão do final do século XIX e do início do século XX – com Windelband, Rickert, Dilthey, Max e Alfred Weber –, Vico mostrou que o cartesianismo oferecia um método adequado para as ciências naturais, mas não para a história. Esta requeria um esforço interpretativo e genético dos fatos e da atuação de pessoas e povos. Sua obra pioneira, *Principi di una Scienza Nuova*, (1725), desenvolveu essa nova concepção. Nela, Vico sustentou que a compreensibilidade humana da história provém do próprio homem. Daí seu adágio: *verum et factum convertuntur.*

François-Marie Arouet, Voltaire (1694-1778)

Filho do notário Arouet e de Marie Marguerite d'Aumard, nasceu em Paris. Sua mãe o introduziu na boa sociedade por meio do Abade de Châteauneuf, seu instrutor inicial. Ingressou aos 10 anos de idade no Collège Louis le Grand, dirigido por jesuítas, permanecendo ali até 1711. Foi forçado pelo pai a estudar direito, quando queria ser escritor.

Teve uma juventude turbulenta por causa de suas irreverentes sátiras. Depois de um período na Bastilha, em 1778 mudou seu nome para Voltaire – anagrama de Arouet le Jeune. Ele levou uma vida extremamente agitada, com freqüentes prisões e exílios, e, por outro lado, imenso sucesso literário e intelectual e importante relacionamento com Émile de Breteuil, marquesa de Châtelet, desde 1733 até (com desavenças) a morte dela, em 1749.

Ademais de exímio escritor e dramaturgo, Voltaire foi um hábil financista. Sua tragédia *Oedipe*, apresentada em Paris, em 1758, no Theatre Français, rendeu-lhe bastante dinheiro. A sábia aplicação financeira de seus ganhos permitiu Voltaire acumular uma apreciável fortuna. Com ela adquiriu, em 1758, a propriedade de Fernay, na fronteira da França com a Suíça, e lá morou até pouco antes de morrer.

Em 1758, adotou uma jovem, Reine Philiberta de Varicourt, que fez casar com o marquês de Villette, e que velou por ele na sua velhice. Voltou para Paris depois de 28 anos, em março de 1778, sendo recebido aclamadamente para a apresentação de *Irene*, em 16 de março, com extraordinário sucesso. Morreu pouco depois, quando começava a escrever outra tragédia, *Agatocle*.

Principais Obras

Escreveu entre 50 e 60 peças de teatro, entre as quais se destacam *Zaire* e *Mérope*, aquela sobre o amor, esta, para as que dele são excluídas. Seus longos poemas, *Pucelle* e *Henriade*, são menos bons. Tem admiráveis trabalhos de prosa, sobressaindo *Candide*. Entre seus trabalhos históricos avultam *Le Siècle de Louis XIV* e *Le Siècle de Louis XV*, com penetrantes observações e pouco sentido histórico. Sua obra filosófica, o *Dictionaire Philosophique*, inclui seus artigos para a *Enciclopédia*.

Voltaire caracteriza-se por um ceticismo humanístico, antidogmático, libertário e defensor dos oprimidos. Exprimiu, mais que qualquer contemporâneo, o espírito da Ilustração, o que lhe valeu seu extraordinário prestígio.

Johann Gottfried Von Herder (1744-1803)

Nascido em Mohrungen, na Prússia Oriental, filho de pais pobres. Estudou teologia, filosofia e literatura na Universidade de Königsberg, onde se tornou pastor luterano, mantendo estreito contato com Kant e Hamann.

Em 1764 foi pregar e ensinar em Riga, onde publicou, em 1767, seu primeiro livro sobre a nova literatura alemã. Por influência de Goethe, foi nomeado superintendente geral e conselheiro do Consistório de Weimar, em 1776.

Sua principal obra, *Idéias para um Filosofia da História*, de 1784 a 1791, formula uma concepção historicista da história, antecipando as posições de Dilthey.

Herder foi um militante adepto dos intentos esclarecedores da Ilustração, mas, ao mesmo tempo, sustentou o sentimento como forma primordial de compreensão, antepondo-o à racionalidade abstrata e, assim, se opôs vigorosamente ao racionalismo histórico dos *philosophes* e de Voltaire.

Marie-Jean-Antoine-Nicolas de Caritas, Marquês de Condorcet (1743-1794)

Nascido em Bourg la Reine, descendente da antiga família de Caritas. Estudou no Colégio Jesuíta de Reims e no Colégio de Navarre de Paris. Desde cedo revelou grande pendor matemático. Foi membro da Academia de Ciências em 1765 – de que se tornou secretário perpétuo em 1777 –, da Academia Francesa em 1782 e de várias outras academias européias.

Condorcet, por seus escritos e suas posições públicas, foi um dos mais representativos e eminentes pensadores iluministas. Defensor intransigente da razão, da liberdade e da tolerância, optou pela Revolução Francesa, em oposição à aristocracia. Tolerante, votou a favor da abolição da monarquia, mas contra a execução de Luís XVI. Alinhou-se entre os girondinos contra Robespierre e por essa razão foi proscrito por ele. Refugiado em casa de amigos, escreveu *Tableau Historique des Progrès de l'Espirit*, publicado postumamente, em 1795. Para se esquivar de um mandado de prisão, cometeu suicídio em 29 de março de 1794. Entre suas obras mais notáveis está um estudo de probabilidades em situações aleatórias, que teve primeira edição em 1785 e uma edição revista póstuma em 1805.

Ele sustentava a ilimitada perfectibilidade do ser humano. Entendia que o homem, por meio de nove etapas, saíra de uma selvageria primitiva até o nível de civilidade atingido no século XVIII. Previa uma décima etapa, que se caracterizaria por integral igualdade. É extraordinária a consistência de idéias e de caráter de Condorcet, que estava escrevendo sua obra mais otimista quando foi perseguido pelo terror, o que acabou levando a seu suicídio.

Política

Jean-Jacques Rousseau (1712-1778)

Nasceu em Genebra, onde recebeu educação calvinista. Em 1728 emigrou para Turim e se tornou católico. Abandonou essa religião em 1754, quando retornou a Genebra. De 1733 a 1740 viveu em Chambésy com Madame de Warens, época em que começou a escrever. Deslocou-se para Paris em 1742, buscando fama, que não chegou logo. De 1743 a 1744 foi secretário do embaixador da França em Veneza. Voltando a Paris, envolveu-se com Theresa Levasseur, empregada do hotel em que se hospedou, vindo a se casar com ela em 1768. Entre seus numerosos relacionamentos amorosos, destaca-se seu envolvimento com Madame d'Epinay, em 1756, na residência desta, La Chevrette, perto de Montmorency.

Gênio multifacetado, suas obras sociopolíticas tiveram grande relevância, além de ser também músico de boa qualidade e prolífero escritor. Seu pensamento foi muito influenciado por Diderot.

Sua fama se iniciou com a ópera *La Devin du Village* (1752). *Discurso sobre as Ciências e as Artes* (1750) conquistou o primeiro prêmio da Academia. Em *Discurso sobre a Origem da Desigualdade* (1755), Rousseau sustentou a tese de que a igualdade entre os homens, no estado de natureza, foi corrompida pela formação da sociedade. Com *Émile ou da Educação* (1762), Rousseau desenvolveu suas idéias pedagógicas. Seu mais importante trabalho, *O Contrato Social* (1762) delineia os requisitos para a boa sociedade e desenvolve a tese da "vontade geral", como sendo a vontade dos interesses gerais, em oposição aos interesses particulares. Suas *Confissões* foram publicadas postumamente, em 1782.

Rousseau foi o mais influente proponente de um novo projeto de sociedade, baseado na liberdade e na educação, que se tornou o paradigma sociopolítico da Ilustração.

17

PENSAMENTO DO SÉCULO XIX

Introdução

Como foi judiciosamente observado por Daniel Halévy em seu ensaio sobre a "aceleração da história" de 1948, o curso da história está submetido a um contínuo, embora não linear, processo de aceleração. Um milênio da civilização egípcia corresponde a apenas cerca de um século da ocidental. Essa aceleração se torna particularmente sensível a partir do Renascimento e, mais significativamente ainda, a partir do final do século XVIII. O século XIX, por sua vez, foi bem mais acelerado que o precedente. Essa aceleração é observável, no plano político, com a sucessão de eventos que marcaram a França e, por influência desta, toda a Europa, com o Império Napoleônico, a Restauração, as revoluções de 1830 e 1848, o Segundo Império, a Terceira República e a Primeira Guerra Mundial, a qual, embora tendo ocorrendo no início do século XX, marcou, de fato, a conclusão do precedente.

O século XIX foi excepcionalmente rico artisticamente. Foi o século da grande literatura, com Stendhal e Flaubert, na França e, na Inglaterra, com a poesia de Shelley, Keats e Byron, e a prosa de Dickens, Carlyle, as irmãs Brontë, George Eliot, Thomas Hardy e Oscar Wilde. Foi o mais alto momento do romance, com Tolstoi e Dostoevsky. Em língua portuguesa, descaram-se Eça de Queirós e Machado de Assis.

Foi também um grande século da pintura, com Turner e Blake na Inglaterra e uma admirável seqüência de pintores na França, do classicismo ao impressionismo, de David, Ingres, Millet e Daumier, a Manet, Monet, Renoir, Degas, Van Gogh e Cézanne. Carpeaux e Rodin destacaram-se com suas esculturas.

No domínio da música atingiu o mais alto momento da arte com Beethoven e deu ao romantismo extraordinários compositores como Schubert e Schuman, Chopin, Liszt e Tchaikovsky. Encerrou-se com o classicismo romântico de Brahms e Wagner. Foi também o momento supremo da ópera, com Rossini e Verdi.

Essa aceleração histórica é ainda mais acentuada em relação à evolução da ciência no século XIX, no curso do qual ela alcançou a plenitude de suas características modernas e atingiu o máximo de sua fase determinista, antes de se encaminhar, no século XX, para um relativismo probabilístico. Da matemática à biologia, todas as ciências tiveram um extraordinário desenvolvimento.

Fourier (1768-1830) deu início à renovação matemática com sua teoria analítica do calor em 1822. Hamilton (1805-1865) empreendeu o primeiro estudo sobre quaternião e, em 1827, com sua *Teoria de Sistemas de Raios*, transformou a ótica geométrica em ótica matemática. Peano (1858-1932) inventou um sistema de anotação lógico-matemático em 1894, modificando o subseqüente conceito da matemática e criando os instrumentos que seriam mais tarde usados por Bertrand Russell e Whitehead nos *Principia Mathematica*; a ele se deve definitiva contribuição pelos cálculos diferencial e integral e para a análise infinitesimal. De maior relevância foram as obras de Georg Cantor (1848-1918), com sua teoria dos conjuntos e dos números transinfinitos, e de Gottlob Frege (1848-1925), com *Conceptografia* (1879) e *Fundamentos de Aritmética* (1884), fundando a lógica matemática.

De extrema importância foi a elaboração de geometrias não-euclideanas, por Lobachevsky, em 1826, e Bernhard Riemann, em 1854, criando uma concepção geométrica que foi decisiva para a teoria da relatividade de Einstein, no século seguinte.

Astronomia

A astronomia e a cosmologia tiveram, nesse século, grandes avanços que conduziram, por um lado, à elaboração das leis da mecânica celeste e seus correspondentes cálculos e, por outro lado, com o uso desses instrumentos teóricos, ao descobrimento de novos planetas, facilitado pelo telescópio de Sir William Herschel (1738-1823). Giuseppe Piazzi (1746-1826) descobriu, em 1802, o asteróide Ceres. Karl Friedrich Gauss (1777-1855) formulou as leis da mecânica celeste, em 1809. Com base nesses cálculos, Olbens redescobriu a posição de Ceres, informação que se havia perdido por causa da doença que afetou Piazzi.

As grandes descobertas astronômicas do século se devem a Urbain-Jean-Joseph Le Verrier (1811-1877). Valendo-se da nova mecânica celeste de Gauss, Le Verrier, a partir de irregularidades na órbita de Urano, descobriu, em 1846, por cálculo, um novo planeta: Netuno. Esse mesmo método permitiu, em 1932, o descobrimento de mais um planeta, Plutão.

Física e Química

O século XIX registrou grande desenvolvimento da física e, sobretudo, a fundação científica da química. John Dalton (1766-1844), com *System of Chemistry* (1807), lançou as bases da moderna teoria atômica. Michael Faraday (1791-1867) descobriu em 1820 a indução eletromagnética e as leis da eletrólise. Entre outras contribuições, demonstrou a natureza comum da luz e da eletricidade. Em continuação, James Clerk Maxwell (1831-1879) elaborou a teoria dinâmica do campo eletromagnético, a teoria eletromagnética da luz, com *Tratado de Eletricidade e Magnetismo* (1873). Claude Louis Bertholet (1749-1822), no *Ensaio de Estatística Química*, de 1803, elaborou a teoria das misturas de fluidos. Joseph-Louis Proust (1754-1826) formulou a teoria de constâncias das proporções nos corpos compostos. Joseph-Louis Gay-Lussac (1778-1850) descobriu, em 1808, a lei das combinações gasosas. J. J. Berzelius (1779-1848) teve contribuição notável por elaborar as notações dos pesos atômicos. Ele mostrou, entre outras descobertas, que os elementos químicos se distribuem em eletropositivos ou eletronegativos. Michel-Eugene Chevreul (1786-1889) fez estudos pioneiros de uma nova disciplina, a química orgânica. Auguste Laurent formulou, nesta, a teoria dos tipos. Foi decisiva, finalmente, a contribuição de Dimitri Mendeleyev, que estabeleceu, em 1869, a classificação periódica dos elementos.

Biologia

Foi no domínio da biologia que a ciência do século XIX alcançou algumas de suas principais conquistas. Pierre Antoine Lamarque (1744-1829) iniciou os estudos sobre a origem das espécies e a primeira versão do evolucionismo, sustentando a transmissibilidade hereditária dos caracteres adquiridos. George Cuvier (1769-1832), com *Philosophie Zoologique* (1809), criou a anatomia comparada, embora se oponha a Lamarque. O evolucionismo encontrou sua formulação definitiva com Charles Darwin (1800-1872) após sua viagem pelo *HMS Beagle*, de 1831 a 1836.

A biologia teve importantes avanços por meio dos sucessivos intentos de identificação e compreensão da célula. Prevost e Dumas, em 1824, formularam a hipótese de sua existência. Thurer, em 1854, logrou uma comprovação observacional. Coube a Theodor Schwan (1810-1882) a elaboração da teoria da célula.

À fisiologia, Claude Bernard (1813-1878) deu importante contribuição. Foi o primeiro a se insurgir contra as teorias vitalistas, de caráter metafísico, que procuravam explicar a vida, redirecionando seu trabalho para um entendimento físico-químico. Entre suas contribuições figuram a da fisiologia da glicose e os estudos sobre a atuação de venenos sobre o sangue.

Na biologia do século XIX avulta, além de Darwin, a figura de Louis Pasteur (1822-1895). A ele se deve a descoberta dos microrganismos e a decisiva refutação das teses sobre geração espontânea. Pasteur identificou as formas anaeróbicas de vida, o que lhe permitiu criar o método de esterilização ou pasteurização de alimentos. Também descobriu a raiva canina e sua cura.

Charles Robert Darwin (1869-1882)

Nascido em Shrewsbury, Shropshire, filho do próspero médico Robert Waring Darwin e neto do físico Erasmus Darwin, foi educado por sua irmã mais velha desde os oito anos, depois da morte de sua mãe.

Desenvolveu grande interesse por história natural. Em 1831, com 23 anos, embarcou como naturalista no navio *HMS Beagle* para estudar flora e fauna da costa oeste da América do Sul e de algumas ilhas do Pacífico, em uma viagem que durou cinco anos. Durante ela, Darwin convenceu-se da evolução gradual das espécies. De volta à Inglaterra, trabalhou por 20 anos sobre os dados coligidos e elementos adicionais, refinando suas idéias a respeito do tema. Escreveu uma exposição da evolução em 1856.

Em 1858 recebeu de um jovem naturalista, Alfred Russell Wallace, uma sucinta mas completa apresentação de suas idéias sobre evolução. Em vista disso, aceitou fazer uma palestra comum à Linnean Society de Londres e publicou um resumo do tema sob o título *On the Origin of Species*, em 1859. Destacaram-se também as obras *Variation in Animals and Plants Under Domestication* (1868) e *The Descents of Man* (1871).

As observações de Darwin, considerando inclusive fósseis, revelaram a ocorrência de mutações em uma mesma espécie devidas à melhor adaptação ao meio, na seqüência das gerações, e à sobrevivência dos mais aptos. Para explicar esse fato elaborou uma teoria de hereditariedade, *Pangenesis*. De acordo com a mesma as células de um organismo, produzem numerosos pequenos *"gemmules"*, cada qual determinativo de um caráter hereditário. Um organismo recebe *"gemmules"* de pai e mãe e, conforme sua aleatória distribuição, ostenta as decorrentes características. Os organismos mais bem adaptados ao meio e à reprodução transmitem esses caracteres a seus descendentes.

A teoria da hereditariedade recebeu sua formulação correta com Mendel (1822-1884). A diferença entre os *"gemmules"* de Darwin e os genes de Mendel consiste, sobretudo, na distribuição genética. Em vez de receber um variável número de *"gemmules"* de cada progenitor, cada filho recebe um único gene de cada progenitor para cada característica.

Filosofia

O pensamento filosófico do século XIX está, implícita porém efetivamente, marcado pelo desdobramento da filosofia de Kant. Este representou a culminação de toda uma linha de reflexões que, procedendo dos jônios, logrou alcançar sua expressão final no racionalismo da Ilustração e sua análise critica das possibilidades da razão.

Duas linhas de idéia convergeram em Kant. Uma diz respeito ao eu, ao fato de que sua relação com o mundo não é de um mero espelho passivo e neutro, mas a de um sujeito configurador das experiências que lhe são transmitidas pelos sentidos. A outra diz respeito ao mundo externo ao eu, dotado de existência e realidades próprias e que se apresenta sob a forma de cumulativas capas fenomênicas, atrás das quais permanece, impenetrável, a coisa em si.

O século XIX, até Otto Liebmann (1840-1912), se desdobrou, entre os "epígonos de Kant", em três principais linhas. Uma, predominante, tangida pelo movimento romântico, se concentrou no construtivismo do eu, fazendo do mundo seu objeto, levando, com o idealismo alemão, a Fichte, Shelling e Hegel. A outra, se referindo ao mundo externo ao eu, com o positivismo de Comte, o materialismo histórico de Marx e o monismo materialista de Haeckel. Uma terceira tendência do século XIX se contrapôs frontalmente a Kant, a partir de uma posição espiritualista com Kierkegaard, ou voluntarista, com Nietzsche.

O pensamento de Kant, não obstante, permaneceu vivo sob essas três capas e ressurgiu no final do século XIX, sob a forma do neokantismo, por proposta de Otto Liebmann, com o livro *Kant e os Epígonos* (1865), no qual, estudando as diversas correntes filosóficas de seu tempo, encerra cada capítulo com um postulado: "assim, pois, importa voltar a Kant".

O neokantismo teve dois principais desdobramentos, por meio das escolas de Marburgo e de Baden. A Escola de Marburgo, iniciada por Hermann Cohen (1842-1917), que lá lecionou de 1876 a 1912, concentrou-se na teoria crítica e em seus desdobramentos para as ciências naturais. Cohen foi sucedido por Paul Natorp (1854-1924) e a escola alcançou seu mais alto nível no início do século XX, com Ernst Cassirer (1874-1945).

A Escola de Baden, cuja sede principal foi Heidelberg, teve particular relevância em uma nova concepção na história da filosofia, com Wilhelm Windelband (1818-1915) e, sobretudo, com Heinrich Rickert (1863-1936). A este se deve as decisivas conceituações das ciências culturais como ciências ideográficas, voltadas para significações, e das ciências naturais como ciências nomotéticas.

Georg Wilhelm Friedrich Hegel (1770-1831)

Nascido em Stutgart, filho de um funcionário do fisco. Aprendeu noções básicas de latim com sua mãe, que faleceu quando ele tinha 11 anos. Entrou na Escola de Stutgart e lá permaneceu até os 18 anos. Em 1788 ingressou na Universidade de Tubingen, pensando em ordenar-se padre, conforme desejo dos pais. Estudou filosofia clássica por dois anos e se graduou, em 1790, em teologia, mas não gostou dos professores e se interessou por filosofia, renunciando à carreira eclesiástica. Fez amizade com o poeta Hölderling e juntos leram tragédias gregas e celebraram a Revolução Francesa. Dedicou-se à filosofia por três anos, como tutor em Berna, com tempo para leituras. Estudou Kant.

Em 1796, deixou Berna para assumir uma tutoria em Frankfurt, conseguida por Hölderling, que se envolveu em amores ilícitos e acabou perdendo a razão. Hegel dedicou-se freneticamente a estudar e começou a se libertar da influência de Kant. Interessado pelo cristianismo, recebeu forte inspiração do conceito do Espírito Santo e concluiu que a inteligência do homem é uma candeia de Deus. Por tal razão, ela não pode estar sujeita às limitações às quais Kant se referiu.

Sua perspectiva tornou-se cada vez mais histórica, enquanto Kant era influenciado pela física. Revendo em 1798 seus escritos de Berna sobre o cristianismo, os considerou demasiado kantianos. Reformulou-os, o que deu origem ao *O Espírito do Cristianismo e seu Destino*, que permaneceu não publicado até 1907.

Em 1801, com o apoio de seu amigo Schelling, obteve um posto de livre-docente na Universidade de Iena, tornando-se professor titular em 1805. Em Iena, foi co-editor com Schelling do *Jornal Crítico de Filosofia* e se dedicou ao estudo do transcendentalismo kantiano.

Quando a batalha de Iena, em 1806, o forçou a abandonar a cidade, levou consigo o manuscrito da *Fenomenologia do Espírito*. Foi então, por algum tempo, redator de um periódico e depois diretor do ginásio de Nuremberg, até 1817. Lá terminou sua *Ciência da Lógica* (1812-1816), dividida em 3 tomos, o que lhe valeu convite para uma cátedra em Heidelberg, onde escreveu sua *Enciclopédia das Ciências Filosóficas* (1817).

Em 1818 foi convidado para uma cátedra na Universidade de Berlim. Lá permaneceu até sua morte, em 1831, exercendo a maior influência sobre o pensamento alemão, tendo sido eleito reitor em 1830. No ano seguinte, recebeu uma condecoração do rei Frederico Guilherme III.

Principais Obras

- *Diferença entre os Sistemas de Fichte e Schelling* (1801)
- *Fenomenologia do Espírito* (1816)
- *Ciência da Lógica* (1812-1816)
- *Enciclopédia das Ciências Filosóficas* (1817)
- *Princípios de Filosofia de Direito* (1821)
- *Estética*
- *Filosofia da Religião*
- *Filosofia da História*
- *História da Filosofia*

A obra *Filosofia da História* teve uma primeira edição conjunta, incluindo notas de aula de seus alunos, poucos anos depois de sua morte. Essa edição, com alguns arranjos, foi republicada, por Hermann Glockner, em suas obras completas, com 26 volumes, de 1927 a 1940. Uma edição completa foi empreendida pela Deutsche Forschungsgemeinschaft a partir de 1968.

Filosofia

A filosofia de Hegel era condicionada, em seu nível mais alto, por sua fé cristã e por sua paixão pela Grécia e sua convicção de que nela se logrou a mais alta compatibilização histórica entre a razão e a vida. As formulações de Hegel, por outro lado, partem de três grandes filósofos de seu tempo: Kant, Fichte e Schelling.

Depois de sofrer influência de Kant, Hegel se rebelou contra as restrições impostas à razão por Kant, por elas atentarem contra a obra de Deus, que criou o homem, visando à comprensão do mundo. Também se opôs às limitações decorrentes do "idealismo subjetivo" de Fichte e do "idealismo objetivo" de Schelling, propugnando por um "idealismo absoluto".

A filosofia de Hegel, diferente da de Kant, de inspiração física, é de inspiração histórica. Para Hegel, a filosofia consiste no entendimento do curso histórico do espírito, que passa do estágio do "em si", para o de "fora de si", alienado no mundo, para se reencontrar como *em si* e *para si*. São as fases da lógica, da natureza, à autognose.

Lógica

Seu conteúdo é a "representação de Deus tal como é em sua essência eterna, antes da criação da natureza e de um espírito finito". Lógica significa, assim, algo mais que as regras de pensamento. Ademais, considera o espírito, a idéia, como estado inespacial e intemporal, do "ser em si".

A noção hegeliana do espírito tem significação ambígua. Exprime, por um lado, o curso histórico da mente humana, em seu processo de crescente autoconsciência. Mas também significa um ser espiritual autônomo, que se realiza no curso da história, como um imanente subrogado da divindade. Daí uma identificação entre o mental e o real, como se a mente humana se constituísse em uma substância espiritual, independente dos homens individuais, e transitasse historicamente pelo mundo.

Esse trânsito é dialético. Trata-se, assim, de uma dialética dupla: a da mente humana e a da realidade. Daí o conceito hegeliano de que o ser, em seu sentido mais universal, é vazio, correspondente ao nada. O trânsito do ser ao nada e deste novamente ao ser é o processo dialético do *devenir*.

Natureza

A segunda fase do curso do espírito, segundo Hegel, é a natureza. Ele admite a existência de um mundo material, coexistente com o mundo espiritual. O material é puro recipiente inerte do espiritual. Na fase de trânsito pela natureza, o espírito fica alienado nela, sem consciência de si próprio.

Filosofia do Espírito

O reino do espírito se alça por cima da natureza e se articula em três fases:

(1) *Espírito subjetivo:* fase inferior, que corresponde à vida do homem individual. Nela, o espírito passa do estado de ser "fora de si" para "ser para si". O homem é um "ser para si", pessoal, mas também um ser genérico, como exemplo de um gênero.

(2) *Espírito objetivo:* o reino do espírito objetivo é a família, a sociedade e o Estado.

(3) *Espírito absoluto:* a esfera do espírito absoluto corresponde ao espírito para si. É o reino da arte, da religião e da filosofia. As tensões existentes no âmbito do espírito objetivo, na vida histórica, entre o indivíduo e os poderes sociais, somente são reconciliados na obra de arte, na religião e, decisivamente, na filosofia. Esta transforma o intuído na arte e o sentido na religião em forma pura de pensamento. O espírito chega completamente a conhecer a si mesmo: o saber absoluto.

História

A história para Hegel se restringe ao desenvolvimento da razão na vida estatal, como um processo político. Arte, religião e filosofia são meta-históricas, pertencem ao reino do espírito absoluto.

Hegel fez transitar o espírito de "ser em si" a "ser para si" em suas lições de filosofia da história. Percorre do Oriente à Grécia e desta para o Ocidente.

Breve Apreciação Crítica

A filosofia de Hegel, resultando na filosofia do direito, é um genial sistema de conceitos logicamente interconectados que, a partir de uma visão dialética e espiritualista da lógica, passa pela filosofia da natureza, pela filosofia do espírito (fenomenologia) e culmina na filosofia da história e na filosofia do direito.

Hegel, na verdade, entende que a realidade total consiste nas sucessivas etapas de crescente autoconsciência do espírito do mundo (*weltgeist*). A partir dessa fundamental hipostasiação, Hegel alcançou uma extraordinária compreensão da realidade histórico-social, acusando, todavia, uma dupla deformação: (1) substituir a realidade pelo espírito; e (2) atribuir uma superior (praticamente divina) teleologia à história, confundindo conseqüencialidade com finalismo.

A tentativa de corrigir as distorções espiritualistas e finalísticas de Hegel foi empreendida por Marx. Este, todavia, caiu em outras importantes distorções:(1) materialismo dialético, supondo que o subsistema econômico é sempre o condicionador dos demais, que seriam necessariamente superestruturais; e (2) concepção da luta de classes como motor da história, atribuindo a esta um sentido monofactoral.

O que é vivo na filosofia de Hegel, não é apenas a dialética, como pensava Croce, mas também o entendimento faseológico da história. Portanto, é importante adotar as seguintes posições:

(1) A visão de Dilthey, a respeito das ciências sociais e da forma de seu entendimento.
(2) A teoria de Max Weber sobre "tipos ideais".
(3) Minha teoria dos quatro fatores: (1) reais (natureza e modos de produção), (2) ideais (cultura), (3) liberdade humana e (4) acaso.
(4) A teoria dos quatro subsistemas sociais: (1) participacional, (2) cultural, (3) político, e (4) econômico. Na relação de interdependência entre os subsistemas, nenhum deles é estruturalmente infra ou superestrutural, tais posições sendo historicamente variáveis. O subsistema cultural foi determinante na formação da civilização islâmica, assim como foi o econômico no século XIX europeu.

(5) A concepção conseqüencial da história.

(6) As concepções "faseológicas" de Hegel.

Karl Heinrich Marx (1818-1883)

Nascido em Trier, Renânia, filho da holandesa Henrietta Pressburg e do advogado Heinrich Marx. Seu pai, ilustrado, liberal, kantiano e entusiasta de Voltaire, participou do movimento para dar uma constituição à Prússia. Tentou inutilmente encaminhar Karl para a advocacia. Converteu-se ao luteranismo cerca de um ano antes do nascimento dele, que foi batizado aos seis anos.

Marx cursou o ginásio de Trier de 1830 a 1835. A escola era suspeita de abrigar professores liberais, portanto era submetida à vigilância policial. Quando adolescente, Marx dava indicações de grande piedade religiosa. Em 1835 matriculou-se na Universidade de Bonn, freqüentando exclusivamente cursos de humanidades.

Travou um duelo, passou um dia preso por conduta desordeira, devido a embriaguez. Após um ano, deixou Bonn e ingressou na Universidade de Berlim. Nessa cidade foi introduzido à filosofia de Hegel. Detestou-a, embora sofresse sua influência.

Ingressou no Doctor Club, integrado por jovens intelectuais. Sua principal figura era Bruno Bauer, jovem conferencista sobre teologia, que desenvolveria posições ateístas. Demitido em 1839. Absorvido por outros interesses, descuidou-se de seus estudos. Para obter com facilidade seu doutorado, enviou à Universidade de Iena, conhecida por sua falta de rigor, sua tese, em termos hegelianos, sobre as diferenças das filosofias de Demócrito e Epicuro e obteve o título.

Recebeu, juntamente com os jovens hegelianos, forte influência da publicação, em 1841, de *A Essência do Cristianismo*, escrita por Ludwig Feuerbach. Este demonstrou como o "espírito absoluto" é uma projeção do homem real, fundado na natureza. Marx, então, passou a intentar uma combinação da dialética de Hegel com o materialismo de Feuerbach. Em 1842 iniciou sua colaboração com a *Gazeta Renana*, jornal representativo de um grupo de jovens empresários renanos liberais. No mesmo ano tornou-se o editor do jornal. As posições mais radicais de Marx, ainda na linha liberal, triplicaram a venda do jornal, que se tornou o principal da Prússia. As autoridades prussianas, todavia, cercearam o jornal e o suspenderam a pedido da Rússia. Marx foi para Paris para estudar o comunismo francês. Em 1843 casou-se com a atraente Jenny Von Westphalen. Seu meio-irmão, mais tarde, foi ministro do Interior da Prússia. O pai de Jenny, seguidor do socialista Saint Simon, apoiava Marx. Em Paris, ligou a sociedades comunistas obreiras, com trabalhadores franceses e alemães. Considerava as idéias destes rústicas, mas corretas. Escreveu em 1844 os *Manuscritos Econômicos e Filosóficos*. Lançou, efemeramente, com o hegeliano liberal Arnold Ruge, o *Deutsch Französisch Jahrbücher*. Nele publicou *Para uma Crítica da Filosofia Hegeliana do Direito* (1844). Foi expulso da França pelo governo Guizot, em 1845. Então, imigrou para a Bélgica e lá renunciou sua cidadania prussiana.

Bruxelas (fevereiro de 1845 a 1947)

No curso dos dois anos seguintes se estabeleceu e firmou sua amizade e cooperação com Friedrich Engels (1820-1895). Este, no curso de sua vida, combinou muito convenientemente seus interesses econômicos, vinculados à empresa têxtil de seu pai, com sua atividade intelectual e revolucionária. Graças a isso pôde financiar Marx, que dependeu dele praticamente desde que chegou a Bruxelas. São dessa época os trabalhos conjuntos com Engels, *Die Heilige Familie [Sagrada Família]* (1845) e *Ideologia Alemã* (1845-1846).

Em 1847, Marx e Engels aceitaram um convite para se juntarem à Liga de Justos de Londres. A pedido desta, que passou a se denominar Communist League, Marx e Engels escreveram o *Manifesto Comunista* (1848).

Em 1848 irrompeu a revolução na França, na Itália e na Áustria. Marx, em vias de ser expulso da Bélgica, aceitou convite de um membro do governo provisório para ir a Paris. Quando a revolução se estendeu à Alemanha, Marx retornou a Colônia. Propôs uma aliança do proletariado com os liberais, sustentando a inviabilidade, no momento, de uma revolução operária. Defendeu suas idéias por meio do jornal *Neue*

Rheinische Zeitung, recém-fundado em junho de 1849. Quando o rei da Prússia dissolveu o parlamento, em Berlim, Marx apelou para a luta armada. Entretanto, os liberais se recusaram a segui-lo. Marx acabou processado, mas foi absolvido, sendo, porém, como "estrangeiro", banido da Prússia em 16 de maio de 1849.

Londres (agosto de 1849 a dezembro de 1881)

Ingressou na Liga Comunista de Londres. Sustentou um revolucionarismo proletário sem compromisso com os liberais em *Address of the Central Committee to the Communist League* (1850).

De 1850 a 1864, Marx viveu na miséria. Engels, então sem recursos, só podia lhe dar mínima sustentação. Vários de seus filhos morreram. Por seis anos a família teve de viver em dois pequenos quartos no Soho, alimentando-se de pão e batatas. A partir de 1864, Engels se tornou sócio da firma Ermen and Engels, de Manchester, e passou a poder financiar melhor Marx.

Entre 1851 e 1862, Marx logrou modesta remuneração como articulista europeu do *The New York Tribune*, mas Engels escrevia seus artigos com freqüência. Em 1859, Marx publicou seu primeiro livro de teoria econômica: *Uma Contribuição à Crítica da Economia Política*. No prefácio, explica seu materialismo histórico. Passava os dias estudando e trabalhando no Museu Britânico. Em 1862 recusou a proposta de Ferdinando Lassalle para uma ação conjunta.

Primeira Internacional (1864-1872)

Logrou ser a figura central da International Working Man's Association. Sob sua liderança, a associação alcançou grande prestígio. Em 1869 tinha cerca de 800 mil filiados.

Marx considerou inviável o projeto da Comuna de Paris, de 1871, mas deu-lhe total apoio. Na liderança da Internacional Marx teve contínuo conflito com Mikhail Alexandrovich Bakunin. Conseguiu superá-lo com dificuldade. No final, para evitar a vitória de Bakunin, levou à Internacional a sua prática dissolução, em 1872, no Congresso de

Haia, com a transferência de sede para Nova York, onde a Internacional chegou ao fim.

Na última década de sua vida, Marx passou a sofrer reiterados problemas de saúde e não pôde completar a redação dos seus volumes II e III de *O Capital*. Engels, com base em suas anotações, completou a obra. O segundo volume foi publicado em 1875 e o terceiro, em 1894.

Principais Obras

- *Miséria da Filosofia* (1847)
- *Manifesto Comunista* (1848)
- *A Luta de Classes na França* (1848-1850)
- *O 18º Brumário de Louis Napoleão Bonaparte* (1852)
- *Uma Contribuição à Crítica da Economia Política* (1859)
- *O Capital* v. I (1867)
            v. II – com Engels (1885)
            v. III – com Engels (1894)

Influências

O pensamento de Marx se desenvolveu sob quádrupla influência: (1) Hegel, (2) Feuerbach, (3) os socialistas franceses e (4) a economia inglesa, com Ricardo. Tais influências, no entanto, foram submetidas por Marx a importantes reformulações críticas.

Hegel

Adotou integralmente sua dialética e suas concepções "faseológicas" da história. Substituiu, entretanto, a idéia do espírito – espírito do mundo, espírito absoluto – por uma concepção materialista da história. É a existência que determina a consciência, não o contrário. A partir de determinado modo de produção se originam correspondentes relações de produção que, por sua vez, suscitam determinadas concepções e instituições sociais. Substituiu a concepção espiritualista da alienação por uma econômico-sociológica.

Feuerbach

Adotou seu conceito de o homem ser o produtor de Deus e da religião como meio de amenizar suas angústias. Contestava, porém, a visão estática de Feuerbach e a submeteu a uma concepção materialista dialética. Sustentava que a desalienação do homem o libertaria da necessidade de apelar para um outro mundo.

Socialistas Franceses

Aprovava a idéia da abolição da propriedade privada e sua socialização. Contestava, entretanto, os aspectos utópicos ou reformistas do socialismo francês. O socialismo seria algo que historicamente ocorreria quando se conjugassem, por um lado, as contradições decorrentes do capitalismo – crescente concentração da riqueza e expansão da pobreza – com uma intervenção revolucionária do proletariado, mediante sua unificação ideológica e operacional, a ser empreendida pelos partidos comunistas.

Ricardo

Marx aceitava as teses da economia ricardeana, mas introduziu o conceito de mais-valia. Há um imenso intervalo entre a riqueza criada pelo trabalhador e o salário que recebe, de mera subsistência. Essa diferença é a mais-valia, apropriada pelo capitalista burguês. O regime de trabalho imposto pela economia burguesa, por outro lado, era duplamente alienante. Alienava o trabalhador de seu produto e o submetia a condições alienantes de trabalho.

Socialismo

O socialismo é um humanismo social. Para Marx, socializando os meios de produção se elimina o parasitismo espoliador do proprietário privado. O trabalho se reparte segundo a competência de cada qual, com correspondente remuneração.

Pós-Capitalismo

Marx não descreveu o período pós-capitalista. Em alguns trechos, defende que deve ser gerado um amplo tempo livre, no qual cada pessoa faz o que lhe agrada, atendendo equitativamente suas necessidades.

A proposta socialista de Marx tanto comporta a versão soviética de empresas públicas (embora Marx preconize, tanto como efeito quanto como algo desejável, o fim do Estado) como uma interpretação cooperativista. Esta, na verdade, é a que mais se compatibilizava com o humanismo social de Marx.

Considerações Críticas

O conceito de mais-valia, como sustentado por Marx, é economicamente falacioso porque ignora dois indispensáveis fatores de produção: (1) o conjunto de meios e condições materiais, como instalações, equipamentos, energia, bem como capital de giro e capital para novos investimentos; e (2) a ação empresarial de gestão do empreendimento e de *marketing*. Esses fatores têm um preço que tende, em conjunto, a superar o preço do trabalho operário. A teoria ricardeana do valor do trabalho foi substituída pela de utilidade marginal.

Marx ignorou, por outro lado, que toda organização social conduz a uma hierarquização das funções e, de uma ou de outra forma, a ostentava. A supressão do capital privado não modifica esse quadro. Foi o que ocorreu na União Soviética, mesmo se considerarmos que seus aspectos autoritários e repressivos poderiam receber alternativas democráticas. É interessante constatar a inevitabilidade da hierarquização até nas comunidades religiosas, patrimonialmente comunistas e socialmente igualitárias, que contêm, entretanto, o abade beneditino e a madre superiora. Em grande escala, bispos e papa, no catolicismo.

A experiência dos intentos de socialização, do tempo de Marx a nossos dias, mostrou como a única modalidade ao mesmo tempo viável e razoável é a de economias sociais de mercado. Os regimes socialdemocratas lograram satisfatória combinação de democracia com significativa redução das desigualdades sociais e progresso econômico e tecnológico.

Soren Kierkegaard (1813-1855)

Nasceu em Copenhague, filho de um abastado e devoto comerciante luterano, que exerceu grande influência sobre ele. Estudou teologia em Copenhague e filosofia em Berlim, com Schelling, de 1841 a 1842. Seu pai faleceu em 1834, deixando-lhe apreciável fortuna.

Ficou noivo de Regina Olsen. Subitamente, rompeu o noivado e foi para Berlim, onde ficou até 1843. O rompimento do noivado foi motivado pelo reconhecimento, por Kierkegaard, de que tinha um destino, por vontade de Deus, de angustiosas reflexões, incompatíveis com o casamento. Manteve durante toda a vida um amor platônico por Regina e se acabrunhou quando soube de seu casamento com o governador das Índias Ocidentais Dinamarquesas.

Obra

A copiosa obra de Kierkegaard foi sempre publicada sob pseudônimos e atribuída a outros, embora sua autoria fosse prontamente reconhecida.

Entre as principais estão:

Ou um ou Outro (1843)
- *Temor e Tremor* (1843)
- *Estágios no Caminho da Vida* (1845)

Idéias

Kierkegaard foi o primeiro completo formulador do existencialismo. Sua filosofia, radicalmente anti-hegeliana, sustenta que a razão não pode compreender a vida e que esta, sempre individual, tem de ser aproximada por introspecção. A preocupação de Kierkegaard era com a autenticidade da vida. Esta é defrontada pelo espírito estético, que se opõe ao ético, conforme pode ser visto em *Ou um ou Outro* (1843). Mais tarde, Kierkegaard passou desse dualismo para uma visão triádica: esteticismo, eticismo e religiosidade.

É no intento de se realizar plenamente o cristianismo que se atinge a autenticidade humana, porque esta depende da graça divina.

Arthur Schopenhauer (1788-1860)

Nascido em Dantzig, filho de um comerciante rico que desejava integrá-lo em seus negócios. Com a morte de seu pai, abandonou o comércio e se dedicou à filosofia, estudando em Gotinga e em Berlim. Doutorou-se em 1813 com a tese *Sobre Quádrupla Raiz do Princípio da Razão Suficiente*. Em 1820 tornou-se docente privado de Berlim, mas optando, por espírito competitivo, dar suas aulas em horário concorrente com Hegel, não teve alunos. Viajou extensamente pela Alemanha e pela Itália, retirando-se em 1831 para Frankfurt, onde morou até morrer.

Sua obra principal, *O Mundo como Vontade e Representação* (1819), não obteve êxito quando de sua publicação. Publicou em 1844 uma segunda edição revista. A partir de outros escritos, como *Paverga e Paralipomena* (1851), passou a ter crescente notabilidade.

O pensamento de Schopenhauer mergulhava suas raízes em duas principais vertentes: Kant e a filosofia indiana, sobretudo o budismo. De Kant retirou a concepção de que o que conhecemos do mundo é sua aparência fenomênica, que gera nossa representação. Por outro lado, há uma realidade profunda no mundo e no homem: a vontade, que constitui uma incansável apetência, a qual leva ao sofrimento. Essa era a razão do pessimismo de Schopenhauer. Para superar o sofrimento, segundo ele, o homem tem de superar sua apetência, ou seja, alcançar o nirvana búdico.

Auguste Comte (1798-1857)

Vida

Nascido em Montpellier, em 1798, de família católica. Em 1822, aos 24 anos, escreveu *Planos de Trabalhos Científicos Necessários para Reorganizar a Sociedade.* Dois anos depois, produziu seu *Sistema de Filosofia Positiva.*

Foi afetado, posteriormente, por graves distúrbios mentais. Internado em um manicômio, quase cometeu suicídio em 1827, jogando-se no

Sena. Foi salvo por um guarda municipal que o viu cair. Recuperou-se no verão daquele ano. De 1830 a 1857 publicou seu *Curso de Filosofia Positiva*, dividido em seis volumes.

Seu encontro com Clotilde de Vaux, por quem manteve toda a vida um amor platônico, influenciou seu pensamento, notadamente no que se refere a suas concepções de uma religião da humanidade, instaurada no seu *Tratado de Sociologia* (1851-1854). A religião da humanidade é, basicamente, um catolicismo em que Deus é substituído por uma visão humanista.

Em 1846, falece de tuberculose Clotilde de Vaux. Publicou, em 1857, seu *Catecismo Positivo*.

Obra

O elemento central da filosofia de Comte é a lei dos três estágios, uma teleológica visão metafísica positivista da história. Essa lei se faria sentir em todas as culturas e na própria evolução pessoal do homem.

Os três estados do homem e da história são o mítico, o teológico e o positivo. No mítico, o mundo se explica por mitos a respeito da origem do mundo e do homem. No teológico, o homem inventa Deus e atribui a ele a criação do mundo e do homem. No positivo, o homem só aceita o que lhe é dado pela experiência.

É fundamental em Comte a concepção hierárquica da ciência, a partir da matemática e da física, omitindo a psicologia e conduzindo à sociologia. Para ele, a psicologia não é científica e fenômenos psicológicos são estudados na biologia e na sociologia.

Comte foi o criador da sociologia como ciência. Nela, ele diferencia a Sociologia Estática – estudo das estruturas sociais – da Dinâmica – estudo dos processos de mudança social.

O pensamento de Comte, ainda em vida, granjeou-lhe muitos adeptos, o que conduziu à fundação do positivismo como movimento intelectual. Teve grande repercussão na Inglaterra, com Stuart Mill (1806-1873) e seu *Sistema de Lógica Dedutiva*, de 1843, e Herbert Spencer (1820-1903). Este, em sua *Teoria da população*, levantou a hipótese da evolução, antecipando Darwin. Seu abrangente sistema de filosofia sintética, com dez volumes, foi publicado de 1862 a 1896. Nele sustentava um evolucionismo histórico-social.

Friedrich Nietzsche (1844-1900)

Nascido em Rocken, perto de Lutzen, Saxônia, filho e neto de pastores luteranos. Perdeu o pai aos 5 anos, sendo educado pela mãe em um ambiente feminino e pietista. Foi interno na célebre Escola de Pfurta, onde se formou sua paixão pela Grécia. Estudou filosofia clássica em Bonn e Leipzig sob Ritshl, que detectou sua genialidade e o recomendou veementemente para professor de filologia clássica na Basiléia, em 1869, antes mesmo de seu doutoramento.

Na guerra franco-prussiana, em 1870, alistou-se no exército prussiano como enfermeiro mas, acometido de difteria, teve de dar baixa e voltar à universidade. Nesse período fez amizade com Erwin Rodhe (1845-1898), futuro autor de *Psyche*, Jacob Burchardt (1818-1897) e Richard Wagner (1813-1883), de cuja música se tornou adepto e propagandista, tendo também se apaixonado pela mulher dele, Cosima. Em 1878 foi forçado a se aposentar por motivo de saúde. A formação do Império Alemão, sob a liderança de Bismarck, pareceu constituir um grave perigo cultural para Nietzsche e, ao contrário, foi aderida por Wagner. Isso e as posições cristãs implícitas no *Parsifal* levaram Nietzsche a romper com Wagner em 1876.

Nietzsche viveu pobremente de sua aposentadoria, na Basiléia. Por ser atingido por paralisia mental, em 1879, residiu em vários locais da Suíça e da Itália, particularmente em Sils-Maria, na Alta Engadina, Suíça. Em 1889 sofreu em Turim uma paralisia geral. Seu amigo Overbeck foi socorrê-lo. A partir daí não se recuperou mais. Depois de um período em um asilo na Basiléia, ficou sob a guarda da mãe e da irmã. Morreu em 1900, em Weimar.

Obra

A vida intelectual de Nietzsche compreende três períodos. O primeiro, desde seus estudos em Leipzig até 1878. Dele é seu trabalho de crítica da cultura e de apoio a Schopenhauer e a Wagner. São dessa época *A Origem da Tragédia no Espírito da Música* (1872), *A Filosofia na Época Trágica dos Gregos* (1874), e as *Considerações Intempestivas* (1873-1876).

O segundo período é marcado por suas afinidades com a Ilustração francesa, tendo publicado *Humano, Demasiadamente Humano* (1876-1886), *Aurora* (1881) e *Gaia Ciência* (1882).

O terceiro e mais importante período caracteriza-se pelas obras *Assim Falou Zaratustra* (1883), *Genealogia da Moral* (1887), *O Caso Wagner* (1888), *Mais Além do Bem e do Mal* (1889) e *O Ocaso dos Ídolos* (1889), além das teses *O Niilismo Europeu*, *A Vontade de Poder* e *Ensaio de Transmutação de todos os Valores*.

Pensamento

Nietzsche sofreu forte influência de Schopenhauer e desde cedo manteve uma paixão pela Grécia heróica. Recebeu, também, forte influência de Heráclito. Seu pensamento tem como base uma enérgica afirmação da vida.

Era um espírito de combatividade vital. Desenvolveu um existencialismo marcado pela subordinação da razão à vida, em deliberado confronto com Sócrates. Sustentou uma moral senhorial, afirmativa e forte, exprimindo a vontade de poder e condenou severamente a moral de escravo do cristianismo. O mundo é vontade de poder. Para construir novos valores, os valores do super-homem, é necessário destruir os convencionais. De certa forma, condena toda a filosofia posterior a Heráclito. Basicamente, Nietzsche sustentava sete grandes condenações:

(1) Antimoralismo: a moral que prevaleceu historicamente é a dos escravos.

(2) Antidemocracia: a democracia exprime um vil mercantilismo.

(3) Anti-socialismo: o socialismo é uma legitimação dos inferiores.

(4) Antifeminismo: o feminismo é a degeneração da mulher.

(5) Antiintelectualismo: a razão tem de ser serviçal da vontade.

(6) Antipessimismo: o pessimismo é a filosofia dos decadentes.

(7) Anticristianismo: o cristianismo é a encarnação de toda inversão de valores.

Os novos valores são os valores do super-homem. Este tem consciência da morte de Deus. Tudo o que é mais além do mundo é quimera. O mundo é dionisíaco E está em constante renascimento. O super-homem sabe que ele mesmo é um fragmento da vontade de poder. Nietzsche denomina esse saber de sabedoria trágica. O super-homem não se deixa abater pelo eterno retorno.

O Eterno Retorno

A tese do eterno retorno era fundamental para Nietzche. O tempo é infinito e as forças do mundo, por mais imensas que sejam, são finitas. Assim, toda combinação possível de coisas tem de ter sido alcançada pelo menos uma vez. Se as forças do mundo alcançassem equilíbrio, este teria persistido. Se tivessem começo, já teriam acabado. Não sendo assim, o que se dá é um eterno retorno do mesmo.

18

PENSAMENTO DO SÉCULO XX

Introdução

O processo de aceleração da história, referido no capítulo anterior, experimentou no século XX um incremento exponencial. Concebido em termos socioculturais, o século XX, como observou Eric Hobsbawn, foi um século curto. Embora ocorrida no começo do novo século, a Primeira Guerra Mundial foi, na verdade, o desfecho de conflitos de poder do século XIX. O século XX, nesse sentido, começou com o primeiro pós-guerra e terminou com o colapso da União Soviética em 1991. Sob esse aspecto o século XX correspondeu à emergência, ao desenvolvimento, ao declínio e ao final da experiência soviética, iniciada com a Revolução Russa de 1917.

O século XX se diferenciou, marcadamente, em suas duas metades. A primeira, com o primeiro pós-guerra, foi até o fim da Segunda Guerra Mundial, em 1945. A segunda, no período que transcorreu dessa data até o colapso da União Soviética, em 1991. A primeira metade do século foi relativamente a mais rica em criatividade científica, ideológica e artística. A segunda metade se caracterizou por um extraordinário desenvolvimento tecnológico, incluindo o uso da energia nuclear, os computadores e, com estes, o início da era da informática.

No trânsito da primeira para a segunda metade do século se observava um gradual esmorecimento das convicções ideológicas. Comunismo, fascismo, nazismo e liberal-democracia entraram em violento confronto na primeira metade do século, o que, ademais da interferência de outros fatores e circunstâncias, conduziu à Segunda Guerra Mundial. Derrotada a Alemanha nazista, principalmente pelas forças soviéticas, o mundo evoluiu para uma nova fase, que marcou a segunda metade do século. Nesse período a confrontação ideológica do comunismo marxista com a liberal-democracia persiste e se manifesta, sobretudo, no plano retórico mas, de fato, gradualmente assume, predominantemente, um caráter operacional, opondo a capacidade de eficácia dos Estados Unidos à da União Soviética, em uma confrontação crescentemente detrimental para esta última, que acabou conduzindo ao seu colapso.

O século XX foi também o período histórico em que as modificações que se davam no âmbito da civilização ocidental, incipientemente desde o Renascimento e a Reforma e, mais acentuadamente, desde a Ilustração, levaram-na a uma decisiva transformação. A civilização ocidental, teocêntrica, fundada no cristianismo, passou, de fato, a se fundar em suas convicções científico-tecnológicas. As convicções religiosas se mantiveram, com maior ou menor vigor, no mundo ocidental, de modo diferenciado por situações geoculturais e socioculturais, bem como, em nível pessoal, conforme diferenciações individuais. Assim como, em relação à Antiguidade clássica, cabe reconhecer, com a cristianização do Império Romano, sua conversão em uma Antiguidade tardia, cabe também falar da conversão da civilização ocidental em uma civilização ocidental tardia.

As transformações socioculturais que conduziram à conversão da civilização ocidental em civilização ocidental tardia produziram os mais amplos efeitos nos domínios da ciência, da tecnologia, da arte, das concepções do homem e do mundo e nas formas de conduta. Ocorreu uma profunda ruptura com relação aos padrões estéticos e éticos procedentes dos períodos históricos anteriores, cujas raízes mergulham no mundo clássico e nas concepções cristãs. A arte ocidental, inclusive o impressionismo, se fundava em uma interpretação, pelo artista, da realidade externa tal como revelada pelos sentidos, variando essas interpretações de um modelo clássico, procedente da Grécia e renovado pelo Renascimento, a modalidades românticas, neo-realistas ou impressionistas. A arte moderna, rompendo com a tradição representacional, se tornou, com o cubismo e o abstracionismo, criadora de uma realidade própria. Da mesma forma, na música, se rompeu com a tradição melódico-harmônica da música clássica e romântica e se introduziu, com o atonalismo, um gênero de música que não busca os antigos efeitos estéticos e se intenta, em seu lugar, engenhosas combinações sonoras.

A ciência do século XX, superando o estrito determinismo físico do século precedente, tornou-se probabilística e quântica no plano microfísico. No macrofísico, introduziu nova concepção de espaço e tempo, com Einstein e nova visão do cosmos, com Gamow e, posteriormente com as concepções cíclicas de Andrei Linde. Na biologia ocorreu a grande revolução trazida pela biologia molecular, a partir da qual foi possível se identificar as origens moleculares da vida.

As modalidades da conduta, individual e coletiva, sofreram correspondentes transformações, marcadas, de um modo geral, por uma postura igualitarizante e pela reivindicação, nessa mesma direção, de setores precedentemente inferiorizados ou reprimidos, como o das mulheres e o dos homossexuais. As aspirações libertárias e igualizantes do novo século, particularmente em sua segunda metade, conduziram aos movimentos de descolonização e à formação, a partir de povos excolonizados, de um grande número de novos Estados, formalmente independentes, que se filiaram às Nações Unidas.

Ciência

A ciência experimentou no século XX, em todos os seus domínios, o mais extraordinário desenvolvimento. Foi, entretanto, na microfísica, na cosmologia e na biologia que ocorreram as mais decisivas inovações. Na microfísica os novos descobrimentos se iniciaram com Ernest Rutherford (1871-1937), que descreveu a estrutura do átomo em 1911. Em 1932, James Chadwick (1891-1974) descobriu o nêutron. Otto Hahn (1879-1968), Lise Meitner (1878-1968) e Fritz Strassmann (1902-1980) descobriram a fissão do átomo de urânio. O Projeto Manhattan, do presidente Franklin Roosevelt, iniciado em 1939, conduziu à bomba atômica.

Os crescentes conhecimentos sobre o mundo atômico e sua estrutura provocaram, paralelamente, a criação de dois novos domínios da física: física quântica e mecânica quântica. A contribuição inovadora, nessa área, foi dada por Max Planck (1888-1947), que, com sua correta descrição matemática da radiação térmica de um "corpo negro", em 1900, descobriu o processo quântico. Erwin Schödinger (1887-1961), Werner Heisenberg (1901-1976) e Paul Adrian Dirac (1902-1984) elaboraram a mecânica ondulatória e a mecânica quântica, cabendo a Heisenberg o descobrimento do princípio da indeterminação. Com isso, a microfísica introduziu uma profunda diferença em relação à física do século XIX. O rígido determinismo universal, observado por Newton e desdobrado pela física posteriormente, revelou-se somente válido para os fenômenos de caráter macro, sendo substituído, para os fenômenos subatômicos, por uma causalidade probabilística, de caráter estocástico.

Não menor revolução teórica ocorreu nos domínios da macrofísica e da cosmologia. Nessas áreas se destacam, por um lado, a extraordinária inovação teórica trazida por Einstein, com sua relatividade especial, em 1909, e relatividade geral, em 1916. Por outro lado, na cosmologia, a descoberta por Hubble, em 1929, do acelerado afastamento das galáxias, a hipótese de George Lemaître, em 1930, de um "átomo primordial" como origem do universo e a formulação, por George Gamow, no final dos anos de 1940, da teoria do Big Bang abriram uma nova dimensão na concepção do cosmos.

Albert Einstein (1879-1955) revolucionou o entendimento do universo com sua teoria da relatividade especial, publicada em 1905 e complementada, em 1916, com a teoria da relatividade geral. Einstein descobriu que espaço e tempo não podem ser concebidos isoladamente, mas sim em função de uma realidade quadridimensional, o espaço-tempo. A gravidade, diferentemente do que supunham Newton e Laplace, não é uma força e sim o resultado de uma curvatura no espaço-tempo decorrente da presença de uma massa. Observações efetuadas pela Royal Society de Londres em 1918, na Ilha do Príncipe, no Golfo da Guiné, quando do eclipse solar daquele ano, confirmaram, pela constatada refração da luz, a teoria de Einstein.

O intento de explicar, cientificamente, a origem do universo, ademais dos precedentes clássicos de Demócrito, Epicuro e Lucrécio, recebeu uma primeira formulação moderna do físico e abade belga George Lemaître (1894-1966), que sustentou a hipótese de um "átomo primordial", de cujo desdobramento teria surgido o universo. Essa idéia foi elaborada de forma cientificamente mais consistente por George Gamow (1904-1968) no final dos anos de 1940, com sua teoria do Big Bang, que se tornou, até nossos dias – com o agregado da teoria da inflação, de Alan Guth – parte da explicação da origem do universo. Segundo essa teoria, o conjunto de matéria e energia existente no universo decorreu de uma explosão primordial, há cerca de 15 bilhões de anos (data atualmente revisada para 13,7 bilhões), que projetou no espaço a radiação de que resultou o atual universo. Em 1948, Alpher e Herman, associados a Gamow, previram que deveria existir uma radiação remanescente dessa explosão, com temperatura estimada de 5 K (-268 °C), acima do zero absoluto de -273° C.

Como mencionado no Capítulo 2 deste livro, em 1965 Arno Penzias e Roberto Wilson, da Bell Labs de Nova Jersey, calibrando um sensível rádio de antena para seguir o primeiro satélite Echo, descobriam, acidentalmente, essa radiação primordial e determinaram sua temperatura: 2,7 K, próxima à prevista por Alpher a Herman. Em 1989 o satélite Cobe (*Cosmic Background Explorer*) confirmou o caráter primordial dessa radiação.

A teoria do Big Bang, embora confirmada pelas constatações precedentemente mencionadas, deixa sem resposta inúmeras questões, entre as quais a procedência dessa explosão primordial e a correspondência entre seus possíveis efeitos e a extraordinária expansão do universo. Conforme discutido no Capítulo 2, diversas hipóteses e teorias foram formuladas a esse respeito. Citamos John Archibald Wheeler, da Universidade de Princeton, a partir de 1953, com sua hipótese de um processo cíclico do universo, entre um Big Bang e um Big Crunch, conducente a um novo Big Bang, e a teoria cíclica de Andrei Linde, que introduziu o conceito de que cada Big Crunch anula a entropia acumulada que assim se encerra, de forma que o novo Big Bang gera um universo completamente separado do precedente, embora conservando o mesmo *quantum* de matéria e de energia, mas submetido a constantes derivadas da forma como se efetua o novo Big Bang.

Albert Einstein (1879-1955)

Nascido em Ulm, Württemberg, na Alemanha. Seu pai, Hermann Einstein, tinha, em sociedade com o irmão Jacob, uma pequena fábrica de material elétrico e trabalhos de engenharia em Munique, onde a família se fixou. Inicialmente era mau aluno. Estudou, por pressão da mãe, violino, tornando-se um bom amador. Seus tios Jacob e Cäesar o motivaram para estudar matemática e física, respectivamente.

Sua família se mudou para Milão e Einstein retomou seus estudos na Suíça. Graduou-se em 1900 na célebre Academia Politécnica de Zurique, tornando-se cidadão suíço. Depois de trabalhar dois meses como professor de matemática, foi admitido como examinador pela Agência de Patentes de Berna. Em 1903 casou-se como Mileva Marié.

Em 1905 publicou, na prestigiada revista alemã *Annalen der Physik*, sua tese sobre nova determinação das dimensões moleculares. Esta lhe valeu um doutorado pela Universidade de Zurique. Quatro novos artigos de grande importância foram publicados por ele na *Annalen*, produzindo uma nova visão do universo. Entre estes, seus trabalhos sobre relatividade especial, em 1905. A teoria da relatividade geral apareceu bem mais tarde, em 1916, granjeando-lhe a reputação de maior gênio do século.

O nazismo levou Einstein a abandonar a Europa e a se fixar nos Estados Unidos, no Instituto de Estudos Avançados de Princeton. Nos seus 20 anos lá, Einstein se dedicou, com afinco, ao intento de formular uma teoria geral de todas as forças físicas. Sua contribuição para o que mais tarde veio a se denominar teoria de tudo foi importante, mas insuficiente, por causa da mecânica quântica. O probabilismo subatômico se mostrou incompatível, para uma generalização sintetizadora, com a gravitação.

Embora militante pacifista, Einstein considerou indispensável a guerra contra Hitler e contribuiu para convencer Roosevelt a se empenhar, antes dos nazistas, na produção de uma bomba atômica, no que veio a ser o Projeto Manhattan.

Em 1950, Einstein elaborou uma nova versão de campo unificado, que não obteve, todavia, aprovação dos demais físicos.

Principais Obras

As publicações de Einsten que tiveram mais destaque foram *Grundlagem der Allgeweinen Relativitatitheorie*; "Teoria da Relatividade Geral", em A*nnalen der Physik* (1916); e *The Meaning of Relativity* (1953), que também contém sua teoria de campo unificado.

A tese central de Einstein é a de que a gravidade não é uma força (como entendia Newton), mas sim a decorrência de uma curvatura do campo espaço-tempo, criada pela presença da massa.

A comprovação empírica dessa teoria foi obtida quando a Royal Society de Londres comunicou, em 1919, que sua expedição científica à Ilha do Príncipe, no Golfo da Guiné, fotografando em 29 de maio o eclipse solar, constatou que a deflação da luz confirmava as previsões de Einstein.

Einstein formulou pela primeira vez a lei de equivalência de matéria e energia, cuja fórmula é: $E = mc^2$, em que c é a velocidade da luz.

Max Planck (1858-1947)

Nascido em Kiel, norte da Alemanha. De família de educadores e servidores públicos, foi aluno do Maximian Gymnasium de Munique, onde se interessou por ciência e por música. Estudou em Berlim com Von Helmholtz e G.R. Kirchhoff e retornou a Munique, onde se doutorou em 1879, com uma tese sobre a segunda lei de termodinâmica. Docente privado em Munique em 1880, e professor extraordinário de física teórica em Kiel em 1885. Dois anos depois, tornou-se professor de física teórica em Berlim. Ali viveu o restante de sua vida. Foi eleito presidente da Sociedade Kaiser Wilhelm de Berlim depois da Segunda Guerra Mundial.

Em 1900, formulou a descrição matemática correta da radiação térmica de um "corpo negro", a qual se realiza quanticamente. Com isso deu início à física quântica, o que lhe rendeu um prêmio Nobel. Formulou a constante de Planck (*n*) e a lei Planck de radiação.

Erwin Schrödinger (1887-1961)

Nascido em Viena. Ingressou na Universidade de Viena em 1906 e, com breves interrupções, lá permaneceu até 1920.

Em 1921 foi para Zurique, onde morou por seis anos. Em 1926 produziu os papéis que marcaram a fundação da mecânica ondulatória quântica. As órbitas subatômicas são probabilísticas.

Adotou a proposta de Louis de Broglie, em 1924, sobre a natureza dual, particular e ondulatória, das partículas. Em 1927 aceitou suceder Max Planck na Universidade de Berlim. Deixou a cadeira em 1933 por causa do nazismo. Passou por vários países e acabou se fixando em Dublin, no Instituto de Estudos Avançados. Lá escreveu *O que é a Vida?*. Também são de sua autoria *A Natureza e os Gregos* (1954) *Minha Visão do Mundo* (1961).

Paul Adrian Dirac (1902-1984)

Nasceu em Bristol, Gloucestershire, Inglaterra. Filho de pai suíço ilustrado, que estimulou seu talento matemático. Formado em engenharia, entrou para o Saint John's College de Cambridge. Em 1926, ainda como estudante pós-graduado, formulou, em mecânica quântica, concomitantemente com Max Born e Pascual Jordan, na Alemanha, as leis do movimento que governam as partículas atômicas. Descobriu o movimento rotatório dos elétrons.

Foi designado, em 1932, professor de matemática de Cambridge, a antiga cátedra de Newton. Ali lecionou até 1969. Em 1933 recebeu o Prêmio Nobel de física. Emigrou para os Estados Unidos e foi designado em 1971 professor emérito da Florida State University.

Suas principais obras são *Lectures on Quantum Mechanics* (1966) e *General Theory of Relativity* (1975).

Werner Heisenberg (1901-1976)

Nascido em Munique, estudou física na Universidade de Munique e se doutorou em 1923. Nesse ano foi assistente de Max Born, em

Göttingen e designado conferencista em 1924. Em 1927 publicou seus estudos sobre o princípio de indeterminação. Trabalhou por três anos com Niels Bohr em Copenhague, e de 1927 a 1941 lecionou física teórica em Leipzig. De 1942 a 1945 foi diretor do Instituto Max Planck de física em Berlim e a partir de 1946 em Göttingen. Recebeu o Nobel de física em 1932.

Biologia Molecular

Segundo François Jacob:[1]

"no curso dos últimos 20 anos a biologia conheceu uma transformação profunda pela convergência de disciplinas por largo tempo mantidas independentes, tanto pelos problemas que consideravam como pelo material e pela tecnologia que utilizavam. Tanto assim é que a fisiologia celular, a genética, a bioquímica, a virologia e a microbiologia se fundiram em uma disciplina comum, que hoje se está de acordo em designar pelo nome de biologia molecular".

Mais adiante Jacob observa:

"Em alguns anos, a elucidação da estrutura e das principais macromoléculas biológicas, proteínas e ácidos nucléicos, a interpretação de suas forças em termos de estrutura, o reconhecimento de suas vias de biossíntese e de suas regulações renovaram nosso conhecimento da herança e dos mecanismo celulares".

Pierre Thunillier[2], citando o estudo de N. C. Mullins, de 1972, mostrou como a nova ciência se formou no curso de três etapas:

---

1. JACOB, F. "Biologia Molecular, la Próxima Etapa". In: MONOD, J. et al. *Biologia Molecular*. México: Consejo Nacional de Ciência y Tecnologia, 1981, p. 45-51.
2. THUNILLIER, P. "Como Nasceu a Biologia Molecular". In: MONOD, J. et al. *Biologia Molecular*. México: Consejo Nacional de Ciência y Tecnologia, 1981, p. 9-28.

(1) A primeira começa por volta de 1935, com as primeiras reflexões de Max Delbruck sobre as novas tarefas da genética.

(2) A segunda fase, de 1953 a 1963, aproximadamente, corresponde ao descobrimento, por James Watson e Francis Crick, das funções do ADN e do ARN, na dupla hélice.

(3) A terceira fase, o período acadêmico, a partir de 1963, corresponde à estabilização do quadro de pesquisa.

Psicanálise

Uma das mais impactantes inovações na área da ciência, entendida em sentido amplo, foi a psicanálise de Sigmund Freud (1856-1939), no início do século XX. Com *Interpretação dos Sonhos* (1900), Freud introduziu na cultura e nas práticas contemporâneas um novo entendimento da psique humana. A edição completa das obras de Freud foi feita por James Strachey; intitulada *Complete Psychological Works of Sigmund Freud* (1953-1974), abrange, com o conjunto de seus escritos psicanalíticos, seus ensaios sobre cultura e civilização.

Em última análise, dois são os principais aspectos da contribuição de Freud: (1) teoricamente, sustentar uma visão do *eu* em três capas de profundidade, o *id*, o *ego* e o *superego*; e (2) operacionalmente, conceber numerosas perturbações psicológicas como decorrência de traumas, que se enquistam na consciência do paciente, introduzindo essas perturbações. Por meio de processos que conduzam o paciente à reconstituição dos eventos que o traumatizaram, o psicanalista o leva a identificar o evento traumático e, com isso, a se liberar de seus efeitos.

Freud entendia que é importante diferenciar a dinâmica, a economia e a topografia dos processos mentais. A abordagem dinâmica permite distinguir os instintos humanos fundamentais: Eros, o instituto da libido, e Tanatos, o instituto da destruição. A abordagem econômica revela os princípios da dor e do prazer e, por derivação, o princípio da realidade. A abordagem topográfica mostra como o eu, conforme já mencionado, se compõe de três camadas: a profunda (*id*), o inconsciente e o consciente (*ego*) e a normativa (*superego*).

Embora continue se discutindo em que medida a psicanálise é uma nova ciência ou um novo método psicológico, o fato é que tanto como disciplina quanto na qualidade de terapia, a psicanálise adquiriu a maior influência no mundo contemporâneo, notadamente no curso da primeira metade do século XX. Condições cada vez mais geradoras de tensões, decorrentes das novas modalidades de vida, ampliaram extraordinariamente o apelo a tratamentos psicanalíticos, particularmente em centros como Nova York e Buenos Aires. Mais recentemente, desenvolvimentos da neurologia e do conhecimento da química do cérebro estão reduzindo o uso da psicanálise e sua substituição por tratamentos químicos.

Tecnologia

A segunda metade do século foi marcada por tão extraordinário desenvolvimento da tecnologia que cabe designá-la como era da revolução tecnológica. Com esta, o processo de globalização, iniciado com as descobertas marítimas e a subseqüente revolução mercantil, passando por uma segunda fase, com a revolução industrial, ingressou em uma terceira fase, que atualmente se está desenrolando.

A revolução tecnológica resultou da aplicação prática das grandes inovações científicas da primeira metade do século XX que descrevemos brevemente. De modo geral, pode-se inserir as grandes inovações tecnológicas desse período em dois grupos: o das que decorrem de novas concepções físicas e o das que resultam dos progressos em biologia.

As tecnologias decorrentes da revolução física da primeira metade do século são, fundamentalmente, de duas ordens: as relacionadas com múltiplas utilizações da energia nuclear, desde bombas atômicas e submarinos nucleares às centrais nucleares, e as decorrentes do uso de computadores, gerando a era da informática e da telemática, com decorrentes efeitos na robótica.

Os efeitos provenientes dessa revolução tecnológica modificaram profundamente a civilização ocidental tardia e os modos de vida das sociedades e das pessoas. Avulta, nessas modificações, a emergência, pela primeira vez na história, da possibilidade de a humanidade se destruir atomicamente. Por outro lado, são inúmeras as possibilidades utilitárias proporcionadas por uma nova fonte, em princípio inesgotável, de energia e pelas facilidades conferidas por formas quase instantâneas de computação e de transmissão de informações.

Entre as muitas conseqüências, no domínio da física, da revolução tecnológica, cabe assinalar duas particularmente relevantes. No que se refere ao sistema produtivo e sua administração, a telemática alterou, de maneira significativa, a ordem e a relevância dos fatores, tornando secundárias tanto a importância da disponibilidade local de matérias-primas como a de mão-de-obra, elevando decisivamente, por outro lado, a importância da tecnologia e permitindo conjugar processos produtivos territorialmente distanciados. No que se refere ao sistema internacional, a detenção, pelos Estados Unidos, de uma incomparável superioridade de recursos tecnológicos conferiu à única remanescente superpotência uma hegemonia única, que tenderá a se constituir em um novo sistema imperial mundial se, no curso das próximas décadas, não surgirem novos centros independentes de poder, como poderá ocorrer com a China.

No que tange às inovações tecnológicas baseadas no progresso da biologia, notadamente da biologia molecular, cabe assinalar, em seus aspectos negativos, o desenvolvimento de armas bacteriológicas de incomparável letalidade. Em seus aspectos positivos, que felizmente têm sido prevalecentes, importa mencionar os extraordinários progressos alcançados pela medicina, pelas técnicas de clonagem e por aplicações biotécnicas à agricultura e à pecuária.

Uma das mais extraordinárias conseqüências da revolução tecnológica está sendo o desenvolvimento da navegação espacial, permitindo a viagem de homens à Lua e a exploração robótica de outros planetas do sistema solar, por exemplo, contendo imprevisíveis futuras possibilidades espaciais.

Esses desenvolvimentos introduziram importantes modificações no *posto do homem no cosmos*. A concepção do cosmos proveniente de Newton e Laplace e complementada pela física e pela astronomia do século XIX ficou profundamente modificada com a relatividade de Einstein, o descobrimento do afastamento das galáxias por Hubble, a teoria cíclica de Andrei Linde e pela nova microfísica quântica. A biologia molecular constatou a origem molecular da vida, encerrando a hipótese criacionista. Dessa forma, como se discutirá na quarta e última seção deste livro, o homem se encontra, atualmente, como "animal transcendente" e detentor de uma liberdade racional, inserido em um dos eternos ciclos de expansão de um cosmos destituído de qualquer finalidade. Cabe à filosofia contemporânea dar uma resposta a essa situação. Na parte final deste capítulo se intenta uma sucinta indicação das principais respostas filosóficas formuladas no século XX. Não obstante a relevância de diversas dessas formulações, a questão, como sucintamente se discute na Seção IV, permanece, na opinião deste autor, ainda sem resposta satisfatória.

Artes

Plásticas

Sem prejuízo de importantes mudanças na maneira de conceber o mundo e de representá-lo, observa-se, da Grécia do século VI a.C. ao final do século XIX, uma longa continuidade básica na forma pela qual se manifestam a pintura e a escultura. Nessa continuidade sobressaem dois elementos comuns: (1) o intento, por parte do artista, de representar a realidade como ela se revela sensorialmente e (2) o propósito de produzir beleza. Daí o próprio nome "belas artes".

O sentido representacional da arte começou a experimentar uma modificação com o impressionismo de Sisley (1830-1899), Pissarro (1830-1903), Monet (1840-1926), Renoir (1841-1919) e outros. Os impressionistas não recusam as manifestações sensoriais da realidade, mas se interessam, sobretudo, pela impressão que causam. Esse interesse se concentra, particularmente, sobre os efeitos da luz. Os pós-impressionistas, como Cézanne (1839-1906), que influenciaram profundamente o curso subseqüente da pintura, se empenharam em captar a estrutura das coisas. Esse intento abriu o caminho para o cubismo.

A revolução do cubismo foi introduzida por Pablo Picasso (1881-1973) com sua tela *Les Demoiselles d'Avignon* (1907). Depois de uma fase pós-impressionista, no começo do século, com a fase "azul" (1902-

1904) e o subseqüente "período róseo", Picasso conduziu a pintura a uma radical transformação. No essencial, essa transformação consistiu na renúncia à reprodução da realidade, como se nos apresenta sensorialmente, combinadamente com a renúncia à produção da beleza. O cubismo gera uma realidade inventada pelo artista, combinando no mesmo plano perspectivas conflitivas, impondo aos objetos deliberadas distorções e substitui a busca da beleza pelo intento de lograr construções engenhosas. Dentre as numerosas experiências plásticas que se sucederam, mantendo o duplo princípio do construtivismo artístico e da engenhosidade, destaca-se o abstracionismo, em que Piet Mondrian (1872-1944) foi seu mais importante representante.

Arquitetura

A arquitetura também apresentou importantes inovações na primeira metade do século XX. Destaca-se, entre as mais relevantes, o projeto da Bauhaus, de Weimar, iniciado em 1919 por Walter Gropius (1887-1969). A nova concepção arquitetônica conquistou importantes adeptos como Schlemmer, Klec, Kandinsky e outros, e se tornou um predominante estilo de vanguarda.

Em paralelo com Gropius Le Corbusier (1887-1966), pseudônimo artístico do suíço Charles Edouard Jeanneris, surgiu uma arquitetura de audacioso concreto aparente, que se tornou outro dominante estilo de vanguarda. Entre os mais importantes continuadores desse estilo figura o genial arquiteto brasileiro Oscar Niemayer (1907), autor dos principais edifícios públicos de Brasília e do famoso Cassino da Pampulha, em Minas Gerais.

Música

A música percorreu, no século XX, uma trajetória equivalente à da pintura. A partir de seus dois últimos grandes pilares do século precedente, Brahms (1833-1897) e Wagner (1813-1883), Gustav Mahler (1860-1911) produziu, com grande originalidade, uma versão modernizada da sinfonia brahmseana. O começo do século passou por uma fase impressionista, de que Claude Debussy (1862-1918), com seu *Après midi d'un faune* e outras magistrais composições, foi o principal representante. O impressionismo produziu uma grande música na Espanha, com Granados e De Falla, e repercutiu na música de Bela Bartok (1881-1945).

A grande revolução veio com Arnold Schoenberg (1874-1951), um Picasso da música, nela introduzindo, com o atonalismo, um equivalente do cubismo. A nova música se opõe às concepções melódico-harmônicas que vinham desde a música barroca e, com a multiplicação das tonalidades, gerou um universo sonoro desligado de compromissos com a sensibilidade sensorial e com o ideal de beleza, fundado, como a pintura moderna, na engenhosidade. Richard Strauss (1864-1949) utilizou os novos métodos musicais sem desdenhar, entretanto, a produção de efeitos estéticos, como em seu *Rosen Kavalier*. Algo de equivalente se pode dizer, no âmbito da cultura eslava, da música de Igor Stravinsky (1864-1971).

Literatura

A literatura do século XX também se diferenciou, significativamente, da do século precedente. Foi uma literatura introspectiva, com Marcel Proust (1871-1922), e uma narrativa sem descontinuidade entre o consciente e subconsciente, com James Joyce (1882-1941). Não intentou, como o grande romance do século XIX, de Balzac a Tolstoi, uma longa narrativa de episódios conexos com um protagonista central, embora algo disso ocorra com Boris Pasternak. A nova literatura foi subjetivista, com Thomas Mann (1875-1955), protestatária, com Camus (1913-1960) ou referida ao absurdo, com Kafka (1884-1924).

Se excetuarmos os escritores com vocação filosófica, como Unamuno e Ortega, ou Jean-Paul Sartre, a literatura contemporânea não tem o sentido cósmico de Shakespeare ou de aprofundamento no abismo da alma humana, como Dostoievsky. Apresenta imensa variedade, na multiplicidade de autores que se distribuem por inúmeros países, agora não apenas da Europa, mas abrangendo o novo mundo, o Oriente e os diversos países da Comunidade Britânica. Escaparia, por isso, ao escopo deste estudo sobre o posto do homem no cosmos, qualquer intento de recensear essa literatura.

Filosofia

Considerações Gerais

A filosofia, no século XX, também experimentou significativas diferenças no trânsito de sua primeira para sua segunda metade. Na primeira metade do século, a filosofia se apresenta como uma continuidade do pensamento de fins do século precedente. Assim ocorre com o neokantismo, principalmente o da Escola de Marburgo, com Hermann Cohen (1842-1918) e com o que seria seu maior representante, Ernst Cassirer (1874-1945), mas também, em ampla medida, com a escola de Baden, com Windelband (1848-1915) e Heinrich Rickert (1863-1936). O historicismo de Wilhelm Dilthey (1833-1911) e de Georg Simmel (1858-1918) é, de certa forma, uma continuidade do pensamento de Baden.

O pragmatismo americano, de William James (1842-1916) e de John Dewey (1859-1918), obedecendo a uma lógica interna distinta da européia e representativa do estilo de vida que se configura nos Estados Unidos na segunda metade do século XIX, é também continuidade de uma visão do mundo formada no século precedente.

Na Europa continental, a Alemanha continuou sendo o grande centro do pensamento filosófico. Ao neokantismo se segue, com Edmund Husserl (1859-1938), o intento de uma aproximação distinta com a fenomenologia, que busca, a partir das intuições puras da consciência, constituir uma visão do mundo que transcenda as restrições do kantismo e o simplismo cientificista do positivismo. Nessa linha de pensamento, Max Scheler (1874-1925) ultrapassou a restrita logicidade de Husserl para alcançar um entendimento universal dos valores e uma compreensão do "posto do homem no cosmos", seu último estudo de 1928.

A transição para a filosofia da segunda metade do século XX fez que, de forma genérica, se pudesse distinguir filosofias da vida e da existência. Distintamente do que ocorreu com Bergson (1859-1941), cuja filosofia da vida (*élan vital*) se manteve impregnada de sentido biológico, dele fazendo um pensador representativo da primeira metade do século, a filosofia da vida, com o raciovitalismo de José Ortega y Gasset (1883-1955), constituiu algo de totalmente distinto. Algo que se reveste, para cada pessoa, de um sentido biográfico, algo de concebido, de modo geral para o ser humano, com um sentido histórico. A "razão vital", radicada na vida biográfica de cada pessoa e histórica de cada sociedade, é uma manifestação, em perspectiva, do logos clássico. Essa linha de pensamento, entendida em sentido amplo, no que veio a ser denominado existencialismo, é a de Karl Jaspers (1887-1969), Martin Heidegger (1889-1976) e Jean-Paul Sartre (1905-1980).

O pensamento mais recente do século XX se diferenciou, crescentemente, entre suas formulações "continentais" e "anglo-saxônicas". Na Europa continental continuou a se fazer sentir a influência de Heidegger e emergiu, com a escola de Frankfurt, com Max Horkheimer (1895-1973), Herbert Marcuse (1898-1979) e Theodor Adorno (1903-1969), um neomarxismo crítico. Essa linha de pensamento foi continuada, com importantes inovações, pelo pensador que se revelaria como um dos mais importantes de seu tempo, Jürgen Habermas (1929). No mundo anglo-saxônico, a partir da influência de Ludwig Wittgenstein (1889-1951) e de Gottlob Frege (1848-1925), se desenvolveu um positivismo lógico, concentrado na filosofia da linguagem. Bertrand Russell (1872-1970) foi, dentro de formulações originais, o principal expoente desse pensamento, que se autodenomina filosofia analítica.

No trânsito da primeira para a segunda metade do século avultam, em posições distintas das precedentemente mencionadas, dois grandes pensadores: Alfred North Whitehead (1861-1943) e Nicolai Hartmann (1882-1950). Whitehead, co-autor, com Russell, dos *Principia Mathematica*, de 1910, evoluiu para uma posição filosófica própria, que o levou a uma visão heráclito-democritiana do mundo, concebido como um sistema de unidades, "eventos", submetidos a um fluxo contínuo. Hartmann, por sua vez, propôs um realismo crítico, em que o fenomênico kantiano se apresenta como uma realidade criticamente cognoscível.

O fim do século XX foi marcado, principalmente por influência francesa, por uma posição que se autodenomina "pós-moderna" e que consiste, fundamentalmente, em uma crítica de toda a filosofia precedente, entendida como um metadiscurso atrás do qual se esconderiam diversas modalidades de vontade de poder. Lyotard (1924-1998), Jacques Deleuze (1925-1995), Baudrillard (1929) e Jacques Derrida (1930-2004) são as figuras mais representativas de um movimento que representa, de certa forma, nas condições contemporâneas, uma reiteração das posições do sofista Gorgias (cerca de 480-400 a.C.).

Neokantismo

Depois de um longo período em que se sucederam diversas correntes filosóficas, como as idéias de Comte (1798-1857), de Schopenhauer (1788-1860) e de Nietzsche (1844-1900), o mundo filosófico do final do século XIX até o princípio do século XX sentiu a necessidade de uma nova visão do mundo que restaurasse sua compreensão racional, a partir de uma perspectiva crítica, expurgada de todos os dogmatismos. Essa demanda intelectual foi atendida pelo neokantismo, a partir de duas distintas perspectivas, a cientificista, de Marburgo, e a historicista, de Baden.

O neokantismo assume as posições críticas de Kant e busca ir além de Kant, construindo uma visão do mundo consistente com as ciências naturais e com uma visão histórico-sociológica da humanidade. Daí o brado de Otto Liebmann (1840-1912), que terminou cada um capítulos de seu livro *Kant e seus Epígonos* (1805) com "Assim, portanto, há que se voltar a Kant".

Segundo Windelband, "entender Kant significa ir além dele". A aceitação de Kant pelo neokantismo se conjugava com uma crítica da "coisa em si", considerada como descabida suposição de algo fora do espaço e do tempo. O neokantismo, por outro lado, se preocupou menos, na sua interpretação de Kant, com sua teoria do conhecimento, enfatizando sua contribuição epistemológica e ética.

Escola de Marburgo

Hermann Cohen (1842-1918), Paul Natorp (1854-1924), Rudolf Stammler (1856-1938) – filósofo do direito –, Arthur Liebert (1878-1946) – marxismo crítico –, e Ernst Cassirer (1874-1945).

Hermann Cohen (1842-1918)

Suas principais obras são: *Teoria Kantiana da Experiência, Fundamentação Kantiana da Ética, Fundamentação Kantiana da Estética, Lógica do Conhecimento Puro, Ética da Vontade Pura e Estética do Sentimento Puro.*
Seu objetivo básico foi eliminar a noção de coisa em si e sustentar a intuição como forma do pensar. Segundo Cohen, não há um material bruto dado como tal. Toda sensação e percepção já é algo de pensamento. Conhecimento é a penetração pela razão do mundo de objetos, substituindo o subjetivo pelo universal objetivo.
Natorp acompanha Cohen. Busca uma fundamentação crítica para as ciências naturais e a psicologia. Dele decorrem os intentos fundamentalistas de Stammler, no direito, de Vorländer, no marxismo, de Artur Liebert (1878-1946) no próprio criticismo. Na geração seguinte, surgiu a maior figura da escola: Ernst Cassirer.

Ernst Cassirer (1874-1945)

Nascido em Breslau, Silesia, educado nas universidades de Berlim, Leipzig, Heidelberg e Marburgo. Nesta, foi discípulo de Hermann Cohen. Foi professor particular em Berlim. Em 1915 foi designado professor de filosofia em Hamburgo, tornando-se reitor em 1930. Demitiu-se do posto quando Hitler governava e foi para Oxford, onde ficou de 1933 a 1935. Depois, viveu em Goteberg, Suécia, de 1935 a 1945, e de lá foi para os Estados Unidos: Yale, de 1941 a 1944, e Columbia de 1944 a seu falecimento em 13 de abril de 1945.
Cassirer foi o mais enciclopédico pensador do século XX. Abordou, com a maior competência, os principais problemas de matemática e da física, da história, da história do conhecimento, da filosofia e das formas simbólicas, sendo o iniciador da semiótica. Cassirer combinou, em seu pensamento, o neokantismo de Marburgo com o historicismo social de Baden.
São suas principais obras: *O Sistema de Leibniz* (1902), os três volumes de *O Problema do Conhecimento* (1906-1920), *Substância e*

Função (1910), *Sobre a Teoria da Relatividade de Einstein* (1921), *Filosofia das Formas Simbólicas* (1923-1929), *Linguagem e Mito* (1925), *Indivíduo e Cosmos na Filosofia do Renascimento* (1927), *O Problema de Jean Jacques Rousseau* (1932), *Filosofia da Ilustração* (1932), *Determinismo e Indeterminismo na Física Moderna* (1936), *Um Ensaio sobre o Homem* (1944), *O Mito do Estado* (1946), *A Filosofia do Renascimento* (1951) e *O Renascimento Platônico na Inglaterra* (1953).

Escola de Baden

Wilhelm Windelband (1848-1915), Heinrich Rickert (1863-1936) e Wilhelm Dilthey (1833-1911). Este, nascido em Biebrich, lecionou em Basiléia, Kiel, Breslau e Berlim. Representa uma continuação do pensamento de Baden.

Wilhelm Windelband (1848-1915)

Distingue as ciências homotéticas – naturais –, das ciências ideográficas – culturais.

Sustentava que os valores são intemporalmente válidos. Para ele, a filosofia tem por problema e campo examinar e descobrir os valores de validez universal.

Heinrich Rickert (1863-1936)

Discípulo de Windelband. Sustentava que nas ciências da cultura há sempre valores. Estes superam o relativo, temporal e histórico, para constituir um reino super-histórico, absoluto e transcendente.

Os valores para Rickert conduzem, ao mesmo tempo, a uma crítica do pragmatismo e da filosofia da vida. O pragmatismo se nega a reconhecer o caráter absoluto dos valores. A filosofia da vida chega ao cúmulo de conceber a vida como valor supremo. Contra essa tese Rickert acentua a superioridade da cultura objetiva e a necessária submissão dos valores inferiores aos valores espirituais superiores.

Fenomenologia

Edmundo Husserl (1859-1938)

Nascido em Presnitz, Moravia, hoje República Checa. Primeiramente foi matemático, tendo publicado sua *Filosofia da Aritmética* em 1891. Voltou-se, depois, para a filosofia, lecionando em Göttingen de 1910 a 1928, quando se tornou emérito, e em Friburgo de Bresgovia, onde morreu. Husserl intentou superar a lógica de qualquer psicologismo. As proposições lógicas não estão dirigidas a um "dever ser" e sim a um "ser". O âmbito próprio da lógica é a significação. Para alcançar as coisas é necessário proceder-se a uma redução fenomenológica. Colocar entre parênteses todas as pressuposições e atingir pela intuição a essência das coisas.

Entre suas obras destacam-se: *Idéias para uma Fenomenologia Pura e uma Filosofia Fenomenológica* (1913), *Lógica Formal e Transcendental* (1928) e *Meditações Cartesianas* (1931).

Max Scheler (1874-1928)

Foi o principal filósofo da fenomenologia. Nascido em Munique, lecionou em Iena, Munique, Colônia e Frankfurt.

Discípulo de Rudolf Eucken (1846-1929), também se opôs, como este, ao positivismo, ao kantismo e ao naturalismo. Sustentou uma metafísica neo-idealista, embora aceitando a verdade científica. Scheler encontrou na fenomenologia de Husserl o método conveniente para sua filosofia. Sua principal contribuição foi a de identificar os valores como algo dotado de validade permanente. Daí sua oposição à ética formalista de Kant, a que contrapõe uma ética material de valores.

Max Scheler transitou de iniciais posições católicas para uma espécie de panteísmo. Distinguia quatro níveis de realidade: Inorgânica, Vegetal, Animal e Humana.

O homem, para Scheler, é um animal dotado de faculdades espirituais. O espírito não é uma substância, mas uma função específica do homem, adquirida a partir de uma evolução biológica, seguida por uma evolução psíquico-cultural. O espírito proporciona ao homem um nível de racionalidade e de liberdade incomparavelmente superior ao que se possa observar nos animais.

A realidade, entretanto, se caracteriza, observacionalmente, pelo fato de que a energia e a força se encontram nos níveis inferiores. O nível superior, o do espírito, não tem força própria, mas tem capacidade direcional da força anímica a ponto que pode se contrapor aos instintos básicos, como o da conservação da vida.

Scheler não acredita em uma divindade substancial, mas sim em uma funcional. Assim como o espírito dirige a força anímica, o homem apreende o princípio do universo, que se realiza no próprio homem:

> "É a velha idéia de Spinoza, de Hegel e de muitos outros. O Ser primordial adquire consciência de si mesmo no homem, no mesmo ato em que o homem se contempla como fundado nele. Este saber-se fundado é somente uma conseqüência da ativa decisão, tomada pelo centro de nosso Ser, de laborar em prol da exigência ideal da 'deitas'; é uma conseqüência do intento de levá-la a cabo e, ao levá-la a cabo, de contribuir para engendrar o 'Deus' que se está fazendo desde o primeiro princípio das coisas e é a compenetração coerente do impulso com o espírito".[3]

As principais obras de Scheler são: *Contribuições à Determinação das Relações entre Princípios Lógicos e Éticos* (1899), *O Ressentimento na Moral* (1912), *O Formalismo e a Ética Material dos Valores* (1913-1916), *Essência e Forma de Simpatia* (1923), *Do Eterno no Homem* (1921), *Sociologia do Conhecimento* (1926), *O Posto do Homem no Cosmos* (1928) e *O Método Transcendental* e o *Método Psicológico* (1960). O último estudo de Scheler foi objeto de uma conferência e se destinava ao futuro desdobramento de uma antropologia filosófica, que sua súbita morte o impediu de escrever.

---

3. SCHELER, M. *El Puesto del Hombre en el Cosmos*. Buenos Aires: Losada, 1938, p. 135.

Raciovitalismo

José Ortega y Gasset (1883-1955)

Nascido em Madri, estudou na Universidade de Madri (1884-1904) e em Marburgo (1904-1908). Foi professor de metafísica da Universidade de Madri a partir de 1910. Fundou em 1923 a *Revista do Occidente*. Exilou-se da Espanha durante a guerra civil, de 1936 a 1945, passando pela Argentina e residindo em Lisboa, Portugal. Em 1948 fundou o Instituto de Humanidade.

O raciovitalismo de Ortega é um existencialismo racional da vida, marcado por uma visão histórica, como Dilthey. O perspectivismo da realidade é um entendimento projetivo do homem. O homem é seu projeto, não uma substância cerrada e completa. É seu autodevenir, uma liberdade dentro de sua circunstância.

Publicou *Meditaciones del Quijote* (1914), os oito volumes de *El Espectador* (1916-1934), *España Invertebrada* (1922), *Ni Vitalismo ni Racionalismo, Revista do Occidente* (1924), *La Rebelión de las Masas* (1929), *Goethe desde Dentro* (1934), *Estudios sobre el Amor* (1939), *El Libro de Misiones* (1940), *Ideas y Creencias* (1940) e *Historia como Sistema y del Imperio Romano* (1941).

Existencialismo

Martin Heidegger (1889-1976)

Nascido em Messkirch, Baden, de uma família católica. Lecionou na Universidade de Friburgo. Foi influenciado por Kierkegaard, pelos présocráticos e por Nietzsche. Discípulo de Husserl, no anuário por este editado publicou *O Ser e o Tempo*, primeira parte, em 1927.

Heidegger buscava compreender o ser. Para tanto, investiga o ser do homem. Crítica a filosofia, desde Platão, por intentar determinar o ser do homem pelo modo de ser das coisas. Já Husserl e Scheler tinham sustentado que a essência do homem não pode ser entendida como objeto, como substância, como ente, mas sim como intencionalidade.

Heidegger entendia que esses filósofos não foram suficientemente radicais. Para ele, a filosofia vem se ocupando do ente, não do ser; esqueceu-se deste.

Para investigá-lo, deve-se perguntar pelo ser do homem, isto é, o "ser aí" (*dasein*). "Ser aí" é "ser no mundo", estar jogado no mundo. Tem como característica a preocupação. A experiência humana fundamental é a angustia, decorrente da consciência da morte. A morte é inerente, o "ser-aí" é o "ser para a morte".

A meditação da morte nos compele a assumir nossa própria existência e a assumir uma vida própria e peculiar. A consideração da morte é a chave para assumir o tempo. O "ser aí" não tem um final no tempo, mas existe finitamente. A existência humana é um estar fora (*ex-sigstere*) que consiste em estar confrontado com o nada. A essência do "ser aí" é a transcendência para o nada.

Heidegger concordava com Hegel no sentido de que o puro ser e o nada são o mesmo. Heidegger designa como *kehre* (volta) o seguir andando pelos caminhos recorridos em *O Ser e o Tempo*. Assim o homem, de eclipse do nada, se torna guardião do ser. O nada é o radicalmente outro, frente a todo ente. O nada é o véu do ser. Véu do ser significa que o ser, através do nada, em parte se torna patente e em parte se oculta.

Como o ser não possa ser conhecido objetivamente, nem por meio de um pensar representativo, Heidegger foi levado a considerar que a filosofia não pode ser uma ciência, mas é uma recordação do ser. Para Heidegger, pensar consiste na pergunta pelo que nos está significando o pensar. A verdade buscada pela filosofia não é uma adequação com o ente, mas um descobrimento. É o ser que se oculta e se revela.

São suas principais obras *O Ser e o Tempo* (1927), *O que É a Metafísica* (1929), *Kant e o Problema da Metafísica* (1929), *O que é a Verdade?* (1930), *A Filosofia no Século XX* (1962), *Carta sobre Humanismo* (1947), *Uma Introdução à Metafísica* (1959), os dois volumes de *Nietzsche* (1961), *A Pergunta sobre a Técnica* (1954) e *O que É isso de Filosofia* (1956).

Jean-Paul Sartre (1905-1980)

Nascido em Paris, seu pai faleceu quando ainda era muito jovem e foi educado por seu avô materno, Carl Schweitzer, tio de Albert Schweitzer, professor de alemão na Sorbonne. Criança sem ajuste com as outras, refugiou-se na leitura. Freqüentou o Lycée Henri IV e o de la Rochelle. Graduou-se pela École Normale Supérieure em 1929. Desde estudante manteve uma relação estável com Simone de Beauvoir. Foi amigo de Raymond Aron, de Maurice Merleau-Ponty, de Jean Hippolyte, de Emmanuel Mounier e de Claude Lévi-Strauss. De 1931 a 1941 lecionou nos liceus de Havre, Leon, e Paris. Foi prisioneiro de guerra em 1940. Adotou um humanismo marxista-existencialista, posição de radical esquerdismo. Adotou a fenomenologia de Husserl e muitas posições de Heidegger.

A filosofia de Sartre é, em grande medida, uma psicanálise transcendental. Sua tese básica envolve o "ser para si" (homem) e o "ser em si" (coisa). A existência se faz ela mesma e forja sua própria liberdade. No âmbito de "ser para si", há o "ser para o outro". A existência se constrói a partir do nada. Esse nada não é mera negação do ente, mas sim solidão existencial.

Para Sartre, a vivência fundamental é a náusea, como para Heidegger era a angústia. Para este, a existência, embora penetrada pelo nada, é o que nos há de mais real. Para Sartre, o real é o "ser em si". O existencialismo de Sartre tem vinculação histórico-social. Já o de Heidegger é metafisicamente regressivo.

Entre suas publicações, destacam-se *La Nausée* (1938), *Esquisse d'une Théorie des Émotions* (1939), *L'Etre et le Néant* (1943), *L'Imaginaire – Psychologie Critique de l'Imagination* (1962), *L'Existentialisme est un Humanisme* (1946), os três volumes de *Les Chemins de la Liberté*, *L'Age de Raison* (1947), *Le Sursis* (1945) e *La Mort dans l'Ame* (1949).

Ademais dos escritos filosóficos, tem uma importante obra teatral: *Les Mouches* (1943), *Huis – Clos* (1944), *In Camera* (1946), *Les Mains Sales* (1948), *Le Diable et le Bon Dieu* (1951) e *Les Séquestrés d'Altone* (1959), além do ensaio *Saint Genet – Comédien et Martyr* (1952).

Escola de Frankfurt

Max Horkheimer (1895-1973)

Nascido em Frankfurt. Com Adorno, Walter Benjamin e Herbert Marcuse foi o principal membro da Escola, até Habermas. Foi catedrático de filosofia na Universidade de Frankfurt em 1930. Também foi diretor do Instituto de Investigação Social de Frankfurt e editor da *Revista de Investigação Social*. Conheceu W. Adorno (1903-1969) em Frankfurt e se tornaram amigos. Emigrou da Alemanha durante o nazismo refugiando-se nos Estados Unidos, onde fundou a New School em Nova York. Retornou à Alemanha depois do fim da guerra.

Horkheimer, assim como de um modo geral a Escola de Frankfurt, buscava uma visão atualizada do marxismo. Intentou estabelecer um método dialético-crítico para o entendimento da sociedade e da história e buscou uma filosofia preservadora da dignidade do homem, em uma visão social e reformista dos sistemas atuais. O materialismo histórico de Marx é complementado por uma fundamentação culturalista.

Suas principais obras são *Teoria Tradicional e Teoria Crítica* (1937) e *Dialética da Ilustração*, com Adorno (1942).

Jurgen Habermas (1929-)

Habermas nasceu em Dusseldorf, em 1929. Estudou filosofia, história, economia, psicologia e literatura alemã nas universidades de Göttingen, Zurique e Bonn. Doutorou-se por esta última em 1954, com uma tese sobre "O Absoluto na História – Um Estudo sobre as Idades do Mundo, de Schelling". Obteve sua livre-docência em 1961, na Universidade de Marburgo. De 1956 a 1959 foi assistente de pesquisa no Instituto de Pesquisas Sociais de Frankfurt, a cuja "teoria crítica" aderiu, dentro de sua própria formulação. Manteve-se em atividade docente até se aposentar, prosseguindo, em seguida, independentemente com seus estudos.

É o mais eminente filósofo vivo, representando a segunda geração da Escola de Frankfurt. É autor de ampla obra nos domínios da filosofia, da sociologia e da teoria da comunicação, matérias que aborda conjugadamente, a partir de sua própria formulação da teoria crítica. Habermas desenvolveu, a partir de uma revisão crítica do marxismo, uma interpretação da sociedade baseada na ação comunicativa. É por meio desta que se estabelecem, socialmente, relações de concordância e discordância, de cooperação e conflito. O marxismo crítico de Habermas incorporou o fundamental do pensamento filosófico e sociológico de Marx, revisando, em função do subseqüente curso da história, suas concepções a respeito do destino da classe operária e seu próprio materialismo histórico, culturalisticamente matizado por Habermas.

Habermas é um severo crítico do positivismo, por sua incompreensão da cultura e das ciências culturais e da hermenêutica de Gadamer, por sua visão estático-conservadora da cultura. Central, no pensamento de Habermas, é a medida em que interesses, entendidos em sentido amplo, como curiosidade, conservadorismo ou emancipacionismo, condicionam o entendimento. A mensagem principal transmitida por Habermas é a da possibilidade de um relativo melhoramento da sociedade a partir de um reformismo crítico realista.

Seus mais importantes livros são: *Teoria e Práxis* (1967), *Conhecimento e Interesse* (1968), *Comunicação e Evolução da Sociedade* (1979), *Perfis Filosófico-Políticos* (1983), *Teoria da Ação Comunicativa* (1984), *Consciência Moral e Ação Comunicativa* (1990) e *Passado e Futuro* (1994).

Realismo Crítico

Nicolai Hartmann (1882-1950)

Nascido em Riga, então do Império Russo. Serviu a Alemanha na Primeira Guerra Mundial. Discípulo de H. Cohen, lecionou filosofia nas universidades de Marburgo (1920-1925), Colônia (1925-1931), Berlim (1931-1945) e Göttingen (1945-1950).

Foi adepto, inicialmente, do idealismo germânico, de tendência kantiana. Com *Novos Caminhos da Ontologia*, renegou o idealismo e adotou um realismo crítico. Segundo Hartmann, a epistemologia depende da ontologia.

Adotou a fenomenologia de Husserl como método. Sua fenomenologia do conhecimento conduziu à constatação de que o ato de conhecimento nada mais é que a apreensão do objeto pelo sujeito, com a transcendência deste ao objeto. Esse processo suscita aporias. Estas são tratadas na aporética, que constitui um intento de seu apaziguamento, mediante sua inclusão em uma síntese superior.

Essas aporias conduzem a uma terceira parte de suas teorias, de caráter sistemático, que resulta em uma ontologia do conhecimento. Esta se divide em uma ontologia do conhecimento do objeto e uma ontologia do objeto de conhecimento.

A ontologia crítica de Hartmann o levou à solução do problema da contradição entre a correlação sujeito-objeto e sua mútua transcendência. Baseia-se em uma concepção ontológica que converte o sujeito e o objeto em manifestações parciais do ser. O processo de conhecimento conduz, no final, ao transobjetivo ininteligível. Este é o absolutamente irracional, o ser transcendente enquanto tal.

A fundamentação da gnoseologia na ontologia e a necessária introdução de uma ontologia crítica para uma solução do problema gnoseológico encontra, assim, sua noção fundamental na tese do transobjetivo transinteligível.

De acordo com Scheler, Hartmann considera que a realidade, embora submetida a uma ordem e seja parcialmente racional, é desprovida de sentido. Cabe, assim, ao homem a tarefa heróica de viver uma vida humana em um mundo completamente alheio a suas aspirações.

Destacam-se, entre as obras de Hartmann, *A Lógica do Ente em Platão* (1909), os dois volumes de *A Filosofia do Idealismo Germânico* (1928-1929), *Novos Caminhos da Ontologia* (1942), *Filosofia da Natureza* (1950) e *Estética* (1953).

Ontologia do Evento

Alfred North Whitehead (1861-1947)

Nascido em Ramsgate, Inglaterra, filho de um clérigo anglicano. Sua educação inicial se fez em família. Aos 14 anos entrou na Sherborne

School, em Dosset. Em 1888 ingressou no Trinity College de Cambridge, estudando matemática. Tornou-se membro em 1884. Por uns tempos, sob influência do cardeal Newman, foi católico. Depois, agnóstico, voltando ao cristianismo com a Primeira Guerra Mundial. Tornou-se, no Trinity College, amigo de seu aluno, Bertrand Russell. Foi para Londres em 1910, e no ano seguinte ingressou na docência de matemática aplicada do Imperial College of Science and Techonology. De 1919 a 1924 foi presidente do Goldsmiths' College de Londres. Foi membro do Senado da Universidade de Londres. Transferiu-se em 1924 para Harvard.

Suas obras mais importantes são *Treatise on Universal Algebra* (1898), *Principia Mathematica*, com B. Russell (1910), *Introduction to Mathematics* (1911), *Enquiry Concerning the Principles of Natural Knowledge* (1919), *The Concept of Nature* (1920), *Science and the Modern World** (1925), *Religion in the Making* (1926), *Process and Reality** (1929), *Adventures of Ideas** (1933).

Em *The Concept of Nature*, Whitehead sustenta que o mundo consiste em um conjunto de eventos (quase mônadas de Leibnitz), submetidos a um processo de avanço criativo, tendendo para ingressar em uma superação do tempo.

Os "eventos" são os elementos individuais do ser. São entidades que realmente existem. Cada entidade compreende em si todo o universo, contendo o passado e anunciando o futuro. Whitehead denomina "sentimento" a mútua interação de todos os acontecimentos. Estes têm uma qualidade vetorial, irrompem em outras entidades.

A consciência consiste no fato de que uma entidade está presente em outras. O conhecimento é uma relação imediata entre o cognoscente e o conhecido. Conhecimento é a relação de uma entidade individual com outras entidades individuais. O conhecimento por meio de conceitos universais é de segunda ordem.

O acontecimento, para Whitehead, não é algo permanente, mas sim uma "pulsação" do ser. O mundo, todavia, não é um conglomerado arbitrário de acontecimentos individuais, mas está dominado por leis lógicas e harmonias estéticas.

---

* Obras particularmente relevantes.

Considerando que os acontecimentos não surgem casualmente, têm que haver um fundamento. Isso tem três implicações:

(1) Para algo se tornar real, tem de ser possível. Há uma possibilidade objetiva pura, objetos eternos, como as idéias de Platão.
(2) Tem que haver um impulso criador, uma criatividade pura, comparável ao impulso vital de Bergson.
(3) Tem que haver um princípio de limitações que determine o que deva aparecer de que forma. Esse princípio é Deus.

A realidade compreende três ordens: (1) energia física, (2) experiência humana e (3) eternidade da experiência divina.

Positivismo Lógico

Bertrand Russell (1872-1970)

Nascido em Trelleck, no País de Gales. Foi educado, depois da morte dos pais, pela avó paterna, puritana, politicamente liberal. Deu-lhe uma educação privada. Russell tornou-se agnóstico desde os 11 anos. Em 1890 ingressou no Trinity College de Cambridge, logo granjeando alta reputação intelectual. Obteve distinções em matemática. Manifestou grande interesse pela filosofia. Inicialmente foi idealista, sob a influência de Taggert. Lecionou geometria não-euclideana nos Estados Unidos de 1894 a 1898. Viajou para a Alemanha e lá foi introduzido ao marxismo. Designado *first lecturer* (principal conferencista) na London School of Economics and Political Science.

Seu primeiro livro, *German Social Democracy*, é de 1896. Afiliou-se ao Labour Party em 1914. Associou-se ao Trinity com *An Essay on the Foundation of Geometry*. Foi um ativo pacifista na Primeira Guerra Mundial. Na seguinte, reconheceu a necessidade de se acabar com Hitler.

Russell entendia que as ciências naturais são o único meio válido de conhecimento. É com base nelas que se pode empreender uma meditação filosófica válida. O que a filosofia pode e deve fazer é elaborar ilações relevantes a partir de dados da ciência. Russell denominava sua posição de "atomismo lógico". A realidade são os dados dos sentidos (*sense-data*). Segundo Russell, a filosofia analisa suas correlações. Para ele, a matéria, o espírito e o eu são a mesma realidade, dada pela experiência. A ética de Russell postula uma ordem superior de valores, mas discorda das éticas correntes por serem supersticiosas.

Suas principais obras são: *The Principles of Mathematics* (1903), *Principia Mathematica*, com Whitehead (1910), *The Problems of Philosophy* (1911), *The Analysis of Mind* (1921), *The Analysis of Matter* (1927), *An Outline of Philosophy* (1927), *Why I am Not a Christian* (1927), *History of Western Philosophy* (1945), *My Philosophical Development* (1959) e *Has Man a Future?* (1961).

Historicismo

Robin George Collingwood (1889-1943)

Nascido em Cartwell Fell, Inglaterra, filho de arqueólogo e pintor. Foi educado em família até os 13 anos. Depois de cinco anos em Rugby, ingressou em Oxford em 1908. Foi eleito tutor de filosofia em 1912, função em que permaneceu até sua aposentadoria em 1941. De 1911 a 1934 concentrou-se na arqueologia da Bretanha Romana.

Segundo Collingwood, as pressuposições de todas as civilizações, a partir das quais se constroem sua filosofia e sua metafísica, são de natureza histórica. A metafísica deve, assim, estudar esses pressupostos e extrair deles as convenientes inferências, em vez de se propor a busca de verdades eternas. Para Collingwood, o campo da experiência se divide em várias zonas: arte, religião, ciências, história e filosofia. Cada zona corresponde a uma atividade do espírito cognoscitivo e proporciona um momento parcial de verdade. Ao alcançar a história chega-se a um ponto em que a unificação é possível. O objeto da história é o ocorrido enquanto tal.

O conhecimento do fato, ou do ocorrido, permite o conhecimento do real. O conhecimento histórico é o conhecimento de uma infinidade de fatos. Somente a procura do fundamento do conjunto infinito do concreto nos permite superar o precedente. Essa busca nos conduz à filosofia, na qual o ciclo dialético se cerra não por esgotamento de todos os objetos, mas pelo conhecimento deles por meio do autoconhecimento do espírito.

Para Collingwood a metafísica não é uma ciência do puro ser, mas um saber de algo concreto. Essa realidade concreta são as suposições e os pressupostos. A metafísica é a ciência das pressuposições absolutas.

A natureza não se dá de si, mas sim por meio de uma concepção histórica. Observa-se, entretanto, que a natureza, todavia, tem uma estrutura que lhe é própria e não depende do arbítrio do historiador. Uma lei natural, embora descoberta em um determinado momento histórico, na medida em que seja empírica ou analiticamente confirmável, tem validade objetiva trans-histórica.

Suas principais obras são *Religion and Philosophy* (1916), *Speculum Mentis* (1924), *The Archeology of Roman Britain* (1930), *An Essay on Philosophical Method* (1933), *An Essay on Metaphysics* (1940), *The Idea of Nature* (1945), *The Idea of History* (1946).

Breves Considerações Finais

O pensamento filosófico do século XX constituiu, de certa forma, um esforço em recuperar um conhecimento da realidade, sem olvidar as restrições críticas de Kant. Dando continuidade ao neokantismo do século precedente, Ernst Cassirer buscou, por meio da compreensão do símbolo, alcançar criticamente a realidade. A fenomenologia intentou, a partir dos dados da consciência, atingir essa realidade. Max Scheler, o mais abrangente e eminente representante dessa escola, identifica a especificidade dos valores relativa ao ser e sustenta que, sem prejuízo de suas múltiplas modalidades históricas, há um substrato permanente nos valores. Assim, por exemplo, a beleza se manifesta, historicamente, sob muitas formas, da Grécia clássica à Índia bramânica ou budista, mas, não obstante essa multiplicidade, há um substrato de beleza que é identificado por todas as culturas.

No trânsito da primeira para a segunda metade do século, pode-se identificar, em última análise, a ocorrência de quatro principais visões do mundo: (1) a que prossegue, criticamente, com o pensamento de Marx, com a Escola de Frankfurt e as notáveis inovações introduzidas por Habermas; (2) a que busca compreender o ser a partir da vida, com o raciovitalismo de Ortega, ou a partir da existência humana, com Heidegger e Sartre; (3) a da filosofia analítica, do pensamento anglo-saxão, que restringe a tarefa filosófica à análise da linguagem; e, finalmente, (4) a dos pensadores que buscam alcançar a realidade por meio de uma nova monadologia, baseada no "evento", com Whitehead, ou por meio de um realismo crítico, com Hartmann.

O pós-modernismo dos franceses, de Lyotard a Derrida, conduziu à desvalidação de todo o pensamento filosófico precedente e, nesse sentido, constituiu uma versão contemporânea da posição de Górgias (cerca de 480 a.C. – 400 a.C.), embora sem alcançar a radicalidade lograda por ele. Segundo Górgias, nada existe. Se acaso algo existisse, seria incognoscível. Se, eventualmente, se alcançasse alguma cognoscibilidade, esta seria intransmissível. Essa é uma versão radical da desconstrução de Derrida.

Em última análise, a filosofia contemporânea se defronta com dois grandes problemas: (1) o de alcançar um conhecimento da realidade que supere validamente as restrições de Kant e (2) o de compreender, por um lado, como, em um cosmos destituído de finalidade e de sentido, emergiu esse animal transcendente que é o homem e, por outro lado, que sentido existe em se ter sentido, como o homem, em um universo sem sentido.

Essa questão, ao nosso ver, continua desafiando o pensamento contemporâneo. Buscamos dar uma resposta na Seção IV, a seguir.

SEÇÃO IV
TRANSIMANÊNCIA

19

QUESTÕES PRELIMINARES

Na Seção I deste livro intentamos uma breve análise do cosmos, indicando suas principais características, as hipóteses sobre sua origem e as presentes suposições sobre seu destino final. Na Seção II estudamos a vida, mostrando em que consiste esse extraordinário fenômeno, como se pode conceber sua origem, a partir da biologia molecular, como evoluiu desde suas formas primitivas e como veio a surgir o homem e se processou sua hominização. A Seção III buscou, muito sucintamente, mostrar o curso seguido, desde a antiguidade oriental até nossos dias, pelo pensamento humano a respeito do que são o cosmos e o próprio homem.

Nesta quarta e última seção intentar-se-á, a partir dos dados e das constatações precedentes, responder à questão relativa ao posto do homem no cosmos. Tal objetivo requer, inicialmente, que se leve em conta os critérios de validez do conhecimento, como discutidos por Kant. Por outro lado, que se considere o imenso acervo de conhecimentos acumulados sobre essa questão desde que, no final dos anos de 1920, Max Scheler dela se ocupou.

Depois de Kant o conhecimento científico e filosófico não pôde mais partir de uma aceitação imediata e não crítica da realidade, tal como a representam os sentidos. Na última parte do Capítulo 18 deu-se uma sucinta indicação de como o pensamento filosófico do século XX procurou validar o conhecimento da realidade, desde os neokantianos até as ontologias de Whitehead, com sua teoria de um mundo composto por eventos fugazes e de Hartmann, com seu realismo crítico.

A posição filosófica adotada por este autor é a de um realismo crítico, basicamente correspondente ao de Hartmann, com incorporação de relevantes contribuições de Max Scheler, Jaspers, Dilthey, Collingwood, Ortega, Whitehead e Habermas, além de reflexões próprias sobre a matéria.

A outra dimensão preliminar a levar em conta, como já mencionado, diz respeito ao imenso acervo de conhecimentos que se acumularam nos últimos 80 anos, desde a publicação do estudo de Scheler. Particularmente relevantes, a esse respeito, foram as grandes inovações cosmológicas trazidas por Einstein, Hubble, Gamow e Linde, assim como as novas concepções formuladas pela biologia molecular.

Esse novo saber se reflete no que se poderia designar como linhas construtivas da filosofia contemporânea. Essa designação abarca as grandes filosofias que não renunciaram, como a filosofia analítica, a uma abordagem da realidade nem se refugiaram, como os pós-modernos, no puro negativismo cético-sofístico. Como já mencionado, são relevantes, para este estudo, as contribuições do neokantismo, da fenomenologia, do historicismo de Dilthey e Collingwood, do raciovitalismo de Ortega e do existencialismo entendido em sentido amplo.

Levadas em conta essas considerações preliminares, a grande questão que surge, quando buscamos compreender a posição do homem no cosmos, é a de como se tornou possível, em um dos inúmeros planetas de nossa galáxia, e nesta, dentre bilhões de outras, a emergência da vida e, no seu curso evolutivo, a emergência do homem. Essa questão contém outra: como foi possível, em um cosmos destituído de qualquer sentido ou finalidade, consistente em um processo meramente conseqüencialista, a emergência de um animal transcendente, dotado de liberdade racional, que faz dele um ser teleológico, continuamente perseguindo determinados projetos? Qual é, finalmente, o sentido último do homem, esse "ser para a morte", como disse Heidegger, inserido em um mundo destituído de sentido? Um mundo, por outro lado, que, de uma forma ou de outra, desaparecerá inevitavelmente, com a extinção sucessiva do sistema solar e do próprio cosmos atual?

Nestas considerações preliminares convém, a respeito do estudo de Max Scheler sobre o posto do homem no cosmos – que constituía, como já foi mencionado, um ensaio preparatório de uma grande antropologia filosófica, que sua morte prematura não lhe permitiu escrever – observar, como mencionado na introdução deste livro, o fato de que, apesar de seu título, o trabalho de Scheler não trata do cosmos. Seu estudo se inicia analisando "os graus do ser psicofísico", diferenciando o mineral da planta, esta do animal e este do homem.

Scheler, sem embargo da importância e da independência de seu pensamento filosófico, guardava vestígios de sua formação católica e, derivadamente, mantinha, em sentido amplo, uma posição panteísta. O que diferencia o homem do animal é o espírito que, segundo ele, habita o homem e não existe no animal. Scheler reconhecia que o espírito não consiste, como na tradição escolástica, em uma substância espiritual, mas sim em uma função superior do homem. São as forças que provêem da vida animal que impulsionam o homem. O espírito, embora destituído de força anímica, dispõe da faculdade de optar, racional e livremente, de forma que pode levar o homem a agir contrariamente a seus impulsos vitais.

O espírito, em seu curso histórico, conduz a uma sublimação. De certa forma, à criação de uma "deitas". Nas palavras de Max Scheler,[1]

"Se chamamos 'deitas' o atributo puramente espiritual no princípio supremo de todo ser finito, então esse atributo, isso que denominamos de espírito e *divindade* nesse fundamento, carece de toda classe de poder positivo e criador. A idéia de uma 'criação do universo a partir do nada' sucumbe ante essa conseqüência. Se no ser que existe 'por si mesmo' há esse *antagonismo originário* entre o espírito e o impulso, a relação desse ser com o mundo terá de ser forçosamente outra. Expressaremos essa relação dizendo que se o princípio das coisas quis realizar sua 'deitas', a cópia de idéias e de valores contidos em sua deidade, teve de desencadear o impulso criador do universo,

---

1. SCHELER, M. *El Puesto del Hombre en el Cosmos*. Buenos Aires: Losada, 1938, p. 103-4.

para realizar-se a *si mesmo*, no curso temporal do processo do universo; teve de *comprar*, por assim dizer, com o processo do mundo, a *realização* de sua própria *essência* nesse processo e mediante ele." [grifos do autor].

Em outras palavras, é o processo cósmico e a evolução humana que conduzem à formação de uma divindade.

Scheler, apesar de negar uma concepção dualista do homem, em que uma substância espiritual coexistiria com o corpo, tendia – algo hegelianamente – a uma implícita substanciação do espírito, por meio da construção histórica de uma "deidade". Esta seria minha mais importante divergência com Scheler. Importa, com efeito, diferenciar as formas superiores da atuação do homem, que conduzem à produção de um "divino humano", como a música de Beethoven ou a conduta de São Francisco, da existência de qualquer substância espiritual. Essa questão se elucida mediante a análise das características da transcendência humana e, como condição geral desta, de algo até agora não devidamente identificado, que é a existência de uma dimensão transcendente imanente ao cosmos, denominada aqui de *transimanência*.

Outra importante questão a considerar diz respeito aos limites da natureza humana. Essa questão envolve, a princípio, a necessidade de se diferenciar "natureza humana" de "condição humana". Os filósofos da razão vital, como Ortega, ou da existência, como Heidegger e Sartre, enfatizam o caráter projetivo do homem – o homem é seu projeto, não tem natureza, apenas condição (Ortega, Sartre) – de forma que negam a existência de uma natureza humana. Por exemplo, como se disséssemos que o cavalo não tem natureza, tem um galopar. Como qualquer animal, o homem tem uma natureza. Esta consiste no conjunto de características adquiridas hereditariamente. Algo de distinto se refere à condição humana, expressão com a qual designamos características e situações decorrentes do modo pelo qual, em cada situação histórico-cultural e, mesmo, em cada momento de sua vida, o homem se insira no mundo e na sociedade.

Uma das constatações da cosmologia contemporânea foi a de que a vida, em geral, e o homem, em particular, só se tornaram possíveis em virtude de a evolução do cosmos e, no tocante ao homem, da vida, terem seguido, exatamente, o curso que vieram a ter. Insignificantes variações que se introduzissem nesse curso teriam impedido a emergência da vida e do homem.[2] Essa constatação conduziu à formulação do "princípio antrópico" e à diferenciação entre uma versão "forte" determinista e uma versão "fraca", possibilística, desse princípio.

Essa matéria é sucintamente abordada no final do Capítulo 4. Nele se indica a insustentabilidade do "princípio antrópico forte", que requereria uma visão teleológica do universo, com a aceitação implícita ou explícita da criação do universo *ex-nihil* por Deus.

O processo evolutivo do cosmos e da vida não foi teleológico e não teve nenhum objetivo, como o de tornar possível a vida ou o homem. Em sua versão "fraca", que é plenamente procedente, o princípio antrópico é meramente descritivo. Dada a circunstância de a evolução do cosmos ter seguido exatamente o curso que seguiu, foi possível a emergência da vida nas condições da Terra, há cerca de 3,5 bilhões de anos. Dado, por outro lado, o curso que seguiu a evolução da vida, foi possível a emergência do homem a partir do australopiteco, há cerca de 4 milhões de anos, do *Homo habilis*, há cerca de 2 milhões de anos, e finalmente do homem de Cro-Magnon, há cerca de 70 mil anos.

O princípio antrópico fraco importa em conseqüências que ainda não foram devidamente analisadas. Trata-se do fato de que, como ocorre com todos os animais, a natureza humana, esse nosso legado psicofísico hereditário, contém um âmbito limitado de possibilidades, dentro de sua atual estrutura genética. Esse âmbito, que denominaremos *esfera antrópica*,[3] é extremamente amplo, em virtude das imensas capacidades inventiva e adaptativa do homem. Trata-se, não obstante, de um campo limitado, equivalente, em sua correspondente escala, ao âmbito de possibilidades de qualquer animal, embora incomparavelmente maior.

---

2. BARROW, J. D.; Tipler, F. J. *The Anthropic Principle*. Oxford: Oxford University Press, 1996 [1981].
3. A engenharia genética poderá, eventualmente, modificar a esfera antrópica. Trata-se de algo, entretanto, ainda muito incipiente e carregado com maiores riscos.

No Capítulo 20 discutiremos a questão fundamental da transimanência. No Capítulo 21, trataremos da liberdade humana e dos limites que lhe impõe a esfera antrópica. No Capítulo 22, finalmente, serão abordados os principais problemas com que presentemente se defronta o homem e a medida em que sua solução satisfatória constitui condição para a subsistência do planeta e da espécie humana.

20

TRANSIMANÊNCIA E COSMOS

Como sucintamente referido no capítulo anterior, a emergência da vida na Terra e sua evolução – conduzindo à emergência do homem – constituem fatos extremamente anômalos, no âmbito de um cosmos puramente conseqüencial, destituído de qualquer sentido e de qualquer finalidade.

Essa questão não foi, até hoje, satisfatoriamente esclarecida. As propostas consistentes com as características da vida e do homem decorrem da postulação de um Deus que teria criado o mundo *ex-nihil* e, com ele, a vida e o homem, mas se defrontam com o conjunto de considerações que conduzem à denegação da existência desse Deus. As soluções baseadas na cosmologia contemporânea e na biologia molecular explicam, aceitavelmente, a origem do universo e a origem da vida, mas não explicam, a partir de um universo meramente conseqüencial e destituído de qualquer finalidade, como foi possível a emergência de seres teleológicos, como todos os seres vivos, notadamente o homem.

Tivemos a oportunidade, no livro *Brasil, Homem e Mundo*,[1] de discutir, amplamente, a questão da não existência de Deus e, mais ainda, da impossibilidade, por razões analíticas, de que Deus pudesse existir. Remetendo o leitor a esse precedente estudo, limitar-nos-emos aqui a mencionar, muito brevemente, as considerações relacionadas com a

---

1. JAGUARIBE, H. *Brasil, Homem e Mundo*. Rio de Janeiro: Topbook, 2000.

impossibilidade de que Deus pudesse existir. Trata-se, em última análise, do fato de que Deus, como acertadamente observou Feuerbach, sendo uma construção do homem, para atender às suas aspirações de absoluto, foi concebido como um ser dotado, em nível absoluto, dos grandes predicados humanos. Esses predicados, entretanto, ao serem elevados a um nível absoluto, se tornam reciprocamente incompatíveis. Assim, reproduzindo o texto anterior:

"A bondade, na pessoa humana, é uma qualidade positiva na medida em que, por um lado, constitui uma atitude de compreensão solidária com as deficiências próprias à condição individual de cada homem e, por outro lado, do ponto de vista social, abre um espaço de tolerância recíproca, necessária para viabilizar formas cooperativas de convivência humana. Que pode significar a bondade para um ser eterno, absoluto, onisciente, que existe por si e para si? O ser absoluto, não tendo nenhuma deficiência, não tem por que ter compaixão de si próprio. Como poderia ter compaixão de seres contingentes, por Ele arbitrariamente criados, cujas deficiências por Ele mesmo foram deliberadamente conferidas? Por outro lado, dados os atributos de Deus, o obrar divino se torna algo destituído de razoabilidade e, nesse sentido, incompatível com sua eternidade, sua razão e sua potência absolutas. Como um ser eterno pode criar o tempo sem se temporalizar a si próprio? A criação do tempo implica que Deus temporaliza tanto o mundo como a si próprio, uma vez que sua eternidade passa a ser marcada pelo momento que se segue à criação do tempo e que marca a extinção do tempo. Um mundo criado por Deus tem um antes e um depois, e esse antes e depois é o próprio Deus. Como, por outro lado, um ser eterno, absoluto, onisciente e onipotente pode exercer sua razão e sua vontade absolutas para se ocupar do contingente – criando o mundo – quando o único objeto possível do absoluto, com ele compatível, é sua autocontemplação? O escultor se engrandece transformando uma pedra bruta em estátua; o pintor, produzindo um quadro; o engenheiro, montando um sistema mecânico. Atribuir a Deus, com as características que lhe são conferidas, a criação de um mundo contingente – mesmo omitindo o difícil problema da gratuita produção do sofrimento, que não existiria se não criasse o mundo – é atribuir a Ele uma ocupação destituída de sentido, como se ele necessitasse se divertir, fabricando um *meccano*."[2]

O problema da emergência da transcendência no homem só se torna compreensível a partir do momento em que se reconheça a existência no cosmos de uma dimensão transcendente. Transcendência, segundo Santo Agostinho, é a propriedade do ser que se ultrapassa a si mesmo, permanecendo como é. Trata-se de uma categoria procedente da metafísica e da ética. Supondo-se a existência de um ser absoluto, criador de tudo o que existe, há que se lhe reconhecer o caráter de transcender o mundo por ele criado. No plano ético, a prática de atos virtuosos que contrariam impulsos instintivos constitui uma transcendência destes.

Considerado o fenômeno da transcendência em sua forma mais ampla, cabe entendê-lo como o fenômeno que ocorre quando um ente ou um ato, sendo os fatores que os condicionam levados a um regime de equilíbrio homeostático, esse ser ou ato é conduzido a um patamar mais elevado de complexidade. Nesse sentido amplo, o fenômeno de transcendência ocorre muito freqüentemente. Tanto na conduta humana como na animal, quando os fatores condicionantes de um determinado processo são conduzidos a um regime de equilíbrio homeostático, assim reciprocamente se neutralizando, o que era processo tende a se converter em projeto. Esse fenômeno da conversão de um ente ou processo a um patamar de complexidade mais alta é observável na natureza. É exatamente isso que ocorreu na formação das protobactérias primitivas, quando macromoléculas auto-replicáveis foram conduzidas, aleatoriamente, a se associarem a macromoléculas formadoras de um rudimento de código genético, gerando assim um ser vivo, dotado de teleologia e de auto-organização. Ocorre, nesse caso, um fenômeno de transcendência natural, em virtude do qual se passa do inorgânico ao orgânico e do molecular ao celular. Essa mesma transimanência opera, nos organismos complexos, convertendo impulsos eletromagnéticos em fisiológicos, estes em psicológicos e em atos racional-volitivos, como exposto na Seção II.

---

2. Ibidem, p. 106.

A transcendência natural é uma suposição requerida não apenas para explicar a formação da vida como sua subsistência. São aleatórias as combinações que conduzem macromoléculas auto-replicáveis a se associarem a macromoléculas formadoras de um embrião de código genético. É por isso, ademais de outras razões, que foi cronologicamente tão demorada a emergência da vida na Terra, que ocorreu somente cerca de um bilhão de anos após a formação do planeta. A partir da formação de seres vivos, entretanto, o aleatório é substituído, na linha de cada espécie, por formas estáveis de reprodução, conduzindo à multiplicação dos seres. Esse mesmo fenômeno de transimanência se observa no processo da evolução natural. São aleatórias as mutações a que são submetidas determinados genes. Quando, entretanto, estas conduzem a um patamar superior de complexidade, implicando maior adaptabilidade e/ou reprodutividade, o processo de mutação se estabiliza e gera uma evolução da espécie em questão.

O fenômeno da transcendência natural observável na evolução das espécies explica, além de um aspecto crucial do processo, como a estabilidade de seus efeitos, a relativa celeridade com que se seguem suas sucessivas etapas. Objeções contra as hipóteses evolutivas de Jacques Monod, em seu clássico *Le Hazard et la Necessité*, no sentido de que combinações aleatórias requereriam um tempo muito superior ao que se observa no curso geral da evolução, não levam em conta, precisamente, o fenômeno da transimanência. Graças a ele, a margem de aleatoriedade, no curso evolutivo, é decrescente, o que imprimiu ao processo uma celeridade incomparavelmente superior a que se poderia dar, se seu curso fosse integralmente aleatório.

O que significa transimanência? Significa que o cosmos, com as características que ostenta no seu atual ciclo – admitida a teoria cíclica de Wheeler e Linde –, contém uma transcendência imanente, que denominamos transimanência, como uma de suas dimensões ou constantes. Nesse sentido, cabe reconhecer efeitos da transimanência em todos os processos que geraram estruturas estáveis, como na formação de átomos e de moléculas, referida na Seção I, e como, mais indiscutivelmente, na formação de células e de organismos complexos que geraram o homem, como discutido na Seção II.

21

O ANIMAL TRANSCENDENTE

Esfera Antrópica

Como mencionado no Capítulo 19, a cosmologia contemporânea conduziu à concepção de um "princípio antrópico", entendido por alguns poucos na sua versão "forte", com insustentáveis implicações teleológicas. Para a grande maioria dos estudiosos o princípio antrópico só pode ser admitido em sua versão "fraca", com significação meramente conseqüencialista. Foi porque o cosmos seguiu a evolução que efetivamente teve que foi possível a emergência da vida na Terra, e como a evolução da vida seguiu efetivamente o curso que podemos constatar, foi possível a emergência do homem. Como precedentemente observado, o princípio antrópico, na versão "fraca" em que é procedente, acarreta uma implicação que até hoje não foi convenientemente esclarecida, a da ocorrência de uma "esfera antrópica". Isso significa que o homem, não obstante sua imensa capacidade de inovação e de adaptação, encontra-se inserido dentro de um campo que, por mais amplo que seja, é limitado, como ocorre com o âmbito de possibilidades de qualquer espécie.

As limitações decorrentes da esfera antrópica apresentam aspectos óbvios, procedentes das características da espécie humana. O homem não pode voar como as aves, nem respirar dentro da água como os peixes. A esfera antrópica, entretanto, contém limitações de caráter mais complexo, embora igualmente derivadas da natureza humana e, em função desta, das possibilidades da condição humana. Essas limitações dizem respeito ao universo de possibilidades de atuação do homem em função dos paradigmas culturais de cada civilização e de cada período histórico. As civilizações se desenvolvem a partir de uma determinada cosmovisão, ampliando e desdobrando o conteúdo desta no curso de sua evolução histórica. Tal cosmovisão, entretanto, dotada, conforme os casos, de maior ou menor amplitude, tem limites que se diferenciam, em seus distintos períodos históricos e outros mais profundos, que nenhuma civilização ultrapassa enquanto mantenha sua identidade básica. As civilizações são sujeitas a transformações que alteram essa identidade básica, mas, tal ocorrendo, se convertem em outra civilização. Assim aconteceu com a civilização clássica, que se converteu, com o cristianismo, em civilização clássica tardia e, no curso do tempo, em civilização ocidental.

A esfera antrópica, ademais de características permanentes, decorrentes da natureza humana, contém as características decorrentes do paradigma cultural de cada civilização e, no âmbito desta, de cada período histórico. A visão do mundo de que foi capaz a civilização clássica se caracterizou por seus aspectos racional-qualitativos, que persistiram na civilização ocidental até o Renascimento. A partir deste, emergiu um novo paradigma cultural, que conduziu a uma visão racional-quantitativa do mundo.

Uma das mais importantes conseqüências dessas limitações paradigmáticas diz respeito ao fato de que, dentre as possibilidades culturais de cada civilização e de cada um de seus períodos históricos, há formas de pensar que lhes são próprias e limites de excelência que lhes são restritivos. A visão substancialista do mundo, que persistiu até o Renascimento, somente pôde ser substituída por uma visão funcionalista com a emergência de uma nova física. Limitações dessa mesma ordem são observáveis nos domínios da arte e da conduta humana. Enquanto persistiu, no fundamental, a concepção estética herdada do mundo clássico e renovada pelo Renascimento, determinados níveis de pintura, de Leonardo e Ticiano a Velásquez e Goya, permaneceram inexcedíveis. O mesmo ocorre na música, com Bach, Mozart e Beethoven, e na literatura, com Sófocles e Shakespeare. Na conduta humana, é também inexcedível o autocontrole de Epitecto e dos grandes estóicos ou a caridade de São Francisco.

Esses aspectos restritivos da esfera antrópica conduzem, entre muitas outras conseqüências, ao fenômeno de esgotamento cultural, no âmbito de um determinado paradigma. A cultura antiga manifestou crescente esgotamento a partir do século III a.D., que somente foi superado com o triunfo do cristianismo e a emergência, com Santo Agostinho (354-430), de uma nova visão do mundo. De forma equivalente, o paradigma estético clássico-renascentista começou, a partir da segunda metade do século XIX, a dar sinais de enfraquecimento, inicialmente nas artes plásticas e, depois de Brahms e de Wagner, na música.

O esgotamento de um paradigma cultural conduz, inicialmente, a dois tipos de reação: (1) imitativa, na linha do maneirismo, que consistia em reconhecer implicitamente o esgotamento da criatividade e buscar, apenas, reproduzir e imitar modelos considerados como excelentes; ou, contrariamente, (2) desconstrutiva, que consiste em violar deliberadamente o modelo paradigmático, como o cubismo de Picasso e o atonalismo de Shöenberg, ou em denegar validade a todas as obras precedentes, como Derrida e os pós-modernos.

Ambas reações são estéreis. A questão que se pousa é de se e quando emergirá um novo paradigma cultural válido. O mundo, neste começo do século XXI, se defronta com essa questão. Esgotado o paradigma clássico-renascentista, dar-se-á, no curso do século que se inicia, a formação de um paradigma alternativo válido? Algo como seria um paradigma decorrente da civilização tecnológica de massas que contivesse, concomitantemente, uma resposta satisfatória às demandas superiores do homem? Algo, possivelmente, com características de um novo humanismo tecnológico, socialmente orientado e ecologicamente consciente?

Longo e Curto Prazos

É razoável a margem de conhecimento de que atualmente dispomos a respeito desse imenso curso seguido pela vida, que vai das protobactérias aos primatas e destes, ao homem. É aceitável, também, em relação ao organismo animal, o conhecimento do curso da conversão de processos moleculares em processos celulares, assim como o curso da formação de tecidos, órgãos e organismos integrados e nestes, da conversão de processos químico-elétricos em processos fisiológicos, assim como, a partir destes, em processos psicológicos. A compreensão do salto do psicológico ao racional-volitivo, embora explicável, ainda apresenta importantes lacunas, como observado no Capítulo 8.

Tudo se passa, na verdade, com relação aos animais superiores, como se neles um "eu" racional-volitivo administrasse os impulsos psicofísicos no sentido de lograr atingir determinados objetivos. A esfera do racional-volitivo experimenta extraordinário desenvolvimento quando se passa dos símios antropóides para o homem, embora a diferenças, em termos de genes, seja de menos de 2%.

Algumas das diferenças que separam o homem do chimpanzé ou do gorila são objetivamente determináveis, como no que se refere às maiores dimensões e complexidade do cérebro humano e, particularmente, no que diz respeito à linguagem. São interessantes, a este respeito, as observações de Reichholf, referidas no Capítulo 7, relativamente ao posicionamento da glote nos símios antropóides e no homem de Neandertal, comparativamente ao homem de Cro-Magnon. O abaixamento da posição da glote, neste último, constitui, fisicamente, condição de possibilidade para a emissão de uma linguagem articulada. Essas importantes diferenças contribuíram, combinadamente com a evolução física do homem, para suscitar um relacionamento social extremamente mais complexo que o observável entre símios.

O resultado desse processo evolutivo foi a extraordinária formação de um animal transcendente, o homem. Estritamente falando, não é correta a diferenciação convencional do homem em relação a outros animais – como sustenta, entre outros, Max Scheler – consistente em se atribuir a este e em se negar àqueles a existência de um "espírito", entendido como faculdade racional-volitiva. Mesmo que se prive o conceito de "espírito" de qualquer sentido de algo dotado de substância própria e se o entenda como uma atividade ou função exercível por um organismo, a faculdade racional-volitiva não é privativa do homem, mas partilhada, embora em níveis significativamente inferiores, por muitos animais. Provavelmente por todos os mamíferos, sobretudo em símios e cães, e, talvez, por invertebrados, como o polvo.

O que é próprio do homem – e mesmo assim apenas em nível significativamente mais elevado e complexo, em relação a outros animais – é a capacidade de transcendência. A transcendência humana se revela, de uma forma geral, no fato de a conduta humana, sem prejuízo de sua ampla carga instintiva, ser exercida em função de princípios. Somente o homem é um animal normativo. Atos de transcendência, relativos à base instintiva, podem ser observados nos animais superiores, como atos de solidariedade entre seres da mesma espécie, ou de fidelidade, como nessa extraordinária relação do cão com seu "dono", relação que apresenta analogia à do homem religioso em relação a seu Deus. A transcendência humana é incomparavelmente mais ampla. Ela se manifesta pela observação de normas na interação dos homens em sociedade. Não se faz aquilo que imediatamente convenha, mas aquilo que "convenha" fazer. Ela se manifesta pela produção de obras culturais, de obras de caridade, de atos de heroísmo ou de santidade. Ela se manifesta, também cotidianamente, na prática da comunicação pela linguagem.

A capacidade racional-volitiva do homem se exerce em nível incomparavelmente superior a de todos os outros animais. Somente o homem é plena e irrestritamente dotado de liberdade racional. Se, de maneira prudente, denominarmos "espírito" esse alto nível de liberdade racional de que dispõe o homem, sem denegar significativas margens de liberdade racional em outros animais, pode-se aceitar a convencional distinção, a que se refere Max Scheler, de que somente o homem dispõe de "espírito".

Não obstante seu alto nível de transcendência, a liberdade racional do homem ostenta perigosas limitações. Estas decorrem, de um modo geral, do fato de que a racionalidade humana opera, basicamente, a curto prazo. Assim como, nos demais animais, a margem de liberdade racional é significativamente limitada por seus impulsos instintivos, ademais de por outros fatores que os impedem de se alçarem ao nível da linguagem e assim os privam da possibilidade de formar uma cultura, no homem, a liberdade racional é demasiadamente condicionada por sua visão de curto prazo. Não escapam ao homem, sem dúvidas, considerações de longo prazo. Estas, na verdade, dentro de limites muito mais restritos, também não escapam aos animais, que armazenam comida, por exemplo, para futuro uso. No caso do homem, são inúmeras as considerações de longo prazo que ele leva em conta, desde providências relacionadas com a própria velhice, ou com o futuro dos filhos, até medidas relacionadas com os interesses de longo prazo de suas respectivas sociedades.

Onde se faz sentir a insuficiência humana em relação ao longo prazo é na medida em que o apropriado atendimento de exigências de longo prazo requeira no curto prazo, medidas de penosa implementação. Colocado, no curto prazo, em situação de dificuldade, o homem não hesita em empreender os esforços e em arcar com os sacrifícios necessários para enfrentar as dificuldades que se lhe apresentem. Defrontando-se com problemas de longo prazo que exijam significativos esforços e sacrifícios no curto prazo, o homem tende a postergar o momento de empreender tais esforços e a minimizá-los, freqüentemente além do prazo útil para obter êxito.

É assim que, no curso da história, notadamente a partir da revolução industrial e, sobretudo, da revolução tecnológica da segunda metade do século XX, o homem desenvolveu uma capacidade técnica e foi conduzido a situações sociais que colocam seriamente em risco, a mais longo prazo, a sua própria sobrevivência. São numerosos os riscos com que o homem se defronta a longo prazo. Cinco desses problemas requerem particular menção: (1) o risco ecológico, decorrente de uma irrecuperável degradação da biosfera a níveis incompatíveis com a vida humana; (2) o crescimento exagerado da população mundial, notadamente nos países subdesenvolvidos, gerando gravíssima crise de subsistência; (3) o risco de não se instituir uma adequada ordem mundial, gerando um opressivo império mundial ou, diversamente, a formação de uma competição de superpotências suscetível de conduzir a um suicídio nuclear; (4) o agravamento do desequilíbrio Norte-Sul e, no âmbito de muitos países, entre setores superafluentes e setores miseráveis, levando a fatais conflitos sociais; e (5) o risco de a sociedade de massas, que veio a se configurar em quase todos os países, conduzir à perda de um nível minimamente satisfatório de racionalidade pública.

Como constatado, a civilização industrial vem produzindo, crescentemente, poluentes que se acumulam no ar e nas águas, notadamente gás carbônico na atmosfera, de forma superior à capacidade de autodepuração desses ambientes. Se medidas de contenção dessa poluição extremamente drásticas não forem oportunamente adotadas – como efetivamente não o estão sendo – a deterioração da biosfera se tornará irreversível e o planeta tenderá a ficar inabitável até o fim deste século XXI. A constatação desse gravíssimo risco, entretanto, não tem conduzido à adoção das necessárias providências. Por considerações políticas de curto prazo os governos dos países mais poluidores, como os Estados Unidos, transferem para seus sucessores o ônus de aplicação das medidas requeridas para conter a poluição. Esse jogo de transferências conduzirá, em algum momento não remoto, a uma irreversível deterioração da biosfera.

A mesma falta de racionalidade, no curto prazo, está conduzindo a população humana a um crescimento que tende a superar as possibilidades físicas de sua sustentação, notadamente em termos de alimentos e de suprimento de água. De acordo com as Nações Unidas,[1] a população mundial era de 2,5 bilhões habitantes em 1950. Elevou-se para 3 bilhões em 1960, para 3,7 bilhões em 1970, 4,4 bilhões em 1980, 5,3 bilhões em 1990 e 6,1 bilhões em 2000. Essa progressão deverá alcançar uma população de mais de 9 bilhões em 2050. Será possível sustentar-se uma população tão numerosa? A questão se torna muito mais séria quando considerada em função da restrita capacidade de sustentação por parte dos países mais populosos, como China e Índia, e, das demandas da sociedade industrial. Por outro lado, quando se tenha em vista, para o mundo em geral, que o crescimento demográfico é maior precisamente nos setores pobres e menos educados e, assim, menos dotados de capacidade de sustentação.

No tocante à ordem mundial, são bastante elevados os riscos decorrentes da possibilidade de que não venha a se constituir, no curso do presente século, um regime de ordenação mundial satisfatoriamente

---

1. UNITED NATIONS. "World Population Prospects: The 2004 Revision and World Urbanization Prospect".

racional e eqüitativo. Com efeito, as presentes indicações são no sentido de que nos deparamos com duas alternativas: (1) consolidação e universalização do império norte-americano, ou (2) formação de um novo regime bipolar ou multipolar, em que, ademais dos Estados Unidos, um país como a China se torne uma outra superpotência, com eventual possibilidade de que o mesmo ocorra com a Rússia. A possibilidade de consolidação e universalização do império norte-americano, como se pode observar pelas atuais tendências do seu governo, conduziria o restante do mundo a distintos níveis de maior ou menor dependência. A formação de um novo regime bipolar ou multipolar voltaria a submeter o mundo ao risco de uma conflagração nuclear suicida.

São igualmente muito graves os dois outros riscos com que se defronta o mundo. Os desequilíbrios entre Norte e Sul, entre países afluentes e países miseráveis e, em um mesmo país, entre setores de educação e renda extremamente desiguais geram tensões sociais e processos bastante perigosos. O mundo não pode subsistir se consistir em algumas ilhas de prosperidade e civilização cercadas por uma infinidade de povos miseráveis e deseducados. Ou se adotam políticas eficazes que elevem significativamente as condições de vida do Terceiro Mundo, ou as pressões migratórias e o terrorismo tornarão inviável a manutenção, nos países afluentes, de seus padrões de cultura e de segurança. Também abundam informações a respeito da degradação da biosfera e propostas para se lhe dar um razoável encaminhamento. Entretanto, nada se está fazendo e o contínuo agravamento dessa situação tende a gerar crises irreversíveis.

O último dos cinco grandes riscos mencionados, o da perda de níveis satisfatórios de racionalidade na governança das sociedades de massa, constitui algo de que o Império Romano nos dá preocupante ilustração. Diversas circunstâncias se conjugaram, a partir do século III, no sentido de afastar do âmbito público as melhores pessoas do Império, que se refugiaram na vida privada ou, depois do cristianismo, na religiosa, deixando a direção do Império nas mãos dos militares, cada vez mais barbarizados, com os conhecidos resultados finais.

A democracia de massas, no mundo contemporâneo, sobretudo nos países de regime presidencialista, como os americanos, faz a escolha do presidente depender do agrado das massas, dentro de condições que pouco ou nada têm a ver com o nível intelectual e moral dos candidatos e sua aptidão ao exercício de um governo racional e eqüitativo, algo de que temos numerosos exemplos. Riscos semelhantes, embora devidos a outras propensões, ameaçam os países subdesenvolvidos, onde são freqüentes propostas de um populismo irresponsável ou, como tem ocorrido em países como o Brasil, onde a adoção, sem nenhuma crítica, de modelos neoliberais, do agrado do sistema financeiro internacional, conduz a um monetarismo esterilizante do desenvolvimento.

Como já fora denunciado por Sócrates, o desatendimento, na seleção dos cidadãos incumbidos do governo, de critérios de qualificação – como o que resultava, em Atenas, do regime de sorteio – conduz a resultados negativos. Aristóteles, em sua *Política*, ademais de diferenciar as modalidades perversas de regimes políticos das sadias, observava a conveniência de regimes mistos, democráticos, por base, aristocráticos, por merecimento e monárquicos, no tocante a determinadas decisões. A história mostra que é impossível adotar-se regimes políticos teoricamente perfeitos. Apesar disso, cada período histórico contém modelos políticos melhores e piores que outros, a despeito do fato de que o decisivo é como as coisas venham concretamente a operar. Assim, nas condições atuais, pode-se observar, inegavelmente, significativa superioridade dos regimes políticos vigentes na Europa Ocidental, que são de base parlamentarista. Dar-se-á isso porque os povos da região dispõem de um nível educacional e de condições de vida superiores aos demais? Ou porque o parlamentarismo, bem aplicado, seja um regime superior a possíveis alternativas? Sem aqui intentar uma resposta final a essa questão, vale mencionar o fato de que, nas atuais sociedades tecnológicas de massa e de parlamentarismo, a despeito de suas deficiências, tem o mérito de submeter o processo político a uma mediação entre massas e elites dirigentes, evitando que estas sejam completamente submetidas ao capricho das massas, dentro de condições, por outro lado, que permitem a expressão da vontade popular e restringem o arbítrio das elites.

Irrelevância e Relevância

Independentemente dos riscos e problemas a que está submetido em nossos dias, como precedentemente se indicou e qualquer que venha a ser o encaminhamento que tais problemas venham a receber, o homem se encontra na posição de ser um solitário no cosmos.

A solidão do homem no cosmos sempre existiu, desde sua emergência na Terra. Ocorre, apenas, que o homem não tinha consciência disso até nossos dias, com algumas exceções individuais na Grécia pré-socrática e, posteriormente, na helenística. Os grandes mitos orientais, as religiões antigas, os mistérios órficos e as religiões monoteístas, do zoroastrismo ao judaísmo, ao cristianismo e ao islamismo, propuseram ao homem uma reconfortante visão do mundo e de seu destino *post-mortem*, embora submetida aos riscos da perdição individual.

Anaxágoras e Demócrito, entre os pré-socráticos, e Epicuro, entre os helenísticos, propuseram a visão de uma pluralidade de mundos. Essa visão foi, entre outros, adotada no século XVIII, por Fontenelle.[2] Disso, todavia, resulta pouco consolo para a solidão cósmica do homem, dada a total incomunicabilidade entre os habitantes deste planeta e outros eventuais do cosmos.

O homem, solitário no cosmos, se defronta com o problema de que sua condição de animal transcendente e teleológico não tem nada a ver com a total intransitividade do mundo. Em última análise e a longo prazo, tudo é irrelevante. A irrelevância se manifesta, desde logo, pelo fato de que, qualquer que seja sua conduta, o homem é um ser para a morte. Esta representa não apenas o colapso orgânico de seu corpo e, com ele de sua vida, mas, sobretudo, a aniquilação de seu *eu*.

Surge, assim, a questão de qual possa ser o sentido do homem e da vida em um cosmos destituído de qualquer sentido e para um ser que dispõe de uma liberdade racional que poderá exercer, efemeramente, por um curto período de tempo para, com sua morte, ser integralmente aniquilado.

---

2. FONTENELLE. *De la Pluralité des Mondes Habités*. 1680.

A questão do sentido do homem e de sua vida tem sido objeto de ampla meditação desde os primórdios da civilização. Assumiu importante relevância filosófica na Grécia, com os pré-socráticos, os grandes filósofos do período clássico e os pensadores do mundo helenístico. As grandes religiões monoteístas deram sua resposta a essa questão. A partir da suposição de Sócrates e de Platão de que o homem dispõe de uma alma imortal, que seria a detentora de sua identidade, as religiões apontam para uma existência espiritual *post-mortem*, em condições que dependerão da boa ou má conduta individual de cada homem no curto período de sua vida terrena. Na medida em que o pensamento filosófico, nas presentes condições do conhecimento biopsicológico, conduz ao reconhecimento de que o homem não dispõe de uma substância espiritual, que seria a alma, mas se identifica, integralmente, com seu corpo, a resposta das religiões fica totalmente invalidada. O que pensar, então?

É interessante observar o fato de que o pensamento contemporâneo, não obstante os extraordinários progressos alcançados pelo conhecimento humano até nossos dias, tem muito pouco a acrescentar à meditação grega a esse respeito. Em última análise, o que cabe pensar, a respeito do sentido do homem e de seu destino, já foi formulado por Demócrito e por Epicuro[3]. O homem é detentor de uma liberdade racional que pode exercer no curso de sua curta existência terrestre. Essa condição abrange a totalidade do que é dado ao homem. Nenhuma entidade supraterrestre existe para punir o homem por seus maus atos ou premiá-lo pelos bons. Nenhuma entidade extraterrestre, por outro lado, julgará os atos humanos e os considerará bons ou maus. O homem, como disse Protágoras, é a medida de todas as coisas.

Em tais condições, o que resta ao homem? Na verdade, a única coisa que resta ao homem é aquilo que o homem mesmo se dê. Nessa condição, cabe ao homem escolher um regime de vida em que se conjugue o que lhe seja pessoalmente favorável com o que seja favorável

---

3. Considere-se, a respeito de Epicuro, sua famosa declaração relativa ao desaparecimento do homem com sua morte. Ele observou que assim como ninguém se preocupa com o fato de que não existia antes de nascer, ninguém se deve preocupar com o fato de que deixa de existir depois de morrer.

para os demais homens, ou uma linha de conduta orientada para a otimização individual de seus interesses, independentemente do que ocorra com os demais homens. É antropologicamente admissível optar por um banditismo eficaz, que conduza à apropriação, pela violência ou pela fraude, de tudo o que um indivíduo deseje, desde que se previna de punições e otimize as condições da própria sobrevivência.

O problema que permanece em aberto, entretanto, é o da relevância da vida. Em sua condição de animal transcendente, o homem necessita de relevância, independentemente do fato de que, em última análise, tudo seja irrelevante. Com efeito, como já mencionado, a longo prazo tudo é irrelevante. O mundo não tem sentido e terminará acabando, ou em um Big Crunch, conforme a hipótese cíclica, ou em uma infinita dispersão da matéria e da energia, em um espaço reduzido ao zero absoluto. Nesse mundo finito, a humanidade é igualmente finita, apenas em um prazo muito mais curto. E cada indivíduo humano é finito a um prazo ainda mais curto. Nada, portanto, em última análise, é relevante.

Apesar disso, o que é irrelevante, no curto prazo, é a irrelevância final do mundo. Enquanto a humanidade exista e enquanto exista cada pessoa individual, o problema que se apresenta é o de sua respectiva relevância, nesse curto prazo. A estranha condição transcendente do homem opera de forma que a significação da vida, para cada pessoa, decorra da medida em que empreste relevância a essa sua vida.

A relevância da vida apresenta um espectro extremamente amplo, que depende, para cada pessoa, de sua cultura, de sua capacitação, sua modalidade de inserção social e, na base orgânica, sua vitalidade. Dentro da amplíssima gama de possibilidades que se abrem, conforme a capacidade de cada homem e as circunstâncias em que se encontra, pode-se verificar uma constante: o sentido da vida, para cada homem, dependerá, em função dos elementos precedentemente referidos, da medida em que transcenda o nível puramente psicofísico.

A distinção fundamental entre o homem e os animais superiores decorre do fato de que, estritamente, somente o homem é um animal transcendente. Para os animais, o sentido de suas respectivas vidas depende da medida em que logrem satisfatório atendimento de suas necessidades fisiológicas além, caso a espécie for gregária, da satisfatória inserção em seu bando. No caso do homem, aos requisitos de felicidade animal e satisfatória inserção social se agregam os requisitos de satisfatório atendimento de sua transcendência, conforme os níveis e características de cada pessoa. Um trabalhador de baixa qualificação cultural e técnica encontrará satisfação conforme desempenhe suas funções de forma correta, independentemente de melhor remuneração. Opostamente, poderá encontrar satisfação na medida em que sua revolta social encontre alguma modalidade de se manifestar, em termos que não lhe sejam desvantajosos. A transcendência se exerce tanto no bom obrar como na revolta.

Para homens de nível cultural mais elevado, a transcendência se exerce em função de seu desempenho, não apenas em termos do êxito que alcance, que corresponde, em um superior nível psicossocial, a uma satisfação fisiológica, mas também, especificamente, em termos da validade objetiva, social, cultural ou ética, do objeto de sua ação.

Em um mundo que apresenta perspectivas muito pessimistas, como indicamos, persiste, alternativamente, uma perspectiva otimista, quando se considere que a transcendência humana tende a impelir o homem a intentar compatibilizar seus interesses pessoais com o dos demais homens, para dar um sentido de relevância à própria vida. Assim é que, nas presentes condições do mundo, a relevância da vida, para os homens dotados de relevância pública, consiste em contribuir para a formação de um sistema internacional mais racional e eqüitativo e para regimes domésticos igualmente mais racionais e eqüitativos. As possibilidades de um mundo melhor não dependem nem do acaso nem do altruísmo humano, considerado como virtude, mas do impulso, por parte de homens superiores, dotados de capacidade de interferência, de emprestarem relevância a suas vidas contribuindo para a construção de um mundo melhor. Trata-se, em última análise, do que se poderia designar de "egoísmo transcendente".[4] O mundo pode tornar-se tolerável para todos os homens e excelente para muitos. Para isso, depende das formas esclarecidas desse egoísmo.

---

4. O egoísmo transcendente se diferencia do utilitarismo de Bentham porque este é utilitarista em sentido estrito, enquanto o "egoísmo transcendente" é gratuito, não visa a ganhos, mas significação.

22

O HOMEM NA TERRA

A Problemática

Desde sua emergência, há cerca de 70 mil anos, o *Homo sapiens sapiens* vem expandindo sua apropriação de terra e de recursos naturais, ao mesmo tempo em que acumula os resíduos de sua atividade. Esse processo, a partir da Revolução Industrial e, sobretudo, da revolução tecnológica do século XX, atingiu limites que ultrapassam a capacidade de auto-regeneração da biosfera e a disponibilidade de diversos recursos minerais. Como já indicado, outros macroproblemas foram suscitados pela atuação do homem. Cinco desses macroproblemas, conforme mencionado no Capítulo 21, exigem solução a relativamente curto prazo, sob pena de a espécie humana não sobreviver a este século. Vale enunciar mais uma vez, ainda que sucintamente, esses cinco macroproblemas:

(1) Problema da preservação da biosfera, mediante medidas aptas a assegurar, satisfatoriamente, sua capacidade auto-regulatória.
(2) Problema demográfico, relacionado com a tendência a um crescimento populacional superior à capacidade de sustentação do planeta, requerendo satisfatório equilíbrio entre a população mundial e os meios de sua sustentação.
(3) Problema da instituição de uma ordem mundial satisfatória, que evite a alternativa com que presentemente se defronta o mundo,

de ser conduzido a um alienante império mundial ou a um perigosíssimo retorno à multiplicidade de potências nucleares, com o risco de um suicídio atômico da humanidade.

(4) Problema do abissal desequilíbrio entre sociedades afluentes e sociedades miseráveis e, no âmbito doméstico de muitas sociedades, entre seus setores prósperos e educados e setores destituídos de um mínimo de recursos e de educação, situação inevitavelmente conducente a terríveis convulsões sociais e ao terrorismo.

(5) Problema da perda de níveis satisfatórios de racionalidade pública, nas presentes condições das sociedades tecnológicas de massa.

Esses cinco problemas desafiam o homem neste início do século XXI e exigem uma solução satisfatória no curso das próximas décadas, sob pena de se tornarem insolúveis na segunda metade do século, conduzindo ao risco de extinção da espécie humana. O homem, de usufrutuário do mundo, está compelido a se tornar gestor da subsistência do mundo e da espécie humana. Tal situação e condição impõem, imperiosamente e sem alternativa, a oportuna adoção de medidas que preservem a sustentabilidade do planeta e do homem.[1]

Como alcançar essa sustentabilidade? Como instituir, em um mundo destituído de unidade e submetido a conflitantes concepções e vontades de poder, um satisfatório regime de razoabilidade, em níveis planetário, internacional e doméstico?

A experiência histórica indica como amplas e profundas modificações de concepções e de conduta humanas somente se realizaram por meio de novas grandes religiões, como o cristianismo e o islamismo, ou, em condições mais restritas, por meio de movimentos ilustrados de amplo alcance, como o Renascimento e, em maior escala, a Ilustração. Este se tornou um movimento de grande amplitude a partir, dentro de certas condições histórico-sociais da Europa do século XVIII, de idéias básicas formuladas por alguns grandes pensadores, como Locke, Hume, Montesquieu, Diderot, Rousseau, Voltaire, Jefferson e Condorcet, culminando com Kant.

---

1. CLOUD, P. *El Cosmos, la Tierra y el Hombre*. Madri: Alianza Universal, 1981.

O mundo necessita, urgente e imperiosamente, de uma "nova Ilustração". Como ocorreu na Europa do século XVIII, as presentes condições do mundo, confrontado com macroproblemas que se revelarão fatais se não forem oportunamente equacionados, requerem, por estrita necessidade de sobrevivência, a eclosão de um grande movimento ilustrado e o demandam imperiosamente. Chegou a hora, assim, para que os melhores espíritos de nosso tempo se debrucem sobre a problemática precedentemente referida e lhe proponham soluções satisfatórias.

Escaparia aos nossos objetivos, neste livro, qualquer intento de propor tais soluções. Um "novo Iluminismo", assim como ocorreu com o próprio, requer uma ampla discussão de sua problemática, de que participem não apenas grandes pensadores mas, igualmente, em todas as grandes culturas, homens representativos dos principais setores envolvidos, desde as Nações Unidas e os Estados membros, aos segmentos responsáveis pela produção de bens e serviços e centros de religião, ciência e tecnologia.

Sem pretender, nas breves linhas que se seguem, indicar soluções para essas questões, é conveniente ressaltar os principais aspectos que terão de ser levados em conta por qualquer tentativa razoável de solucionar tais problemas. Importaria, a princípio, constatar o fato de que alguns dos cinco macroproblemas mencionados já têm soluções formuladas, embora insuficientemente elaboradas, mas necessárias e válidas, enquanto outros requerem um encaminhamento ainda não esclarecido. Pertencem ao primeiro grupo os problemas relacionados com a proteção da biosfera, com a contenção do excesso demográfico e com a redução das abissais diferenças que separam sociedades afluentes de sociedades miseráveis e, em muitos países, setores bem aquinhoados dos completamente destituídos. Por outro lado, requerem formulação inovadora os problemas relacionados com a ordem mundial e a racionalidade pública nas sociedades de massa.

Subsistência do Homem

Os problemas relacionados com a proteção da biosfera requerem drásticas medidas de redução dos elementos poluidores das águas e da atmosfera, já satisfatoriamente identificados. Motivações de curto prazo, entretanto, vêm conduzindo à postergação da adoção de tais medidas, pelos altos custos envolvidos. Aumenta, assim, aceleradamente, o risco de que já seja demasiado tarde quando se decida dar início a uma efetiva política de controle da poluição.

De igual modo são conhecidas, em termos gerais, as medidas requeridas para reduzir significativamente o abismo que separa a minoria dos superafluentes da grande massa de miseráveis do mundo. Tais medidas, como no caso precedente, envolvem alto custo para os setores ricos do mundo e sérias e difíceis decisões políticas por parte dos dirigentes do Terceiro Mundo, o que conduz, como no caso precedente, à contínua postergação da adoção das necessárias medidas.

É no tocante ao excesso demográfico e ao correlato problema de esgotamento dos recursos necessários para a sustentação de uma crescente população mundial que a questão se torna extremamente ameaçadora. Isso se deve ao fato de que o que está em jogo não é simplesmente – embora também o seja – a crescente dificuldade de alimentar uma população em contínua expansão. O que está em questão, em última análise, é a inviabilidade de a atual civilização industrial poder subsistir confrontada com um significativo crescimento demográfico, ante uma igualmente significativa generalização, para todo o mundo, dos padrões da atual civilização industrial.

O continuado progresso da civilização industrial, do final do século XVIII às primeiras décadas do século XX, se deveu ao fato de que a mesma estava circunscrita, na prática, a uma população menor. Assim mesmo, os padrões de consumo atingidos pelos Estados Unidos até a década de 1940 já se revelavam insustentáveis a longo prazo. Essa insustentabilidade vem se agravando, exponencialmente, na medida em que China, Índia, Brasil e outros países subdesenvolvidos, com imensas e crescentes populações, aceleram seus processos de industrialização.

Estimativas realizadas em 1976 pela Agência de Minas dos Estados Unidos[2] indicaram que, mesmo se adotando a otimista (embora plausível) hipótese de que as reservas minerais conhecidas naquela data

---

2. Ibidem, p. 324.

viessem, por novas descobertas e tecnologia, a serem decuplicadas, um importante elenco de minerais indispensáveis para o processo industrial – entre estes, petróleo, óleo natural, urânio, molibdênio, tungstênio, cobalto, cobre, chumbo, zinco e, com poucos anos mais, alumínio – deixaria de ser disponível a partir de 2075.

O que torna particularmente complexo o equacionamento desse macroproblema não é apenas a questão, já por si só extremamente difícil, de como conter o excesso populacional e conduzir as sociedades humanas a um regime de estabilidade demográfica, limitando todas as famílias de não terem mais de dois filhos. Essa dificuldade se depara com outra de caráter ainda mais complexo, que é a reivindicação, em si mesma legítima, por parte das sociedades subdesenvolvidas, que representam dois terços da população mundial, de atingirem satisfatórios níveis de desenvolvimento.

Medidas pelos parâmetros atuais, a universalização de níveis satisfatórios de desenvolvimento para uma população mundial da ordem de 10 bilhões de habitantes como se estima ocorrerá em meados deste século é algo materialmente inexeqüível. Tal inviabilidade, já perfeitamente previsível, se tornará ostensiva e patente no curso do primeiro quarto deste século.

Escaparia, mais uma vez, aos limites deste livro, qualquer intento de equacionar esse tremendo problema. Uma coisa é indiscutível: os atuais padrões da sociedade industrial não serão materialmente adotáveis para o conjunto de um mundo de 10 bilhões de habitantes. Resulta óbvia, assim, uma dupla exigência: (1) urgente adoção de medidas que conduzam o crescimento populacional a corresponder, exclusivamente, à substituição dos progenitores por igual número de filhos, e (2) ampla e profunda transformação da sociedade industrial em uma sociedade de bem-estar social e continuado progresso cultural, caracterizada, entretanto, pelo equilíbrio entre seu consumo de recursos e a renovação destes.

O mundo está compelido, deliberadamente ou não, pacificamente ou não, a caminhar para essa situação, ou para a extinção da espécie humana, como ocorreu com a dos dinossauros e muitas outras espécies.

Vejamos agora, também sumariamente, como se apresentam os outros dois macroproblemas de nossa lista, relativos a uma satisfatória ordenação internacional e nacional.

Racionalidade Mundial e Nacional

A questão da ordem mundial e de um satisfatório nível de racionalidade pública se reveste de suprema relevância, ainda a prazo historicamente curto, mas se encontra longe de um apropriado equacionamento. É indispensável e urgente que os responsáveis, intelectual e operacionalmente, pelo ordenamento político do mundo e das nações, iniciem uma séria análise dessas questões. Para esse efeito importa levar em conta os precedentes históricos ou contemporâneos que se revelaram eficazes. Merecem particular menção: (1) o relativo êxito do parlamentarismo na Europa Ocidental, comparativamente aos regimes presidencialistas vigorantes em outras regiões do mundo, e (2) o relativo êxito do intento levado a cabo por Felipe da Macedônia, em 338 a.C., no Congresso de Corinto, com a formação da Liga Helênica.

A democracia representativa atravessa, presentemente, notórias dificuldades em todo o mundo, decorrentes, entre outros fatores, das pressões de grupos organizados, com freqüência minoritários, que não se conformam com o processo representativo e formulam, com maior ou menor violência, reivindicações desarrazoadas ou de difícil atendimento. Está em jogo a necessidade, por parte das democracias representativas, de incorporar a seu rol de propostas as reivindicações razoáveis de procedência não parlamentar e de aplicar restrições e penalidades da lei às exorbitantes. Não obstante esses aspectos, é indubitável que os regimes parlamentaristas da Europa Ocidental apresentam margem de êxito significativamente superior ao que logram, em geral, os regimes presidencialistas. São muitas as razões para essa vantagem, incluindo, notadamente, o mais elevado nível de educação e civilidade das sociedades européias, em comparação às demais. Um dos importantes fatores que favorecem o parlamentarismo, entretanto, é o fato de que ele conduz a um razoável equilíbrio entre as massas e as elites dirigentes. O capricho das massas, nos regimes presidencialistas, leva freqüentemente à escolha de candidatos de baixa qualificação intelectual e comportamental, reduzindo, assim, o nível de racionalidade pública desses países. No parlamentarismo, as elites dirigentes estão menos sujeitas ao capricho das massas sem, entretanto, dispor de condições para o exercício de seus próprios caprichos, uma vez que suas opções partidárias ficam submetidas ao voto popular.

Mais complexo que o asseguramento de satisfatório patamar de racionalidade pública, em nível nacional, é o de se o lograr em nível internacional. A ordem mundial, depois do bipolarismo norte-americano/soviético – a que o mundo quase milagrosamente sobreviveu – ainda não atingiu um nível satisfatório de racionalidade e eqüidade. Na verdade, o mundo se defronta, atualmente, com a insatisfatória alternativa de caminhar para um império norte-americano mundial ou para a reconstituição de um regime multipolar, com duas ou mais superpotências nucleares, de que os Estados Unidos e a China, por exemplo, alcançando, em meados do século, a condição de superpotência, seriam protagonistas, com a eventual participação da Rússia novamente convertida em superpotência.

A tendência a um arbitrário unilateralismo, de que nos dá mostras antecipadas o governo Bush, se os Estados Unidos vierem a consolidar e universalizar, nas próximas décadas, sua condição de império mundial, submeteria o mundo à prepotência de uma só nação e de seus dirigentes. Diversamente, se as extraordinárias taxas de desenvolvimento e de modernização que a China vem obtendo, nos últimos 30 anos, se mantiverem por mais algumas décadas, ela se tornará outra superpotência, em meados do século. Algo equivalente poderá vir a ocorrer com a Rússia, se mantidas, no curso das próximas décadas, as reformas adotadas por Vladimir Putin. O mundo, assim, ficaria novamente submetido aos fatais riscos de uma confrontação nuclear, que a prudência dos antagonistas evitou no curso da passada Guerra Fria, mas que poderá se desencadear, mais por acidente que por deliberação, em um futuro holocausto mundial.

Que solução razoável pode ser dada ao problema da ordem mundial? Podemos recordar o interessante acordo obtido por Felipe da Macedônia depois de ter alcançado, militarmente, sua supremacia no mundo helênico. Com a Liga Helênica, proposta por ele em 338 a.C. ao Congresso de Corinto e adotada pelos demais Estados gregos, com exceção de Esparta, ficou instituída uma direção colegiada para a Grécia, em que cada Estado grego participava da assembléia dirigente de forma proporcional a sua população e poder, mas em que se reservava a direção militar à Macedônia e a liderança a seu rei.

É indiscutível, nas condições atuais do mundo, a supremacia militar dos Estados Unidos e o fato de que, em futuro previsível, esta só será equilibrada caso se formem outras superpotências nucleares, submetendo o mundo aos fatais riscos daí decorrentes. Ante tal circunstância, um possível projeto razoável de racionalidade e eqüidade universais só é concebível a partir de um amplo acordo internacional que proporcione eqüitativa participação nas decisões mundiais aos demais grandes grupos de nações, mediante mecanismos como o de uma reajustada Organização das Nações Unidas, conferindo-se a liderança militar e a presidência do sistema aos Estados Unidos. Tal acordo envolveria a renúncia, por possíveis candidatos à condição de superpotência nuclear, a tais aspirações e a renúncia, por parte dos Estados Unidos, a um projeto de império mundial, conduzindo o mundo a se tornar uma grande confederação planetária. O acordo nuclear entre Estados Unidos e Índia, no início de 2006, foi um importante passo nessa direção.

São evidentes as imensas dificuldades contidas em tal projeto. Mais óbvia, ainda, entretanto, é a indesejabilidade da alternativa império norte-americano ou nova multipolaridade nuclear. Observe-se, à margem dessa questão, que foi por meio de uma equivalente solução parlamentarista que o mundo superou, com a Ilustração, o poder absoluto dos reis.

Egoísmo Transcendente

As considerações contidas neste capítulo reforçam, significativamente, as razões do pessimismo ante o futuro do homem, referidas no capítulo anterior.

Desde a Pré-História, entretanto, o homem tem dado mostras de extraordinária inventividade, tanto como a que o conduziu a ocupar novos territórios a partir de seu originário enclave africano, como a que o conduziu aos progressos cultural e civilizacional que marcam o curso da História, da Idade da Pedra à atual era tecnológica. Grandes religiões e grandes movimentos socioculturais, como o Renascimento e a Ilustração, conduziram a importantes modificações do padrão de conduta do homem.

Animal transcendente, o homem dispõe, por um lado, de um extraordinário poder de inovação. Por outro lado, submetido à necessidade, para dar sentido à sua efêmera existência e à sua inserção em um cosmos destituído de qualquer sentido – embora portador da dimensão antientrópica de transimanência – o homem é conduzido, por um egoísmo transcendente, a superar o mero atendimento de suas demandas psicofísicas, por atos dotados de superior significação social, cultural ou ética. A extraordinária inventividade humana, impulsionada por seu egoísmo transcendente, pode conduzi-lo a superar os macroproblemas com que está se defrontando. A pergunta de como isso possa vir a ocorrer é equivalente à pergunta de como foi possível a existência de heróis como Joana d'Arc, santos como São Francisco, estadistas como Péricles, Marco Aurélio, De Gaulle e Roosevelt, sábios como os grandes filósofos e cientistas e artistas como Leonardo e Beethoven.

Apostar na superação dos macroproblemas com que se defronta o homem é confiar na sua transcendência.

BIBLIOGRAFIA

SEÇÃO I – O COSMOS

O Cosmos

BARBUY BEATRICE, B.; LACHIEZE-REY, M. *La Recherche Sur les Origines de L'Univers*. Paris: Seuil, 1991.

BARROW, J. D. *The Origin of the Universe*. Nova York: Basic Books, 1994.

_____ . TIPLER, F. J. *The Anthropic Cosmological Principle*. Oxford: Oxford University Press, 1996 [1986].

BREITHAUPT, J. *Cosmology*. Londres: Teach Yourself Books, 1999.

CLOUD, P. *El Cosmos, la Tierra y el Hombre*. Madri: Alianza Universal, 1981.

CASSÉ, M. *Du Vide et de la Création*. Paris: Odile Jacob, 2001 [1993].

DAVIES, P. *The Accidental Universe*. Cambridge: Cambridge University Press, 1993 [1982].

_____ . *The Cosmic Blueprint*. Nova York: Simon & Schuster, 1984.

_____ . *The Last Three Minutes*. Nova York: Basic Books, 1994.

DAVIES, P.C.W.; BROWN, J. (eds.) *Superstrings: A Theory of Everything?* Cambridge: Cambridge University Press, 1989 [1988].

FRITZ, S. (org.) *Understanding Cosmology*. Nova York: Warner Books, 2002.

GLEISER, M. *A Dança do Universo*. São Paulo: Companhia das Letras, 2001 [1997].

GREENE, B. *O Universo Elegante*. São Paulo: Companhia das Letras, 2001 [1999].

GRIBBIN, J. *In Search of the Big Bang*. Toronto: Bantam Books, 1986.

HAWKING, S. W. *Uma Breve História do Tempo*. Rio de Janeiro: Rocco, 1988.

_____. *O Universo Numa Casca de Noz*. São Paulo: Mandarim, 2001.

_____. *The Theory of Everything*: Bevery Hills: New Millennium, 2002.

HETHERINGTON, N. S. (ed.) *Cosmology*. Nova York: Garland, 1993.

LONGAIR, M. *As Origens de Nosso Universo*. Rio de Janeiro, Jorge Zahar, 1994 [1992].

LOVELL, B. *Our Present Knowledge of the Universe*. Cambridge: Harvard University Press, 1967.

MORRIS, R. *Uma Breve História do Infinito*. Rio de Janeiro: Jorge Zahar, 1998.

SILK, J. *The Big Bang*. Nova York: W. H. Freeman, 1989 [1980].

Aspectos Filosóficos

LESLIE, J. (ed.) *Physical Cosmology and Philosophy*. Nova York: Macmillan, 1990.

RAY, C. *Time, Space and Philosophy*, Londres: Rontledge, 1992 [1991].

SMART, J.J.C. (ed.) *Problems of Space and Time*. Nova York: Macmillan, 1964.

SEÇÃO II – VIDA

Características da Vida e Sua Origem

AGOGNET, F. D. *Le Vivant*. Paris: Bordas, 1987.

GROS, F. *Regard sur la Biologie Contemporaine*. Paris: Gallimard, 1993.

MONOD, J. *Le Hasard el la Nécessité*. Paris: Seuil, 1970.

ONDARZA, R. N. (coord.) *Introducción a la Biología Moderna*. México: FCE, 1970 [1964].

REICHHOLF, J. *L 'Emancipacion de la Vie*. Paris: Flammarion, 1993 [1992].

ROSNAY, J. *L'Aventure du Vivant*. Paris: Seuil, 1978 [1966].

ROSTAND, J. (ed.) *Biologie*. Paris: La Pléiade, 1965.

VAUCLAIR, J. *L'Intelligence de l'Animal*. Paris: Seuil, 1995 [1992].

WADDINGTON, C. H. *The Nature of Life*. Londres: Atheneum, 1962.

A Vida

ATLAN, H. *Entre le Cristal et la Fumée*. Paris: Seuil, 1979.

MONOD, J. et al. *Biologia Molecular*. México: CNCT, 1981 [1975].

NOEDHAM, J. *Order and Life*. Cambridge: MIT Press, 1968 [1976].

PAUL, J. *Cell Biology*. Stanford: Stanford University Press, 1966 [1964].

WALTERECK, H. *What Science Knows About Life*. Cambridge: MIT Press, 1963 [1961].

WATSON, J. D. *La Double Helix*. México: CNCT, 1981 [1968].

A Evolução

ALLAND Jr., A. *Evolution and Human Behavior*. Garden City: American Museum of Natural History, 1967.

BENTHALL, J. (ed.) *The Limits of Human Nature*. Nova York: E.P. Dutton, 1970.

COMFORT, A. *The Nature of Human Nature*. Nova York: Harper & Row, 1968.

DARWIN, C. *El Origin de las Especies*. México: CNCT, 1951.

DOBZHANSKY, T. *Mankind Evolving*. New Haven: Yale University Press, 1965 [1962]

G. H. R. V. Koenigs Wald *Historia del Hombre*. Madri: Alianza Editorial, 1972 [1960].

HUXLEY, J. *Evolution, The Modern Synthesis*. Nova York: John Wiley & Sons, 1964.

MORRIS, D. *Le Singe Nu*. Paris: Grassat, 1968.

PLATT, J. R. (ed.) *New Views of the Nature of Man*. Chicago: University of Chicago, 1965.

REEVER, H. et al. *La Historia más Bella del Mundo*. Barcelona: Anaquama, 2001 [1996].

Primatas

DIMOND, S. J. *The Social Behavior of Animals*. Nova York: Harper & Row, 1970.

LE GROS CLARK, W. E. *History of the Primates*. Chicago: University of Chicago Press, 1992 [1961].

PAGE, G. *Inside the Animal Mind*. Nova York: Broadway Books, 2001 [1999].

SOUTHWICK, C. H. *Primate Social Behavior*. Princeton: D. Van Nostrand, 1963.

Evolução e Hominização

BOURGUIGNON, A. *História Natural do Homem*. v. 1. Rio de Janeiro: Zahar, 1990 [1989].

CHARLESWORTH, B.; CHARLESWORTH, D. *Evolution – A Very Short Introduction*. Oxford: Oxford University Press, 2003.

COPPENS, Y. *Le Singe, L'Afrique et L'Homme*. Paris: Fayard, 1983.

COPPENS, Y. *Pré-ambules*. Paris: Poches Odile Jacob, 2001.

GEHLEN, A. *Man – His Nature and Place in the World*. Nova York: Columbia University. Press, 1988.

PICQ, P. *Au Commemcement Etait l'Homme*. Paris: Odile Jacob, 2003.

REICHHOLF, J. *L'Émergence de l'Homme*. Paris: Flammarion, 1991 [1990].

VAUCLAIR, J. *L'Intelligence de L'Animal*. Paris: Seuil, 1995 [1992].

Cérebro, Mente e Consciência

BATESON, G. *La Nature et la Pensée*. Paris: Seuil, 1979.

BRONOWSKI, J. *The Identity of Man*. Garden City: American Museum Science Books, 1996.

CHALMERS, D. J. *The Conscious Mind – In Search of a Fundamental Theory*. Oxford: Oxford University Press, 1996.

DENNET, D. *Consciousness Explained*. Nova York: Little Brown, 1991.

MONOD, J. *Le Hazard el la Nécéssité*. Paris: Seuil, 1970.

SEARLE, J. R. *The Mystery of Consciousness*. Nova York: NY Review of Books, 1997.

_____. *The Rediscovery of Mind*. Cambridge: MIT Press, 1992.

SINNOTT, E. W. *Cell & Psyche – The Biology of Purpose*. Nova York: Harper Tarchbooks, 1961 [1956].

SPERRY, R. W. "Mind, Brain and Humanistic Value". In: PLATT, J. R. *New Views of the Nature of Man*. Chicago: Chicago University Press, 1965, p. 75-158.

SEÇÃO III – COSMOLOGIAS

Cosmologias Orientais Antigas

BRUNET, P. "La Science dans l'Antiquité". In: DAUMAS, M. *Histoire de la Science*. Paris: Direct Encyclopédie de la Pléiade, NRF, 1957, p. 195-203.

ELIADE, M. *Histoire des Croyances et des Idées Religieuses*. v. 1. Paris: Payot, 1976.

FRANKFORT, H. *Ancient Egyptian Religion*. Nova York: Harper & Row, 1961 [1948].

JACOBSON, T. "Enuma Elish – The Babylonian Genesis". In: MUNITZ, M. K. (ed.) *Theories of the Universe*. Nova York: The Free Press, 1965 [1957].

NEEDHAM, J.; RONAN, C. "Chinese Cosmology". In: HETHERING-TON, N. S. (ed.) *Cosmology*. Nova York: Garland, 1993.

RAUX, G. *La Mésopotamie*. Paris: Seuil, 1958.

ROCHBERG, F. "Mesopotamian Cosmology". In: HETHERINGTON, N. S. (ed.) *Cosmology*. Nova York: Garland, 1993.

Cosmologias Clássicas

Pré-Socráticos

BRUNET, P. "Les Premiéres Étapes de la Science Grecque". In: DAUMAS, M. *Histoire de la Science*. Paris: Direct Encyclopédie de la Pléiade, NRF, 1957, p. 195-203.

CONFORT, F. M. "Pattern of Ionian Cosmogony". In: MUNITZ, M. K. *Theories of the Universe*. Nova York: The Free Press, 1965 [1957].

DEMÓCRITO. *Démocrite – l'Atomisme Ancien*. Paris: Pocket, 1993.

DUMONT, J-P. (ed.) *Les Présocratiques*. Paris: Gallimard, NRF, Paris, 1988

HESIODO. *Teogonia – A Origem dos Deuses*. São Paulo: Iluminuras, 1992.

HETHERINGTON, N. S. "The Presocratics". In: HETHERINGTON, N. S. (ed.) *Cosmology*. Nova York: Garland, 1993.

JAEGER, W. "Philosophical Speculation, the Discovery of the World Order". *Paidea – the Ideals of Greek Culture*. v. I. Nova York: Oxford University Press, 1945.

Sócrates

JAEGER, W. *Paidea – the Ideals of Greek Culture*. v. V. Nova York: Oxford University Press, 1945.

MONDOLFO, R. *El Pensamiento Antiguo*. v. I. Buenos Aires: Losada, 1945.

TAYLOR, A. C. *Sócrates*. Garden City: Double Day Anchor Books, 1992.

Platão

BRUNET, P. "La Science dans l'Antiquites". In: DAUMAS, M. *Histoire de la Science*. Paris: Direct Encyclopédie de la Pléiade, NRF, 1957.

CORNFORD, F. M. *Plato's Theory of Knowledge*. Nova York: The Library of Liberal Arts, Bobbs Merrill, 1957.

MONDOLFO, R. *El Pensamiento Antiguo*. v. 3. Buenos Aires: Losada, 1945.

PLATÃO. *Timée, ou de la Nature*. In: ROBIN, L. *Platon – Oevres Complètes*. v. II. Paris: Bibliothèque de la Pléiade, NRF, 1950.

TAYLOR, A. E. *Plato*. Nova York: Meridian Books, 1959 [1956].

Aristóteles

ARISTÓTELES. *Physica, de Caelo, De Generatione et Currupcione, De Anime, Parva Naturalis, Historia Animalium, De Postibus Animalium, De Generatione Animalium*. In: MEKEEN, R. (ed.) *The Basic Works of Aristoteles*. Nova York: Random House, 1968 [1941].

BRUNET, P. "La Science dans l'Antiquites". In: DAUMAS, M. *Histoire de la Science*. Paris: Direct Encyclopédie de la Pléiade, NRF, 1957.

HETHERINGTON, N. S. "Aristotle's Cosmology". In: HETHERINGTON, N. S. (ed.) *Cosmology*. Nova York: Garland, 1993.

HETHERINGTON, N. S. "Plato's Cosmology". In: HETHERINGTON, N. S. (ed.) *Cosmology*. Nova York: Garland, 1993.

VOEGELIN, E. *Plato and Aristotle*. v. III. Baton Rouge: Louisiana State University Press, 1959.

Pensamento Helenístico

BRUNET, P. "La Science dans l'Antiquités et le Moyen Age". In: DAUMAS, M. *Histoire de la Science*. Paris: Direct Encyclopédie de la Pléiade, NRF, 1957.

DUHAT, J-J. *Epitécte et la Sagesse Stoicienne*. Paris: Bayard, 1996.

EVANS, J. "Ptolomy". In: HETHERINGTON, N. S. (ed.) *Cosmology*. Nova York: Garland, 1993.

LUCRÉCIO. *De Rerum Natura*. Paris: Flamarion, 1998 [1993].

MONDOLFO, R. *El Pensamiento Antigo*. v. II. Buenos Aires: Losada, 1941.

MUNITZ, M. K. "Claudius Ptolomy". In: MUNITZ, M. K. (ed.) *Theories of the Universe*. Nova York: The Free Press, 1965 [1957].

RIST, J. M. *La Filosofia Estoica*. Barcelona: Grijaldo Mondaders, 1995 [1969].

SCHUL, P-M. (ed.) *Les Stoiciens*. Paris: Bibliothèque de la Pléiade, Gallimard, NRF, 1962.

Idade Média

ABBAGNANO, N. *Dicionário de Filosofia*. Tradução de Alfredo Bosi. São Paulo: Mestre Jou, 1982.

AUDI, R. (ed.) *The Cambridge Dictionary of Philosophy*. Cambridge: Cambridge University Press, 1999 [1995].

BISHOP, M. *The Penguin Book of the Middle Age*. Middlesex: Penguin, 1978 [1971].

BRÉHIER, E. *Historia de la Filosofia*. Buenos Aires: Sudamericana.

BURY, J. B. (ed.) *The Cambridge Medieval History*. v. I. Cambridge: Cambridge University Press, 1975 [1911].

GILSON, E. *La Philosophie du Moyen Age*. Paris: Payot, 1747.

_____ . *Le Thomisme*. Paris: Liv. Phil. J. Vrin, 1948.

GUSDORF, G. *Les Origines des Sciences Humaines*. v. II. Paris: Payot, 1967, p. 115-291.

HOLMES, G. (ed.) *The Oxford History of Medieval Europe*. Oxford: Oxford University Press, 1992 [1988].

MORA, J. F. *Diccionário de Filosofia*. Buenos Aires: Sudamericana, 1951.

PERENNE, H. *Historia Económica y Social de la Edad Media*. México: Fondo de Cultura Económica, 1947 [1939].

RIDDER-SYMOENS, H. (ed.) *A History of the Universities in Europe*. v. I. Cambridge: Cambridge University Press, 1992.

STÖRIG, H. J. *Historia Universal de la Filosofia*. Madri: Tecnos, 1990.

VIGNAUD, P. *O Pensar da Idade Média*. Tradução de A. Pinto de Carvalho. São Paulo: Saraiva, 1941.

WINDELBAND, W. *A History of Philosophy*. Nova York: Macmillan, 1901 [1893].

Renascimento – Século XVII

Geral

FAVIER, J. (ed.) *XIV et XV siécles – Crises et Genése*. Paris: Ruf, 1976.

GARIN, E. *Moyen Age et Renaissance*. Paris: Gallimard, 1969 [1954].

HALE, J. *The Civilisation of Europe in the Renaissance*. Nova York: Atheneum, 1994.

HUIZINGA, J. *El Otoño de la Edad Media*. Madri: Revista de Occidente, 1945.

JAGUARIBE, H. *Um Estudo Crítico da História*. v. II. São Paulo: Paz e Terra, 2001.

POTTER, G. R. (ed.) *The New Cambridge Modern History*. v. I. Cambridge: Cambridge University Press, 1971.

Cultural

ABBAGNANO, N. *Dicionário de Filosofia*. Tradução de Alfredo Bosi. São Paulo, Mestre Jou, 1982.

BOURASSI, E. *Pour Comprendre le Siècle de la Renaissance*. Paris: Tollandier, 1990.

BREHIER, E. *Histoire de la Philosophie*. Buenos Aires: Sudamericana.

BURKHARDT, J. *La Cultura del Renacimiento en Italia*. Barcelona: Joaquim Gil, 1946.

CASSIRER, E. *Individuo y Cosmos en la Filosofía del Renacimiento*. Buenos Aires: Emea, 1951.

CUSA, N. de. *A Docta Ignorância*. Tradução de E. A. Ullmann. Porto Alegre: Edipikurs, 2002.

DALLEN, J. P. *History of the Reformation*. Nova York: Mantas-omega Books, 1957 [1954].

DELUMEAU, J. *La Reforma*. Barcelona: Labor, 1985.

DRESDEN, S. *Humanism in the Renaissance*. Nova York, McGraw-Hill, 1968.

GARIN, E. *Il Renacimiento Italiano*. Bologna: Campelli, 1980.

HIBBERT, C. *Biography of a City*. Londres: Penguin, 1994 [1993].

_____. *The Rise and Fall of the House of Medici*. Londres: Penguin, 1979 [1974].

LINDEBERG, C. *The European Reformation*. Oxford: Blackwell, 1996.

MANDRAN, R. *Des Humanistes aux Harmonies de Science*. Paris: Seuil, 1972.

MORA, J. F. *Diccionário de Filosofia*. Buenos Aires: Sudamericana, 1951.

STÖRIG, H. J. *Historia Universal de la Filosofia*. Madri: Tecnos, 1997.

WINDELBAND, W. *A History of Philosophy*. Nova York: Macmillan, 1901 [1893].

Ilustração

ANDREWS, S. *Enlighted Despotism*. Nova York: Barnes and Noble, 1968 [1967].

BADINTER, E.; BADINTER, R. *Condorcet*. Paris: Fayard, 1998.

BERLIN, I. *Vico e Herder*. Tradução de J. A. Sili Sobrinho. Brasília: Universidade de Brasília, 1982.

BLUCHE, F. *Le Despotisme Éclairé*. Paris: Fayard, 1969.

BRUFORD, W. H. *Culture and Society in Classical Weimar, 1775–1806*. Cambridge: Cambridge University Press, 1962.

CASSIRER, E. *Filosofia de la Ilustración*. México: Fondo de Cultura Económica, 1943.

CASTELOT, A. *Talleyrand*. Paris: L. V. Perin, 1980.

DUPRONT, A. *Qu'est-ce que les Lumières?* Paris: Gallimard, 1996.

GAXOTTE, P. *Frederic II, Roi de Prusse*. Paris: Albin Michel, 1967.

GAY, P. *The Enlightenment: an Interpretation*. Nova York: W. W. Norton, 1996 [1969].

HOF, U. I. *Les Lumières en Europe*. Paris: Seuil, 1993.

LUIS, A. B. *Sebastião José*. Rio de Janeiro: Nova Fronteira, 1990.

SOARES, T. *O Marquês de Pombal*. Brasília: Universidade Brasília, 1961.

TULARD, J.; FAYARD, J-F.; FIERRO, A. *Histoire et Dictionnaire de la Révolution Française*. Paris: Robert Laffont, 1987.

VENIS, M.; BLAYAN, N. *Le XVIII Siècle*. Paris: Armand Colin, 1990.

VIGUERIE, J. de. *Histoire et Dictionnaire du Temps des Lumières - 1715-1789*. Paris: Robert Laffont, 1995.

VOVELLE, M. (ed.) *L'Homme des Lumière*. Paris: Seuil, 1992.

WIESE, B. V. *La Cultura de la Ilustración*. Madri: Centro de Estudios Constitucionales, 1975.

Século XIX

Napoleão

ARTZ, F. B. *Reaction and Revolution, 1814-1832.* Nova York: Harper & Row, 1963 [1934].

BENAERTS, P. et al. *Peuples et Civilizations.* v. XVII. Paris: PUF, 1968.

BRINKLEY, R.C. *Realism and Nationalism, 1852-1871.* Nova York: Harper & Row, 1969 [1939].

BRINTON, C. *A Decade of Revolution.* Nova York: Harper & Row, 1967 [1934].

BRUUN, G. *Europe and the French Imperialism, 1799-1814.* Nova York: Harper & Row, 1965 [1938].

CAREN, J. C.; VERNUS, M. *L'Europe du XIX Siècle.* Paris: Armand Colin, 1996.

CRAWLEY, C. W. (ed.) *The New Cambridge Modern History.* v. IX. Cambridge: Cambridge University Press, 1995 [1965].

HAYES, C. J. *A Generation of Materialism, 1871-1900.* Nova York: Harper & Row, 1963 [1941].

LATREILLE, A. *L'Ère Napoléonienne.* Paris: Arnold Colin, 1974.

RIOUX, J. P. *La Révolution Industrielle, 1780-1880.* Paris:, Seuil, 1979 [1971].

WOOLF, S. *Napoléon et la Conquête de l'Europe.* Paris: Flammarion, 1990.

Estudos Biográficos

BOBER, M. M. *Karl Marx's, Interpretation of History.* Cambridge: Harvard University Press, 1968 [1948].

FETSCHER, I. *Marx and Marxism.* Nova York: Harder & Herder, 1971 [1967].

HABERMAS, J. *Sobre Nietzsche y otros Ensayos.* Madri: Tecnos, 1982.

MARX, K. *Oevres.* 3 v. Paris: Bibliothèque de la Pléiade, NRF, 1963-1982.

SCHEIM, S. J. A. *The Nietzsche Legacy in Germany, 1890-1990.* Berkeley: Berkeley University Press, 1994 [1992].

Artes

DEVANBEZ, P.; BABELON, J. *Histoire de l'Art*. v. 3. Paris: Encyclopédie de la Pleíade, NRF, 1966.

GUENEAN, R. (ed.) *Histoire des Littérature*. Paris: Encyclopédie de Pléiade, NRF, 1955.

KLEE, P. *Théorie de l'Art Moderne*. Paris: Denoël, 1985 [1956].

Ciência

DAUMAS, M. (ed.) *Histoire de la Science*. Paris: Encyclopédie de la Pléiade, NRF, Gallimard, 1957.

Filosofia

ABBAGNANO, N. *Dicionário de Filosofia*. São Paulo: Mestre Jou, 1982.

AUDI, R. (ed.) *The Cambridge Dictionary of Philosophy*. 2. ed. Cambridge: Cambridge University Press, 1999 [1995].

MORA, J. F. *Dicionário de Filosofia*. Buenos Aires: Sudamericana, 1951.

STORIG, H. J. *Historia Universal de la Filosofia*. 2. ed. Madri: Tecnos, 1997.

História

HALEVY, D. *Essai sur l'Accélération de L'Histoire*. Paris: Self, 1948.

SEÇÃO IV – TRANSIMANÊNCIA

Capítulos 18 ao 22

CASSIRER, E. *El Problema del Conocimiento, de la muerte de Hegel a nuestros días*. México: Fondo de Cultura Económica, 1948.

_____. *Kant – Vida y Doctrina*. México: Fondo de Cultura Económica, 1948.

_____. *The Philosophy of Symbolic Forms*. 3 v. New Haven: Yale University Press, 1965 [1953].

_____. *Filosofia de la Ilustración*. México: FCE, 1943.

_____. *Determinism and Indeterminism in Modern Physic*. New Haven: Yale University Press, 1966 [1956].

_____. *Individuo y Cosmos en la Filosofía del Renacimiento*. Buenos Aires, Emece, 1951.

_____. *The Logic of the Humanities*. New Haven: Yale University Press, 1966 [1960].

_____. *An Essay on Man*. New Haven: Yale University Press, 1966 (1962).

_____. *El Mito del Estado*. México: FCE, 1947.

_____. *The Question of Jean-Jacques Rousseau*. Indiana: Indiana University Press, 1963 [1954].

_____. *Language and Myth*. Nova York: Dover, 1945.

_____. *Symbol, Myth and Culture*. New Haven: Yale University Press, 1979.

_____. *La Vie de l'Esprit*. Louvin: Peter Vrin, 1997.

COBB-STEVENS, R. *Husserl et la Philosophie Analytique*. Paris: Librairie J. Vrin, 1978.

DILTHEY, W. *Introducción a las Ciencias del Espirito*. México: FCE, 1949 [1944].

_____. *Hombre y Mundo en los siglos XVI y XVII*. México: FCE, 1947 [1944].

_____. *De Leibniz a Goethe*. México: FCE, 1945.

_____. *Vida y Poesía*. México: FCE, 1945.

_____. *Psicología y Teoría del Conocimiento*. México: FCE, 1945.

_____. *El Mundo Histórico*. México: FCE, 1944.

DILTHEY, W. *Teoría de la Concepción del Mundo*. México: FCE, 1945.

_____. *Historia de la Filosofía*. México: FCE, 1967 (1951).

HUSSERL, E. *Ideas – General Introduction to Pure Phenomenology*. Londres: George Allen & Unwin, 1931.

_____. *Meditaciones Carteseanas*. México: El Colegio de México, 1942.

_____. *The Idea of Phenomenology*. the Hague Martinus Nijhaff, 1964.

_____. *The Paris Lectures*. the Hague, Martinus Nijhaff, 1970.

_____. *Phenomenology and the Crisis of Philosophy*. Nova York: Harper & Row, 1965.

IMAZ, E. *El Pensamiento de Dilthey*. México: El Colegio de México, 1946.

JASPERS, K. *Origen y Meta de la Historia*. Madri: Revista de Occidente, 1949.

_____. *Nietzsche*. Paris: Gallimard, 1950.

_____. *Balance y Perspectiva*. Madrid: Revista de Occidente, 1953.

KELKEL, A. L.; SCHERER, R. *Husserl*. Paris: PUF, 1971.

KOCKELMANS, J. J. (ed.) *Phenomenology*. Garden City: Double Day, 1967.

MESURA, S. *Dilthey et la Fondation des Sciences Historiques*. Paris: PUF, 1990.

MORAN, D. *Introduction to Phenomenology*. Londres: Routleage, 2000.

RICKERT, H. P. (ed.) *Meaning in History – W. Dilthey Thought on History and Society*. Londres: Allen & Unwin, 1961.

_____. *Ciencia Cultural y Ciencia Natural*. Buenos Aires: Colección Austral, 1945 [1943].

SCHELER, M. *Sociologia del Saber*. Buenos Aires: Revista de Occidente Argentina, 1947.

_____. *Ética*. 2. v. Buenos Aires: Revista de Occidente Argentina, 1948.

_____. *Esencia y Formas de la Simpatia*. Buenos Aires : 1943.

_____. *Mort et Survie*. Paris: Angier, 1952.

_____. *Le Saint, le Génie, le Héro*. Paris: Egloff, 1944.

SCHELER, M. *El Puesto del Hombre en el Cosmos*. Buenos Aires: Losada, 1938.

SCHILPP, P. A. (ed.) *The Philosophy of Ernst Cassirer*. Nova York: Tudor, 1958.

WALLRAFF, C. F. *Karl Jaspers – An Introduction to His Philosophy*. Princeton: Princeton University Press, 1970.

Heidegger

KEARNEY, R.; C'LEARY, J. S. (eds.) *Heidegger al la Questión de Dieu*. Paris: Bernardes Gossat, 1980.

MURRAY, M. (ed.) *Heidegger and Modern Philosophy*. New Haven: Yale University Press, 1978.

REYNA, A. W. de. *La Ontologia Fundamental de Heidegger*. Buenos Aires: Losada, 1941 [1939].

TROTIGNON, P. *Heidegger*. Paris: PUF, 1974.

Fenomenologia

HEIDEGGER, M. *El ser y el Tiempo*. México: FCE, 1997 [1951].

_____. *Essais et Conférences*. Paris: Gallimard, 1958.

_____. *Introdução à Metafísica*. Tradução de E. Carneiro Leão. Rio de Janeiro: Tempo Brasileiro, 1969.

_____. *The End of Philosophy*. Londres: Harper & Row, 1973.

_____. *The Question of Technology*. Nova York: Harper & Row, 1977.

HEINEMANN, F. H. *Existentialism and the Modern Predicament*. Londres: Adone & Charles Black, 1953.

REINER, H. *Vieja y Nueva Etica*. Madri: Revista de Occidente, 1964.

SPIEGELBER, H. *The Phenomenological Movement*. The Hague, Martinus, Nijhaff, 2 vols., 1965.

Nova ontologia

HARTMANN, N. *Les Principes d'une Métaphysique de la Connaissance*. 2. v. Paris: Aubier, 1945.

HARTMANN, N. *Ontologie*. 4. v. México: FCE, 1954.

_____. *El Pensamiento Filosófico y su Historia*. Montevidéu: Claudia Garcia, 1944.

_____. *La Nueva Ontologia*. Buenos Aires: Sudamericana, 1954.

LECLERE, I. *The Function of Reason*. Boston: Beacon Press, 1962 [1929].

_____. *Witehead's Metaphysics*. Londres: George Allen & Unwin, 1958.

LUCAS JR., G. R. *The Rehabilitation of Witehead*. Nova York: State University of New York, 1989.

WITEHEAD, A. N. *A Ciência e o Mundo Moderno*. São Paulo: Brasiliense, 1946.

_____. *Le Devenir de la Religion*. Paris: Aubie, 1939.

_____. *Process and Reality*. Nova York: The Free Press, 1929.

_____. *Modos de Pensamento*. Buenos Aires: Losada, 1944.

Filosofia Analítica

AYER, A. J. *Bertrand Russell*. Nova York: Viking Press, 1971.

BARRETT, C. (ed.) *L. Wittgenstein, Lectures and Conversations*. Berkeley: University of California Press, 1967.

D'AGOSTINI, F. *Analitici e Continentali – Guida alla Filosofia degli Ultimi Trent'anni*. Milão: Raffaello Cortine, 1997.

EGNAN, R. E.; DONONN, L. E. (eds.) *The Basic Writings of Bertrand Russell*. Nova York: Simon & Schuster, 1967.

ENGEL, P. (coord.) *Précis de Philosophie Analytique,*. Paris: PUF, 2000.

HARRÉ, R.; SAGUILLO, J. M. *El Movimiento Anti-metafisico del Siglo Veinte*. Madri: Akal, 2000.

PEARS, D. *As Idéias de Wittgenstein*. São Paulo: Edusp, 1971.

RUSSELL, B. *The Problem of Philosophy*. Londres: Oxford University Press, 1976 [1912].

_____. *Religion and Science*. Londres: Thornton Butter Worth, 1936 [1915].

_____. *Sceptical Essays*. Londres: George Allen & Unwin, 1956 [1935].

RUSSELL, B. *An Inquiry into Meaning and Truth*. Middlesex: Penguin, 1965 [1940].

_____. *Why I am not a Christian*. Nova York: Clarion Book, 1967 [1957].

WITGENSTEIN, L. *Tratactus Logico Philosophicus et Investigations Philosophiques*. Paris: Gallimard, 1961.

_____. *The Blue and the Brown Books*. Nova York: Harper, 1958.

Pragmatismo

JAMES, W. *Pragmatism*. Cleveland: Meridian Books, 1967 [1955].

Historicismo

COLLINGWOOD, R. G. *Idea de la Naturaleza*. México: FCE, 1956.

_____. *The Idea of History*. Oxford: Clarendon Press, 1949 [1946].

_____. *The New Leviathan*. Oxford: Clarendon Press, 1942.

DONAGAN, A. *The Later Philosophy of R. G. Collingwood*. Oxford: Clarendon Press, 1962.

Psicanálise

FREUD, S. *Psychopathology of Every Day Life*. Nova York, Mentor Book.

GROTE, L. R. (ed.) *Sigmund Freud Présenté par lui-même*. Paris: Gallimard, 1948.

TOAZON, P. *Freud: Political and Social Thought*. Nova York: Vintage Books, 1968.

Sartre e Ortega

DESAN, W. *The Marxism of Jean-Paul Sartre*. Nova York: Anchor Books, 1968.

ORTEGA Y GASSET, J. *Obras Completas*. 6. v. Madri: Revista de Occidente, 1946.

SARTRE, J-P. *L ´Etre el le Néant*. Paris: Gallimard, 1943.

_____. *Critique de la Raison Dialectique*. Paris: Gallimard, 1960.

Obras Publicadas depois das Obras Completas

El Hombre y la Gente
Que es Filosofía?
Idea del Teatro
La Idea de Principio en Leibniz y la Evolución de la Teoría
Meditación del Pueblo Joven
Una Interpretación de la Historia Universal
Papeles sobre Velásquez y Goya

CASCALÉS, C. *L´Humanisme d´Ortega y Gasset*. Paris: PUF, 1957.

GRAY, R. *The Imperative of Modernity – An Intellectual Biography*. Berkeley: Berkeley University Press, 1989.

MARIAS, J. *Ortega – Circunstância y Vocación*. Madri: Revista de Occidente, 1960.

_____. El *Método Histórico de las Generaciones*. Madri: Revista de Occidente, 1949.

_____. *La Escuela de Madrid*. Buenos Aires: Emece, 1959.

RABADE, S. *Ortega y Gasset, Filósofo*. Madri: Humanites, 1983.

SALMARÓN, F. *Las Mocedades de Ortega y Gasset*. México: El Colegio de México, 1959.

Escola de Frankfurt

ADORNO, T. W. *Temas Básicos da Sociologia*. São Paulo: Cultrix, 1973.

_____. *Théorie Esthétique*. Paris: Klincksieck, 1974.

_____. *Consignas*. Buenos Aires: Amárrate, 1969.

_____. *Filosofia de la Nueva Musica*. Buenos Aires: SUR, 1966.

Adorno: 100 Anos. Rio de Janeiro: Brasiliense, 2003.

Soviet Marxism. Nova York: Vintage Books, 1961.

D´ENTRÊVES & SOYLA (eds.) *Habermas, and the Unfinished Project of Modernity*. Cambridge: MIT Press, 1997.

HABERMAS, J. *Knowledge and Human Interests*. Boston: Beacon Press, 1968.

_____. *Toward a Rational Society*. Boston: Beacon Press, 1970 [1968].

_____. *Communication and the Evolution of Society*. Boston: Beacon Press, 1979.

_____. *La Technique el la Science Comme Idéologie*. Paris: Gallimard, 1973.

_____. *Legitimation Crisis*. Boston: Beacon Press, 1973.

_____. *Theory and Practice*. Boston: Beacon Press, 1974.

_____. *Sobre Nietzsche y otros Ensayos*. Madri: Tecnos, 1982.

_____. *Philosophical and Political Profiles*. Cambridge: MIT Press, 1985.

_____. *La Paix Perpétuelle*. Paris: Cerf, 1996.

_____. *La Pensée Postmétaphysique*. Paris: Amond Colin, 1988.

_____. *Era das Transições*. Rio de Janeiro: Tempo Brasiliense, 2003.

_____. *Agir Comunicativo e Razão Destranscendentalizada*. Rio de Janeiro: Tempo Brasiliense, 2002.

_____. *Observation on the Spiritual Situation of the Age*. Cambridge: MIT Press, 1985.

HORCKHEIMER, M. *Critical Theory*. Nova York: Herder and Herder, 1972.

_____. *Critica de la Razon Instrumental*. Buenos Aires: SUR, 1973.

_____. *Sociedad en Transición: Estudio de Filosofía Social*. Barcelona: Peninsula, 1976.

_____. *Les Débuts de la Philosophie de l'Histoire*. Paris: Payot, 1974.

_____. *Between Philosophy and Science*. Cambridge: MIT Press, 1993.

MARCUSE, H. *Reason and Revolution*. Boston: Beacon Press, 1964.

_____. *One Dimensional Man*. Boston, Beacon Press, 1965.

_____. *Culture et Sociéte*. Paris: Mimit, 1965.

_____. *An Essay on Liberation*. Boston: Beacon Press, 1969.

_____. *Studies in Critical Philosophy*. Boston: Beacon Press, 1972.

THOMPSON, J. B.; HELD, D. (eds.) *Habermas, Critical Debates*. Nova York: Macmillan, 1982.

WIGGERSHANS, R. *A Escola de Frankfurt*. Rio de Janeiro: Bertrand Brasil, 1986.

WHITE, S. K. *The Cambridge Companion to Habermas*. Cambridge: Cambridge University Press, 1995.